U0939788

数字金融

京东数字科技研究院 著

中信出版集团 | 北京

图书在版编目（CIP）数据

数字金融 / 京东数字科技研究院著 . -- 北京 : 中信出版社 , 2019.5（2021.1 重印）

ISBN 978-7-5217-0154-8

Ⅰ . ①数… Ⅱ . ①京… Ⅲ . ①数字技术—应用—金融体系—研究 Ⅳ . ① F830.2-39

中国版本图书馆 CIP 数据核字 (2019) 第 040739 号

数字金融

著　　者：京东数字科技研究院
出版发行：中信出版集团股份有限公司
　　　　　（北京市朝阳区惠新东街甲 4 号富盛大厦 2 座　邮编　100029）
承 印 者：北京楠萍印刷有限公司

开　　本：787mm × 1092mm　1/16　　印　　张：18.25　　字　　数：260 千字
版　　次：2019 年 5 月第 1 版　　印　　次：2021 年 1 月第 3 次印刷
书　　号：ISBN 978-7-5217-0154-8
定　　价：58.00 元

序 言

陈生强

京东数字科技CEO

以数据作为关键生产要素的数字经济形态，成为“后危机”时代全球经济增长和科技创新的引擎，催生了继蒸汽机革命、电气革命和计算机通信革命之后的数字科技革命。这次革命也因此驱动着全球经济社会由人类社会、物理世界组成的二元结构，向人类社会、物理世界和信息空间组成的三元结构转变。

下一个十年，数字科技将渗透到人类生产生活的方方面面。数字科技到底是什么？它对传统产业经济将产生怎样的影响？它将以怎样的方式和路径去打造新的经济生态？

我们认为，与传统的信息技术、互联网技术相比，数字科技包含数据挖掘、计算机视觉、自然语言处理、芯片、传感技术、边缘计算和分布式记账等一系列前沿科技，它是多种技术的融合体，既是数据产生的源泉，也是数据应用的载体。

数字科技的本质，是以互联网和产业既有知识储备和数据为基础，以不断发展的前沿科技为动力，着力于产业与科技的融合，推动各行各业实现互联网化、数字化和智能化，最终实现降低成本、提高用户体验、增加收入和模式升级。数字科技使产业数字化的路径由“单边”走向“共建”，使产业数字化的结果从离线的“记录过去”转向在线的“预测未来”。数字科技是实现数字经济的手段，也是一个新的行业形态。

数字科技推动经济增长新旧动能转换

经过几十年的快速发展，中国经济取得了巨大成就，与此同时，劳动力、资本、土地等传统生产要素对增长的边际拉动作用正在下降。特别是2008年国际金融危机爆发后，全球政经格局发生了巨大变化，拉动中国经济增长的传统动能也在减弱，中国经济面临的下行压力加大，环境对资源消耗的承载能力几乎也达到极限，中国经济增长需要寻找一种新的长期增长动力促进新旧动能转换，而数字科技正是突破传统产业经济发展瓶颈、推动新旧增长动能转换的关键因素。

第一，数字科技能够降低产业运行成本。

在数字科技的驱动下，产业发展趋向互联网化、数字化和智能化，从而能够在以下几个方面降低产业运行成本。一是产业运行不再基于物理介质，而是数字化的信息，能够突破时空限制，大幅提高信息连接效率，降低时空交互成本。二是通过对产业生产要素和运营流程的数字化改造，能够对生产和经营环节进行精准预测、优化布局、精细化运营、实时反馈并反复修正，提高产业自动化、智能化处理水平，从而提高产业运行效率、降低运行成本。以京东数字科技为例，其通过智能风控能力的输出，能够帮助银行在信贷审核效率上提高十倍以上，客单成本降低70%以上。三是在数字科技驱动的模式下，不再依赖物理网点和人力等传统要素，产业服务的边际成本趋于零。尽管初期需要投入大量的固定研发成本，但随着规模增长，单笔服务成本能够大幅降低。

传统模式下，产业服务高度依赖人力、物理介质、物理网点等要素，且服务之间难以共享和复用，服务边际成本的下降存在较高的边界，因为服务的边际成本较高，所以只有选择单笔金额较大的业务才能覆盖较高的成本，结果就是传统服务模式更加偏爱大客户。这是基于成本－效益的合理选择，但客观上使许多小客户的需求难以被满足。数字科技边际成本趋零的特征，能够使过去数额型的规模经济转向数量型规模经济，即只要总量足够大，即使单笔金额很小，也能够产生经济效益，从而大幅增加服务覆盖率，为大量中小微企业以及众多长尾人群提供服务。

第二，数字科技能够提高产业复用效率。

数字科技通过与产业的行业技术诀窍（Know How）深度融合，提炼行业运行成熟的经验技术，实现行业技术诀窍的数字化，能够更好地进行迭代优化，不断沉淀和积累行业的先进经验和技术。同时，数字科技对时空限制的突破，以及边际成本趋零的特征，能够以极低的成本，大幅提高这些经验技术复制和应用的效率，形成强大的规模化复用能力。这种效率的提升，使产业发展能够突破人力等传统资源要素投入的束缚，大大提高要素投入的弹性和灵活性，在不增加物质资源要素投入的情况下，显著提高产业的产出效率。数字科技是突破传统产业经济模式资源利用瓶颈、大幅提高投入产出效率的有效途径。以制造业为例，传统模式下，培养一个成熟的产业工人，通常需要数月乃至数年的时间，需要付出极高的培训成本并且效率低下，而通过数字化改造，能够快速无差别地复制最成熟的生产技术和经验，大幅提高产业发展速度及产出效率。

京东数字科技于2018年6月发布的智能巡检机器人就是一个实践案例。机房管理技术、经验的数字化及软硬件融合，大大降低了机房巡检的人力成本，并提高了复用效率。同时，它还提高了机房管理的效率和水平：一方面，它能够对机房设备进行全方位、全天候的监控检测；另一方面，它能够提高机房设备故障的识别能力，做到对故障的实时诊断。更重要的是，它能够采集设备和资产背后的数据信息，实现机房数据“采集＋使用”的双重功能，从而实现对机房资产管理的智能优化，对潜在和高发故障进行预判预警，提高机房和数据中心的智能化管理水平，同时大幅降低运维成本。

在这里，我们想厘清的是，人工智能等数字科技并不会替代人，而只是替代重复的操作和程序，数字科技作为一种有力的工具，通过更好地服务和赋能于人，来提升人的生产效率。

第三，数字科技能够创新产业发展模式。

根据梅特卡夫定律，一个网络的价值等于该网络内节点数的平方。物联网等技术的不断发展，正在推动万物互联时代的到来，接入网络的节点数将呈现爆发式增长，产生的数据信息越来越立体，网络价值也将呈现指数级增长。不过，互联网化和数字化只是网络价值实现的第一步，要充分挖掘网络价值，仅靠沉睡的数字信息远远不够，还需要能够互联互通的数字科技基础设施作为底层支撑，并依靠人工智能等数字科技，赋予网络智能化的内核，构建挖掘、分析、应用这些数字信息的科技能力，不断推动传统产业模式的创新升级，以充分发挥网络生态效应，更好地服务于经济社会的发展。

京东城市正是这方面的一个实践案例。京东城市率先推出“城市操作系统”，这个城市操作系统的核心是城市计算平台，在这个平台上，能够解决智能城市建设中的四大核心难题。一是利用时空数据模型解决数据结构化和标准化的问题；二是将掌握的时空数据AI算法进行模块化、积木式输出，解决不同场景下智能应用的开发问题；三是利用开放式架构，兼容城市管理部门以及其他智能城市服务商共同开发使用；四是利用特定的数字网关技术，利用基于用户隐私保护的联合建模机制和多源数据融合算法，解决隐私保护的问题。这个操作系统的目标是将整个城市运营和公共服务进行在线化、数字化，并实现智能化。有了这个系统，京东城市就能够洞察城市过去，了解城市现状，预测和优化城市未来。

第四，数字科技有助于提高用户体验水平。

用户体验的核心在于坚持以用户为中心的产品思维。数字科技之所以能够提高用户体验，主要包括两个方面的原因。

一是数字科技推动卖方市场向买方市场转变，促进了用户权力的崛起。在许多行业领域，特别是服务业领域，由于供给能力不足，通常是由供给主导的卖方市场，即产品或服务是以供给机构为中心，而不是以用户为中心。典型的现象就是机构会设置较高的门槛筛选用户，并且通常都是“用户找服务”，需要用户在特定时间和特定地点完成复杂的流程才能获得服务。而数字科技能够突破时空限制、提高产业的效率水平，从而大大增加服务供给，让更多用户能够获得更好的服务，用户有了更多选择权，服务机构也必须更多地以用户为中心构建产品服务，从“用户找服务”向“服务找用户”转变。

二是数字科技能够提高产业的生产能力，改善产品服务能力。数字科技推动产业互联网化、数字化、智能化改造后，能够有效地提高用户服务的便利性、快捷性和精准性，降低用户成本，提高用户体验水平。以金融中的信贷为例，在数字科技的助力下，用户能够在线 7×24 小时获得服务，审批周期也从过去的以周、月为周期降至以分、秒计算。同时，管理效率水平的提升，能够为用户提供差异化的信贷利率，期限也更加灵活，甚至随借随还。用户能够更加精确地规划资金借贷的周期，减少资金“站岗”带来的不必要浪费，节约利息成本。对服务机构来说，虽然单个客户的利息收入减少，但能够通过提高整个周期的利率增加收入。借助于数字科技，同时提高了用户和服务机构的体验。

数字科技正在创造产业发展新生态

基于以上特征，数字科技正从纵向和横向两方面推动传统产业价值链的重塑，不断创造新的产业生态。

从纵向来看：一是依托数字科技降低信息不对称，压减无效的价值链环节，提高产业效率，零售电商正是代表案例；二是连接共享效率的大幅提升，将进一步推动产业价值链的专业化分工，将有更多企业依靠创新和专业能力更加聚焦于某个价值链环节，并通过企业间的连接共享提高整个价值链的效率。从横向来看：一是不同价值传递渠道的融合创新，如线上线下的无界融合；二是不同产业的跨界融合创新，如金融服务的场景化融合。随着用户权力的不断崛起，这种融合的趋势会进一步凸显。

这个价值链重塑的过程，不是传统产业与新兴模式之间的零和博弈，而是数字科技与传统产业不断融合创新，创造新增价值，并在客户、实体企业、金融机构、科技公司等主体之间进行分配，从而使各方实现利益共享的过程。不过这并不意味着谁都能无差别地享受到这种新增收益，只有那些能够顺应时代发展，拥有创新、开放和共享精神的参与者，才能更好地适应这种趋势，共享行业发展的红利。

没有传统的企业，只有传统的模式。变化是永远的不变，创新也是企业生存的永恒主题，而“产业×科技”的不断创新发展，也正是需要各参与方共同构建一个相互连接、相互赋能、共建共享、互惠共赢的产业发展新生态。

《数字金融》这本书，聚焦在数字科技与金融行业如何融合创新，深入研究数字金融这一新业态的趋势、特征、模式、案例等，对“产业×科技”在金融领域的实践做了很好的诠释。京东数字科技也希望与各方合作伙伴共同努力，不断推动行业的创新发展，共享发展红利。

2019年4月

目 录

第一篇

数字与科技：相互赋能中不断革新

第一章

数字科技发展方兴未艾

- 数据是数字经济时代最重要的生产要素，数字科技则是释放生产力的主要途径。
- 数据是在科技与经济社会活动不断交互的过程中产生、沉淀和积累的。
- 数据的沉淀和积累推动科技的迭代，随着数据价值被挖掘，科技不断革新。

一、数字科技发展方兴未艾

（一）数据已成为重要的战略资源

近 30 年来，在科技与经济社会不断交融、相互促进的过程中，数据也在不断更新和沉淀。数据储量的增长与科技变革密切相关，在科技服务从以实现业务的电子化和自动化的 IT（信息技术）硬件应用为主，演变到移动互联的过程中，全球数据储量呈现出爆发式增长态势，数据储量规模已从 GB（吉字节）/TB（太字节）/PB（拍字节）发展到 EB（艾字节）和 ZB（泽字节）量级。

如今，人类 95%[1] 以上的信息都以数字格式存储、传输和使用。仅 2011 年，全球的数据储量就达到 1.8 ZB，并呈现出高速增长态势。在 2014 年之前，全球的数据储量一直保持着 50% 以上的增长。2015 年起增速开始放缓，但依然稳定在 30% 左右，全球数据量持续高速增长。2017 年全年数据总量超过 15.2 ZB[2]，同比增长 31.0%。国际数据公司（IDC）的报告显示，预计到 2020 年全球数据总量将接近 50 ZB，这一数据是 2011 年的 22 倍。数据在激增的同时，也呈现出新的特点：一是从深度看，数据产生的频次增多，流量数据激增和快速累积；二是从广度看，数据种类多元化，内容形态多元化，囊括了文本、图像、语音、视频等多种形态，根据不同的标签，又构建了多层次的维度；三是从形式看，数据呈现出由

1　数据来源于《中国数字经济发展白皮书 2017》，中国信通院。

2　数据来源于伙伴产业研究院（PAISI）研究统计数据。

静态向动态、由结构化向非结构化的转变。

积累的海量数据已成为社会基础性战略资源，蕴藏着巨大的潜力和能量。数据渗透到了人类社会生产生活的方方面面，推动人类价值创造能力实现一次新的飞跃。首先，数字技术与传统经济的融合，有效发挥了信息技术产业的“杠杆作用”，以点带面，撬动了整体经济的效率提升。近年来传统产业数字化、网络化、智能化转型步伐加快，数字经济正在加快向其他产业融合渗透，提升经济发展空间。其次，利用数字技术对各行业的数据进行采集和分析，能够对行业效率提升和商业模式变革起到巨大的推动作用,使数据真正产生效益。在全球经济增长乏力的情况下，数字经济被视为推动经济变革、效率变革和动力变革的加速器。麦肯锡全球研究院对美国和欧洲的数字化研究[1]显示，行业的数字化程度越高，企业盈利也越高。以美国为例，过去20年，美国高数字化行业的平均利润率增长为低数字化行业的2～3倍。

（二）科技与数据之间形成正反馈的良性互动机制

首先，如前所述，数据产生于技术与经济社会活动的不断交互，并不断积累。

其次，技术的迭代与数据相伴，随着数据的累积，诸多科技革新又应运而生。在数据量不断扩容的同时，数据存储能力、计算处理能力也在飞速进步。数据的应用，特别是大数据的应用驱动了智能时代的开启，比如基于大数据不断演化的AI（人工智能）、云计算、区块链、物联网等技术，这些技术的进步又使数据的价值创造潜能大幅提升。

同时，在大数据时代，需要厘清数据、数字化和技术的关系。一是区分数据与数字化概念。数据是一种可以被利用的资源，数字化则是一种将传统的场景和服务以数字方式运用的行为和能力。二是技术依赖于

1 《数字时代的中国：打造具有全球竞争力的新经济》，2017年。

数据存在。技术不再是辅助型工具，而是与数据结合成为商业模式的重要组成部分，并随着数据总量累积、数据关联度增强、数据形态多元化和数据服务方式的创新，呈现出基于大数据的机器智能驱动形态。数据科技能力直接决定数据价值的挖掘潜力。

（三）中国已成为世界公认的数字化大国

中国的数字化发展存在巨大潜力。

中国市场体量庞大，并且拥有数量可观的年轻用户，这有助于数字技术商业化的持续推进。2017 年，中国互联网和移动互联网用户数量分别达到 7.72 亿人和 7.53 亿人，远远高于其他国家。互联网的普及率达到了 55.8%，30 岁以下用户占比达到 52.9%。[1] 如此庞大的用户总量和年轻网民数量有助于加速数字技术的普及，快速实现规模经济。

经历多次超大业务量的考验，计算效率得到保障。庞大的用户量为数字科技企业带来了发展机遇的同时，也带来了极大的挑战。特别是对于中国的电商企业而言，特殊促销日期等高峰时段，其销售量甚至超过平常数量的 10 倍。面对这样显著的数据波动与挑战，计算效率成为应对挑战的重要武器。随着人工智能技术的逐渐成熟，计算机的数据处理能力与学习能力都会大幅度提高，这为企业的创新提供了坚实基础。

数字产业生态圈不断拓展。当前，中国数字科技企业的业务已经触及社会生活的各个方面，数字产业生态边界不断延展。从消费者角度看，数字科技正以全方位视角全面认知消费者偏好，并多维度深入分析客户特征，为每个客户提供个性化服务，使最大化数据价值成为可能；从产业角度看，数字科技正促进行业中各类场景的互联互通，以及线上线下的融合发展，进而推动形成一个全面覆盖线上线下业务范围的大数字生态。

1　数据来源于第 41 次《中国互联网络发展状况统计报告》，中国互联网中心，2018 年 3 月。

二、数字科技迭代推动科技企业服务模式的转型

（一）科技企业服务模式演化的四个阶段

从 20 世纪 70 年代起至今，科技企业服务模式经历了信息化、SaaS（软件即服务）化、移动化和 AI 化四个阶段。

1. 信息化的企业服务

从 1970 年开始，PC（个人电脑）出现，并在企业经营中大规模应用。20 世纪七八十年代，以通用类为主的企业服务在美国兴起，涌现出思爱普（1972）、微软（1975）和甲骨文公司（1977）等一批科技服务企业。到 20 世纪 90 年代[1]，以 ERP（企业资源计划）的出现为节点，企业信息化开始规模化应用，企业运营效率得到进一步提升。这一趋势的特点是科技企业依托其平台开发能力，为企业提供一个定制的信息平台，将已有的资源通过统一化的信息平台紧密结合，从而提升管理水平和效率。

1994 年，思爱普在北京成立代表处，以 ERP 为代表的信息化企业服务在我国开始起步。1995—1997 年，在市场策略上，思爱普的分支机构开始在中国开展相关业务，柯达、宝洁等是思爱普在中国的服务对象，思爱普还未真正开拓中国本土企业市场。1998 年，思爱普走过市场准备期后，开始大力开拓市场，标志性事件是联想和海尔 ERP 系统先后上线。

2.SaaS 化的企业服务

2000 年开始，依托互联网技术发展起来的云技术服务成为新的市场增长点。云技术的兴起带来了软件的终结。传统模式下，企业建立一套 IT 系统不仅需要购买硬件等基础设施，还需购买软件的许可证，需要专

---

1 1990 年 4 月 21 日，美国加特纳公司发表的以“ERP：下一代 MRP Ⅱ 的远景设想”为题的报告（MRP 意为物资需求计划），标志着 ERP 的起源。

门人员维护更新；通过云技术，企业服务由之前的出售软件演变为以租代卖、按需收费的灵活云服务模式，计算、服务和应用被作为一种公共设施提供,大大降低了用户获取服务的成本。云技术可以提供多层次的服务，如 SaaS 和平台即服务（PaaS），其中以 SaaS 最为典型。

2000 年起，SaaS 化浪潮开始在全球范围内兴起。2003 年 Sun（互联网技术服务公司）推出 J2EE（Java2 平台企业版）技术，微软推出 .NET（软件和服务平台）技术，以 Salesforce 为首的多个企业推出了功能强大、用户体验良好的企业级产品[1]。

国内 SaaS 行业发端于 2005 年左右。随着美国 SaaS 模式的成功，国内厂商也开始了追赶模仿之路。2005 年左右，少数企业开始仿照国外 SaaS 厂商推出 SaaS 产品，转型试水成为国内 SaaS 产品的雏形。就我国现状来看，SaaS 亦有极大的应用价值和发展空间。根据产业信息网 2018 年 4 月发布的报告，中国 SaaS 市场正处于高速发展的初级阶段。国内 SaaS 市场在 2014—2015 年经历了短暂的爆发式增长，增速分别高达 71.3% 和 65.4%。从 2016 年开始，SaaS 市场进入相对理性平稳的发展阶段，保持 30%～40% 的年度增长率。预计到 2020 年，国内 SaaS 市场规模将达 473.4 亿元，发展速度是传统套装软件的 10 倍。

3. 移动化的企业服务

从 2013 年开始，移动互联网和移动支付开始普及，用户实时在线，移动化成为增进企业管理效能的新突破点。这一趋势的特点是科技企业开始用数据来服务实时在线的人，线上线下融合成为企业服务的新趋势。

可以说，信息化与 SaaS 化是 PC 时代的产物，而移动化则是移动端时代的起点。从这一阶段起，数据积累和数字技术的重要性不断提升，且中国的发展已经开始引领全球趋势。

1　企业级产品：相对于面向个人的产品，企业级产品主要面向企业端，围绕解决企业在管理、业务、流程处理等方面的问题。

4. AI 化的企业服务

2016 年之后，AI 企业服务开始崭露头角，而且很快就展现出极大的潜力。这一趋势的特点是科技企业将其 AI 技术能力和技术产品输出，帮助企业进行实时监测和精准度量，以实现更加精细化的对内管理和对外管理。一方面，AI 技术使企业的内部管理更加智能化，可应用在人力资源管理、物料管理、资金管理、技术监控等方面。另一方面，AI 技术的应用在对外管理中也具有极大的能量，使自动化与智能化的客户精准洞察、市场需求预测、精准营销、柔性制造等成为可能。

（二）中国企业数字化服务前景可期

1. “四化合一”加速中国科技企业推进数字化服务

对标欧美国家，中国的企业服务市场起步较晚。发展初期，中国科技企业服务发展非常缓慢，远远落后于欧美国家，信息化率和云服务化率也普遍偏低。2015 年，中国企业服务迎来拐点，融资案例数量和金额达到历史峰值，这标志着中国企业服务市场由起步期进入快速成长阶段，呈现出明显的追赶之势（见图 1.1）。

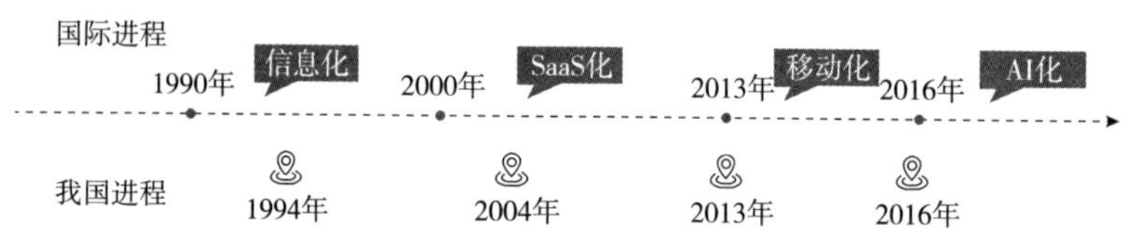

图 1.1　数字化进展阶段

资料来源：京东数字科技研究院。

放眼当下，中国已处在数字经济、金融科技发展的排头兵位置。在数字化时代，信息化、SaaS 化、移动化和 AI 化同步推进，“四化合一”促使科技企业的服务模式已从提供技术产品逐渐演变为提供服务产品，构成中国企业数字化服务。

2. 发展数字化企业服务正当其时

中国正处在经历经济增长动能的新旧转换和增长模式由高速度向高质量转型的关键时期。现阶段，数字科技企业需抓住转型势能，助力数字经济真正渗透到中国经济增长的各个支柱产业中。快速发展的数字经济已成为带动我国经济增长的核心动力，信通院测算表明，2017 年中国数字经济总量已达到 27.2 万亿元,跃居全球第二,占 GDP(国内生产总值) 比重的 32.9%。

企业端（B 端）服务已迎来风口。随着市场竞争的不断深化，科技服务在消费者端（C 端）的发掘与创新遇到瓶颈。为打破对 C 端流量的依赖，中国科技企业服务商业模式逐渐向 B 端倾斜，通过 B2B2C（供应商对企业，企业对消费者）的方式连接市场，服务 B 端、触达 C 端将成为企业服务的主流模式。

从技术条件来看，中国催生新兴数字化企业服务的技术土壤也已经成熟。一是移动互联网应用全球领先。基于移动支付衍生出的各种商业模式，超过 7 亿的全球移动互联接纳度最高的成熟用户，用户的数字化和场景的数字化粗具成效，中国成为全球最具备构建线上线下融合基础的国家。二是 AI 技术已向多行业渗透。在零售、金融、物流等行业，中国科技公司利用 AI 技术从服务 C 端逐步向服务 B 端转换，联通消费端与生产端，使产品的数字化和运营管理的数字化成为可能。

（三）数字科技服务与金融业领域天然适配

金融行业中的数据积累、数据流转、数据存储已经为大数据、人工智能等技术的应用提供了必备土壤。数字是数字科技与金融业的共同基因，这就是为什么数字科技会在金融业率先引发变革。

从传统金融机构角度看，互联网发展改变了零售银行客户的行为和预期，由于传统金融机构难以全面覆盖各类消费场景，很多潜在客户逐渐转移到线上消费场景。虽然当前各大银行纷纷采取行动，部署线上业务，成立金融科技子公司，但由于缺乏线上场景接入及相关数据积累，如果没有整体的数字科技发展战略，则容易形成“大数据孤岛”。

但不可否认的是，传统金融机构品牌的权威性、业务的专业性及多年沉淀的线下数据，一旦与数字科技结合，将会创造巨大的价值。例如，如果将借贷、支付清算、投行业务、理财等业务与相应的数字科技匹配，将成为传统金融机构变现其在品牌和数据方面长期积累的潜在价值的有效手段。传统金融机构和数字科技企业提供金融服务对比见表 1.1。

表 1.1　传统金融机构和数字科技企业提供金融服务对比

模式	用户	数据	运营模式	营销手段	用户体验
传统金融机构	主要服务城市中的成熟客户，并受制于网点和自有 App（应用程序）	线下静态数据，以交易数据为主，非实时	人工方式为主	已有数据无法建立客户立体画像，无法做到差异化营销；营销渠道有限且成本高昂	遵守既定的业务模式和流程，对用户体验的重视程度不够
数字科技企业	服务对象多元，年轻客户占比较大，且客户群体跨区域，多场景涵盖	线上线下多维、多类型（文本、图像、语音等）动态数据结合	数字化、智能科技为主	多维数据有助于客户分层及精细化管理和差异化营销，实现最大效用；营销场景丰富	能够做到“以用户为中心”，具备操作简单、灵活等特点

资料来源：京东数字科技研究院。

从数字科技企业角度看，不同于传统科技服务企业仅对金融传统业务进行升级的服务模式，数字科技企业可以实现线上线下海量数据的整合分析，结合数据、场景、科技等领域的发展，扩展传统金融机构的业务范围，打破时空限制，深度挖掘用户属性，做到“以用户为中心”，对客户做更精准的筛选及服务匹配，帮助金融机构实现金融服务效率和效益的双重提升。

同时，数字科技企业资金规模有限，无法与金融机构的雄厚资本抗衡，通过银行资本及资金的优势，可扩大业务覆盖的规模。对数字科技企业而言，通过与金融机构开展合作，调动金融机构的运营和市场资源，有助于科技企业创造流量和转移流量成本，用数字技术服务金融机构，实现真正意义上的“各美其美，美美与共”。传统科技企业与数字科技企业服务模式对比见表 1.2。

表 1.2　传统科技企业与数字科技企业服务模式对比

模式	数据能力	技术能力	业务形态	部署方式
传统科技企业	数据能力较弱，在数据挖掘、分析及管理维度仍处于起步阶段；优质数据量缺乏，数据源不足	技术输出经验丰富，底层技术能力扎实	对金融业的技术输出不改变业务的固有形式，本质上是传统业务的技术升级和效率提升	重型化部署，采用大型主机及本地系统部署方式，成本高，金融服务平台搭建耗时久，更新迭代依赖性强
数字科技企业	拥有海量数据，拥有前沿的数据管理、挖掘及分析能力	借助数据优势，在数据处理、分析等技术上占优	能够实现新业务的拓展；对现有业务数据进行有效管理、挖掘和分析，解决方案覆盖业务全流程	轻型化部署，借助运营工具 SaaS 化以及接入 API（应用程序编程接口）、SDK（软件开发工具包）、微信小程序等方式，金融服务平台搭建高效快捷

资料来源：京东数字科技研究院。

当前，我国数字科技服务金融已形成良性的发展态势。2013 年以来，以移动支付的崛起为契机，数字技术被逐步应用于货币基金、网络贷款、消费金融、供应链金融、保险等领域，从而延展了金融的广度，赋予了金融更多内涵。2015 年以来，越来越多的金融机构尝试同科技企业开展业务合作。金融机构同科技企业之间的合作，一方面，有助于推动金融机构快速弥补其技术短板，推动其发展模式的战略转型；另一方面，有助于科技企业借力金融机构的行业经验和资金，更好地发挥其技术优势，助力金融机构创新业务模式。

第二章

数字科技服务金融：
人、信息、场景的全方位变革

- 数字科技服务金融，基于四个维度对金融领域中的场景、用户、产品和运营进行全面数字化，并以数字化服务方式输出。
- 场景方面，通过数字科技可将传统金融服务全方位融入线上场景，并对线下场景进行智能化升级。
- 用户方面，数字科技在采集、分析数据方面显现了极大的便利性。一方面，在科技的助力下，金融服务所能触达的长尾客户既包含了金融服务不足的人群，也包含了融资难的小微企业，真正实现了金融服务的全方位下沉；另一方面，对存量用户进行分层和精细化管理。
- 产品方面，以信贷产品为例，数字科技的应用可以覆盖到产品涉及的获客、营销、审核、定价、风控等环节，从而使金融产品形成一个全流程的解决方案，并实现数字化输出。其中，数字科技既是效率优化工具，又是收入增长工具。
- 运营方面，借助人工智能的自动化决策和处理能力，实现了认证、筛选、客服、监控等环节的智能化，可以极大地简化、规范化工作流程。

运用数字科技，可以将金融服务中的人、物、场、资金流、信息流全面数字化，这是数字科技企业的核心优势。基于这个内核，数字科技企业致力于风险定价，将数字资产化，相继开发出数字化的消费金融、供应链金融等金融产品，也使服务覆盖至被传统金融忽视的小微企业、年轻人群体。此后，数字科技金融服务又不断演进，服务的对象逐渐由C端转移至B端，开始输出自身的数字化能力，为金融机构提供数字化的企业服务：一是助力金融机构将数字资产化；二是助力金融机构将资产数字化，从资产端和资金端，降低成本，提高效率，增加收入。

数字科技服务金融，基于四个维度对金融领域中的场景、用户、产品和运营进行全面数字化，并以数字化服务的方式进行输出。

一、场景维度：无界融合

传统银行过去采用的是传统的做商模式，用户获得金融服务受限于银行线下网点或银行App。与数字科技企业的合作，有助于传统银行打破场景的限制，将数字化服务输出至更丰富的场景，或将场景数字化引入原有的服务，打造O2O（线上到线下）全方位服务体系。

（一）线上场景全方位融入

为满足传统银行线上创新的需求，数字科技企业在其优质场景资源中，将银行产品及服务插件化，为银行客户提供轻便快捷的场景化金融服务。

为帮助商业银行、消费金融公司、小贷公司拓展获客渠道，协助风险管理和产品运营，数字科技企业可搭建高效化、标准化、规模化的贷款超市，利用其优质用户流量，为金融机构导流，实现场景对接，帮助银行获得用户、产品、数据、风控、贷后等支持，同时确保银行信贷审核速度和放款速度标准化、流程化，提升用户体验。

此外，和传统的银行App相比，数字科技公司与商业银行共同打造的场景融入式的数字银行，将数字化的金融服务通过API接入数字科技企业提供的海量互联网场景中，用户无须下载程序就可以直接使用银行服务，可以即插即用，其H5（第五代超级文本标记语言）页面可灵活搭载适合特定客群的功能，如卡片般灵活嵌入不同类别的场景，比如微信朋友圈和直播等各种社交、娱乐、消费类的App和网站。

数字科技公司全程API对接金融机构，采用标准化的运营方式，提供不同的金融产品，注重用户体验。基于合作机构的各项指标，比如额度、利率、审核通过率、审核速度、放款速度、用户投诉等情况，淘汰不符合要求的合作机构。这种优胜劣汰的机制，也倒逼合作机构去提升产品能力和风控能力。

（二）线下场景智能化升级

随着越来越多的用户转向线上、移动端交易，传统银行线下运营受到强烈冲击，急切寻求线下业务的创新与改变。在发展线上场景的同时，传统金融机构也在寻求线下场景智能化、服务精准化的转型。

借助数字技术支持，可对传统金融的线下网点进行智慧升级。数字科技公司通过有效运用人脸识别技术、图像融合技术，用户能够刷脸登录账户；通过多屏互动技术、激光雷达、全息投影、客户洞察和情绪分析等相关技术的植入，实现金融机构的线下网点智慧升级，从而实现客流分析和预测、客户情绪分析，提高服务效率；通过配置客户360°信息视图、营销机会管理等功能，对用户相貌、身材、穿戴等进行多层次识别，判断用户的年纪、爱好、审美，甚至情绪，银行将进一步智能推荐匹配产品，提升用户体验。同时，通过线下的数据采集，运用大数据、人工智能等前沿科技，可以使客户充分享受智慧零售金融新体验，并与线上的服务相匹配与连接，实现无界融合。

二、用户维度：精准包容

过去，传统金融机构受限于空间、技术等因素，提供的金融服务“一刀切”且覆盖面较窄。数字科技公司打造出量化营销平台，通过自身的数字化科技优势，可以从两方面解决问题：一是将存量客群分层，精准营销和管理，降低欺诈和信用风险，并实现利润最大化；二是帮助金融机构用较低的成本和较高的效率接触全新客户群，覆盖以往触不到或服务成本过高的客户群。

（一）存量客户：对用户精准分层

数字科技使金融机构能够精细捕捉客户的个体差异，让传统市场的客户群体实现精致细分，将帮助传统金融机构实现更加精准的风险定价与用户运营，实现个性化的服务。

一方面，得益于大数据技术，金融机构可收集的数据维度更加全面，时效性更强。例如通过客户的电商平台交易记录、社交媒体动态以及网页浏览记录等信息，对其行为数据进行全面、及时、准确的捕捉。在全面的数据收集基础上，可为客户群体贴上更加细致、准确的标签，把客户群体分解成同质性更高的细分类别。

另一方面，金融机构在进行市场细分的同时，可以将不同种类客户群体与营销活动相关联，针对用户的真实需求为其提供个性化服务。如在信贷业务中，客户会看到不同的页面呈现或者不同的服务引导消费信贷，也会有不同的利率产品，为客户推荐最优解决方案。

（二）新增用户：扩大金融服务半径

传统线下获取客户的方式使传统金融机构难以深入所有地区和客群。特别是传统银行机构在触达零散、小规模的客群方面成本过高，风险难以控制，往往使之成为普惠金融服务中“最后一公里”的掣肘。

在数字化的科技红利下，任何零散、小规模的客群都可以成为一种新的细分用户群，成为金融机构的潜在用户。相比于传统金融机构，数字科技企业借助其数据、场景和技术优势，提升风险控制、风险定价水平，从而让传统金融无法或无意愿触达的小微企业、“三农”及年轻群体切实享受到金融服务，扩展了金融机构服务的覆盖范围，真正实现金融服务的全方位下沉。

三、产品维度：整体优化

数字科技时代的企业服务区别于传统的企业服务外包，提供的服务与产品既可以嵌入优化升级原系统，也可以直接嫁接；既是效率优化工具，又是收入增长工具。

在产品维度中，以京东数字科技推出的业内首个贯穿零售信贷业务全流程的作品“北斗七星”为例，其基于数据的科技服务，可以覆盖到业务的各环节，在客户引流、数据、风控、用户体验等方面提升效能。类似的数字化产品不应简单理解为单纯的科技产品，其背后是数据和技术能力的支撑。全流程的产品数字化方案还可以拓展应用到更多金融产品中。

（一）获客与营销

在多数用户触网的现状下，寻找客户、转化客户及运营客户一直是传统金融机构在获客和营销环节的短板。拥有海量线上场景和优质流量数据资源的数字科技企业，可以发挥智能撮合平台的作用，连接金融机构、用户及互联网场景，有利于银行线上获客、用户识别、用户转化及用户运营。

从数字科技企业的角度看，在场景接入方面，依托内外部庞大的流量优势，数字科技企业具备帮助银行全面接入优质流量、无缝接入各大合作场景的能力；在精准获客方面，通过建立联合前置规则与智能匹配引擎，支持覆盖客群定向推送，数字科技企业能满足银行对于精准用户匹配推荐的需求，帮助银行更进一步筛选优质用户、保证用户质量；在用户运营方面，对睡眠客户和低价值、低活跃客户以及高价值客户进行细分和优化。针对睡眠用户，京东数字科技为银行提供针对性唤醒策略；针对低价值、低活跃客户，则为银行提供交叉销售机会和交叉销售策略引导；针对高价值客户，京东数字科技根据优质客户特征，寻找特征相近的潜在客户，并提供触达建议和工具。

从传统金融机构角度看，通过数字化的运营策略及运营分析工具，可以实现精准寻找客户、多途径触达用户，还能实现线下已有多样化产品（如支持信用贷、车房贷、抵质押贷等多种类型的贷款产品接入）向线上服务转变的重要升级。同时，结合银行已有产品、渠道能力等自身优势，利用互联网金融公司的运营经验和场景，借助小程序、活动页面搭建平台等运营工具，金融机构可以实现营销活动效果可量化和可对比化，为持续优化运营模型和策略提供决策依据。

（二）审核与反欺诈

当前，多数传统金融机构的信息采集与身份识别等审核机制及反欺诈手段仍大量依靠人力，数字化与智能化水平较低。这一环节是数字科技中人工智能技术应用的重要阵地。

在审核方面，数字科技企业能为金融机构提供基础 AI 服务，量化审核用户信用，可在降低金融服务审核准入门槛的同时，帮助传统金融机构建立高效信息获取和风险管理机制。经验丰富的数字科技公司基于海量行业业务数据的调用和认证，充分验证服务的稳定性和有效性。主流的服务包括活体识别、人脸识别、语音识别及卡证识别等，通过实时采集对比用户影像、语音、完成活体校验流程，通过 OCR（光学字符识别）技术完成用户证件校验比对，并同步调用公安网网纹系统比对用户人脸照片，最大限度地为银行降低身份识别过程中的风险。

在反欺诈方面，数字化反欺诈技术可分为数据采集和数据分析两种技术类型。其中，数据采集技术主要是应用于从客户端或网络获取客户相关数据的技术方法，包括设备指纹、网络爬虫、生物探针、地理位置识别、活体检测等；数据分析技术是指运用数据分析工具从数据中发现知识的分析方法，包括有监督机器学习模式、无监督机器学习模式和半监督机器学习模式。

数字科技公司可将数字化反欺诈技术应用于反欺诈事前、事中、事后全流程。在事前评估阶段，依托大数据技术建立完善的风控模型和应用策略体系，使传统银行能够剔除高风险用户，为安全交易建立第一道防线，防患于未然。在事中监控阶段，风险订单监控系统可以对异常账户和套现风险进行实时监控和全面预警，通过各类数据接口、技术手段和安全体系对异常交易进行拦截。在事后处理阶段，将识别出的套现欺诈信息关联扩散后加入黑名单体系，进行策略和模型优化升级，从而更精准地识别和拦截欺诈交易，提高欺诈分子的作案成本。

（三）评估与定价

差别定价可以实现为有不同弹性需求曲线的用户匹配不同的产品或价格序列，从而将企业利润最大化。如从“用户角度”分析可知，传统金融机构进行客户分层主要依赖于一些静态的强金融特征，通过人工方式做出判断，结果客观性不足，不能适应客户特征的多样性。而人工智能可以通过不断测试，找到最佳的客户分层方式，由模型筛选出具有更大购买潜力的客户，找到损失和收益的平衡点，帮助金融机构进行精确的差异化定价。

在国内，利用人工智能进行风险定价的实践首先在保险领域展开。例如，随着网络购物的逐渐普及，退货运费险应运而生，成为保险大数据时代的一个典型产物。借助大数据及机器学习算法，从客户、商家及产品的多个维度分析，建立机器学习模型，通过模型预测出险的概率，结合产品定价方法，进而对运费险保费实现精准预测，真正实现灵活的差别定价，从而降低风险。此外，数字科技企业通过融合、共建、开放输出等方式，与其他传统金融机构展开深度合作，从智能风险定价和其他领域赋能传统金融，基于各自在保险、科技及大数据层面的专业优势，共同在保险创新应用上开展深入合作。例如，通过先进的模型算法、大数据与人工智能技术，对客户群体进行画像和风险分析，探索车险的人工智能定价新模式，从而进一步提升现行车险定价模型预测的精准度和风险区分度，以更合理的价格吸引优质客户。

（四）资产流转

在服务的金融机构的管理资产达到一定规模后，京东数字科技打造开阳 ABS（资产支持证券）资产云工厂，助其开展资产证券化业务，实现资产的高效流转。当前，ABS 行业在快速发展的同时，资产现金流管理有待完善、底层资产监管透明性和效率亟待提高、资产交易结算效率低下、增信环节成本高昂等问题也逐渐暴露出来。

在这种情况下，区块链技术的应用可以有效解决以上问题。在 ABS 领域引入区块链技术，首先需要参与方共筑 ABS 区块链联盟，该联盟由资产方、Pre-ABS（资产证券化前端的融资业务）投资人、SPV（特殊目的载体）、托管银行、管理人、中介机构、ABS 投资人、交易所共同组成。其核心业务包括资金交易对账、交易文件管理、数据交互接口、信息发布共享、底层资产管理、智能 ABS 工作流等。同时，通过 ABS 云连接资产端与资金端，帮助投资机构评估消费金融资产价值，降低消费金融 ABS 发行门槛，促进 ABS 产品发行效率，降低服务成本，并为投资人提供信息披露服务，实时监测 ABS 资产风险，增强各方的风险管理能力。让底层资产真正“看得清”“管得住”“定价准”。

通过区块链技术结合大数据的运用，至少可以实现五个方面的改善。一是改善 ABS 的现金流管理。区块链的应用实现了账本自动同步和审计功能，降低了各方对账成本，解决了信息不对称的问题，缩减了银行等机构的服务成本。同时，有效降低了人工干预造成的业务复杂度和出错概率。二是有利于穿透式监管。区块链技术应用于 ABS 领域，既能确保 ABS 底层资产的真实性，又能检测到最底层资产的风险。三是可以提高金融资产的出售结算效率。区块链技术应用于 ABS 领域使金融债权资产转让效率大大提高，流动性需求与资产转让时效不匹配的问题得到了有效解决。四是实现资产的有效分层。针对底层资产金额不等、数量巨大的问题，利用大数据技术可获取资产具体画像，并对风险进行分层，实行差别定价，提升流转有效性。五是可以降低增信环节的转移成本。建立点对点的增信保障平台，可有效降低增信转移的成本。

四、运营维度：降本提效

金融行业是劳动和知识双重密集型的产业，而人工智能可以替代重复劳动。借助人工智能的自动化决策和处理能力，认证、筛选、审批、监控、运维等环节可实现智能化，极大地简化工作流程，节省人力资源，帮助金融企业大大提高工作效率和准确率，同时也实现了工作流程的规范化。这不仅可以为企业节约成本，也为客户带来了更优质便捷的服务，提升了客户体验。

（一）智能客服

当前，由于业务量的激增，人工客服压力直线上升，客户满意度下降，企业对客服机器人的需求正在急剧释放，开始寻求技术支持来实现客服行业的转型与升级。基于以上背景，京东数字科技赋能人工智能技术，采用深度神经网络技术变革传统客服行业，打造 JIMI（智能机器人）智能客服，实现向智能化机器客服的转变，帮助企业提升客服运营效率，提高客户满意度。

目前，JIMI 智能客服在利用海量数据的基础上，利用自然语言处理、深度神经网络、机器学习、客户画像等强大的技术实力，能够完成全天候、无限量的客户服务，涵盖企业业务的各个环节，实现拟人化应答能力，做到平均响应时间不到 1 秒，应答准确率达 90%，客户满意度达 80% 以上。京东数字科技更是针对不同企业的业务类型差别，为企业提供应答模型定制化服务，实现精准应答，后台维护也更加便捷。基于人工智能的 JIMI 智能客服实现了以往需要人工参与才能完成的部分服务工作，进一步解放了企业的人力成本，是目前新型客服方式的代表。

（二）智能巡检

随着大数据和云计算的发展，IT 基础设施呈现爆发式的增长。目前，绝大多数机房的巡检工作需要运维人员人工操作完成，但巡检时间长，人工成本高，巡检数据的准确性和及时性无法得到充分保证。

为帮助企业高效完成机房巡检、维护等工作，京东智能巡检机器人应运而生。结合生物识别、计算机视觉等领先技术，智能巡检机器人高效率、低成本地实现了 AI 技术与传统运维场景的无缝融合，在保障机房稳定安全运行的同时，能够大幅度降低运维成本。为了最大限度地降低人力成本，只需机房人员在智能巡检机器人首次自动建图时标记检测点，之后智能巡检机器人就会在设定时间按照设定的巡检线路进行自动巡检。为满足客户的个性化需求，并符合真实场景设计，智能巡检机器人整合在大数据、云计算、人工智能技术等方面有综合优势，能实现自动导航与避障、自主充电、环境状态（温湿度、粉尘、烟雾、易燃气体、噪声、漏水、火情等）检测、设备检测（设备编码、指示灯、故障识别、仪表读数、开关位置、设备温度等）、人员身份验证、人员跟随与监测、故障告警等功能，并支持离线工作—回桩上传数据和在线实时传输数据双模式。客户可在移动端和 PC 后台管理巡检任务，在巡检管理后台进行远程监测，查看更详细的巡检结果及分析报告。除了提高人效、节约经济成本，智能巡检机器人对数据的精准采集和多维处理提升了运维数据的质量和利用率，共同提升了运维管理的标准化、自动化、智能化水平。目前，智能巡检机器人经过在机房和数据中心接受了严苛的检验，已充分准备好帮助企业智能化管理机房。

第二篇

科技之于金融：智链谱新篇

第三章

区块链的金融应用：是颠覆还是赋能

- “区块链+”产业正在不断推进，区块链应用场景的范围也在不断拓展，其中，在金融领域的应用已经显示出为行业赋能的巨大潜力。
- 国内和国际化标准组织对区块链技术标准化的布局工作已有初步框架。在未来的一段时间，区块链技术的标准化工作必将进入关键时期。
- 区块链的架构哲学和多方参与、多方维护的特点，已经天然地决定了区块链需要以联盟的形式来贯彻落实技术应用。

一谈到区块链，人们总是将它和比特币联系起来，甚至误认为区块链就是比特币的代名词，这个问题实际上足以引发人们对区块链技术的认识和思考。认识区块链必须要秉持以下态度。

首先，技术是中性的，区块链是一种分布式数据库技术，构建了一种以低成本建立信任的机制。既然是技术，它就必然存在缺陷，需要我们有足够的包容。

其次，区块链的关键在于应用。区块链技术能不能发挥巨大的作用，关键在于场景的应用。区块链有很多丰富的应用场景，但是能不能真正落地并产生实效才是问题的核心。从另外一个侧面看，并不是所有的场景都适合运用区块链技术。

最后，区块链的监管也是必要的。区块链技术在市场上的过度火热更加需要理性的市场监管，尤其是对区块链炒币的行为更应该引起监管部门的高度重视。这也是区块链技术能否走得好、走得远的重要保障。

一、什么是区块链

区块链是一种分布式数据库技术，构建了一种以低成本建立信任的机制。相对于传统的数据库技术,区块链从集中式记账演进到分布式记账，从增删改查到不可篡改，从单方维护到多方维护，从外挂合约到内置合约，其独有的信任建立机制切中了传统行业的痛点，是未来发展数字经济、构建新型信任体系不可或缺的关键技术。区块链与新兴技术交叉演进，将协同驱动形成未来智能社会的基础架构，重构数字经济发展生态。

风险控制是金融行业的核心，是各项金融业务开展的根本。金融行业快速发展的同时，资产现金流管理有待完善，底层资产监管透明性和效率亟待提高，资产交易结算效率低下，增信环节成本高昂的问题也逐渐暴露出来。由于信用评估代价高昂、中介机构结算效率低下、监管方式有限等，一直以来，传统的金融服务手段难以有效解决行业长期存在的诸如运营成本与风险成本过高、从业人才稀缺、基础设施不够完备等问题。

上述问题可以总结为以下三点。

第一，信用评估代价高昂。传统的金融商业格局中，信任的建立依托于中介机构。价值创造和价值交易都经过中介机构。中介机构根据法律和协议,提供可信的交易场所,集中进行清算等服务。由于中介机构的局限性，信任被局限在一定范围内，中介机构信息的处理取决于人工，且需经过多道人工之手，从而使每一笔汇款所需的中间环节消耗了大量资源。

第二，中介机构结算效率低下。金融机构的现有基础设施存在弊端。金融领域的登记、清算和结算涉及多个参与主体，各个主体之间的标准不统一，因此拥有一个可信任的跨境交易中介非常重要。SWIFT（环球银行金融电信协会）2016 年报告指出，在这种中介环境下，成本和效率成为跨境汇款的瓶颈。如今，汇款需 3 ~ 7 天，股票交易需 2 ~ 3 天，银行贷款交易平均时间高达 23 天，SWIFT 网络经常花好几天的时间去进行清算和结算。另外，在现有金融体系下，结算并不是实时的，这成为“双花”等金融投机的漏洞。

第三，互联网金融领域监管困难。随着互联网技术的快速发展，互联网金融发展中的隐患逐渐显露。首先，容易受技术攻击，大数据模式下的数据安全存在隐患。随着数据量的增长，庞大的数据库在数据安全性上面临挑战。金融业因其特殊性，对数据安全的要求更高。泄露和篡改数据等不良事件时有发生却难以追责。其次，互联网金融领域的信用中介并非绝对可信。P2P（个人对个人）借贷平台中，若发生违约事件，客户的资金将面临极大风险，发生损失之后追责也不容易。

金融的本质是风险控制，风险控制的基础是有效数据。区块链技术特有的数据确权溯源、普适性的底层数据结构、合约自动高效执行等特性，为金融领域的深刻变革孕育了强大的发展潜力。

第一，区块链有助于解决金融数据的安全问题。区块链通过 P2P 网络中多个参与计算的节点来共同参与数据的计算和记录，并且互相验证信息的有效性。这样既可以进行信息防伪，又提供了可追溯路径。把各个区块的交易信息串联起来，就形成了完整的交易明细清单，每笔交易的来龙去脉非常清晰透明。

第二，区块链有助于解决金融领域的信任难题。区块链技术可以实现所有市场参与人均可无差别获取市场中所有交易信息和资产归属记录，可以有效降低企业间的信任成本，区块链技术的实时结算也减少了支付结算环节的出错率，同时可以监控任何一笔资金的上链信息。

综上，区块链正在重构数字经济发展生态。区块链的分布式、匿名化和安全可靠的特征，其环环相扣的数据逻辑、难以篡改的记录方式，使各种交易变得更加透明，为构建新技术条件下的去中心化信任体系提供了手段，也将使基于互联网的信息传递演变为基于技术背书的价值传递，从而改变诸多行业的应用场景和运行规则，在银行、保险、证券等金融领域得到小范围的探索应用，未来还将衍生出更多新模式、新业态，这对于重塑数字经济发展生态具有重要意义。

二、区块链金融应用十大场景

区块链技术即使再火热，若没有好的应用场景，最终也很难存活。随着对区块链技术研究的不断深入，“区块链 +”产业正在不断推进，区块链应用场景的范围也在不断拓展，其中，在金融领域的应用已经显示出为行业赋能的巨大潜力。以下十个区块链金融应用场景，涉及 B 端和 C 端、场内和场外、国内和国际等方面，为推动区块链助力金融行业减少交易成本、降低交易风险、提高交易效率等做出了积极实践和探索。[1]

---

1 十大场景中，贸易融资、银团贷款、股权交易交割场景内容由德勤提供，主要参考德勤全球领先理念，《即将来临：区块链及金融基础设施的未来》。

（一）场景一：资产证券化

1. ABS 行业迎来新的发展机遇

在我国监管部门推出资产证券化备案制后，国内 ABS 发展呈现高速增长的趋势。在监管环境不断变化、科技发展日新月异的背景下，ABS 特别是消费金融 ABS 迎来全新的发展机遇。

（1）ABS 行业发展的空间和潜力巨大

2017 年以来，受监管政策和市场环境的影响，债券市场遭遇前所未有的挑战，市场下滑明显，然而 ABS 发行量却实现了逆势增长。Wind（金融数据和分析工具服务商）数据显示，2017 年，ABS 共发行产品 644 单，同比增长 31.7%；发行规模高达 14 346.59 亿元，同比增长 63.71%。同时，与美国等发达国家相比，我国 ABS 行业的发展规模和体量还有较大发展空间。2017 年我国 ABS 市场存量为 1.8 万亿元，占信用债比例为 9.82%，美国这一比例为 31%。

（2）资管新规带来的政策红利

在近年发布的央行资管新规征求意见稿中，要求资管产品投资非标准化债权类资产应当符合相关限额管理、风险准备金要求、流动性管理等监管标准，但明确提出 ABS 产品不受该规定约束，ABS 产品将对非标准化产品产生替代。在“非标转标”大势所趋的情况下，资产证券化成为转标过程中的重要途径，这将为做大 ABS 市场带来重要机遇。

（3）消费金融 ABS 领域大有可为

近年来我国经济增长的驱动力逐步由投资转向消费，在此背景下消费信贷的增长亦呈现逐年上升的趋势。其中，金融机构消费贷款也保持高速增长，2004—2017 年金融机构消费贷款年均复合增长率高达 23.69%。此外，由于互联网金融公司发放消费贷款多以网上购物为消费场景，并具有频率快、金额小、数量多、覆盖人群广等特点，因此业务需求增长迅速，互联网消费金融贷款呈现井喷之势，2011—2016 年互联网消费金融贷款的年均复合增长率高达 264%。

随着消费金融行业的发展，消费金融 ABS 产品的发行规模也进入快车道。一方面，消费金融行业的高速发展为消费金融 ABS 积累了大量基础资产；另一方面，消费金融 ABS 与消费金融行业需求匹配度高，可以更快速有效地盘活消费金融企业所持资产，降低融资成本，改善信用增级效果，成为助推行业发展的有效工具。从消费金融 ABS 产品发行数量和发行总额来看，2017 年分别是 2016 年的 3.6 倍和 5.6 倍。

2. 区块链技术为 ABS 行业赋能

ABS 行业快速发展的同时，资产现金流管理有待完善、底层资产监管透明性和效率亟待提高、资产交易结算效率低下、增信环节成本高昂等问题也逐渐暴露出来。区块链技术具有去中介化、共识机制、不可篡改的特点，能够有效解决上述问题，为 ABS 行业的健康发展赋能，主要体现在以下几个方面。

（1）改善 ABS 的现金流管理

资产证券化的现金流管理是较为复杂的结构，区块链技术应用于 ABS 能有效改善其现金流管理。一方面，可以缩减银行等机构服务成本。区块链技术可实现自动账本同步和审计功能，极大降低参与方之间的对账成本，解决信息不对称问题。同时，可以降低参与方对接的技术成本。另一方面，利用智能合约功能实现款项自动划拨、资产循环购买和自动收益分配等功能。在完成多方共识的基础上，有效降低人工干预造成的业务复杂度和出错概率，显著提升现金流管理效率。

（2）有利于穿透式监管

从监管的角度来看，区块链技术应用于 ABS 领域，既能确保 ABS 底层资产的真实性，又能看到最底层资产的风险。这样能更有效地监督金融机构适度使用金融杠杆，合理地利用 ABS 手段，充分盘活沉淀资产，充分调动市场资源服务实体经济发展。特别是在资管新规下，金融机构对底层资产穿透的需求愈加强烈。区块链实现的分布式账本技术有望在 ABS 底层资产穿透、提升监管水平方面发挥重要价值。

（3）降低增信环节的转移成本

由于通常对应多笔资产，而且每笔资产对应不同的外部担保，因此在实践中，资产证券化没有真正实现担保随同金融债权资产的转让，只是通过法律条款约定了保留完善担保的权利，在真正出现需要履行担保的情况时再转移担保。基于区块链技术建立点对点的增信保障平台，可以有效降低增信转移的成本。

3. 区块链技术在消费金融 ABS 中的相关应用

基于区块链的 ABS 全流程解决方案包括资产池统计、切割、结构化设计、存续期管理等系统功能，为中介机构提供全流程的分析、管理、运算体系。

（1）京东数字科技基于区块链的 ABS 全流程解决方案

首先建立由各参与方共同组成的 ABS 区块链联盟，在此基础上，在 ABS 全部流程的落地中运用区块链技术，使 ABS 实现更加精确的资产洞察、现金流管理、数据分析和投后管理。

①参与方共筑 ABS 区块链联盟

区块链联盟是指由若干机构共同参与管理的区块链，每个机构都运行一个或多个节点，其中的数据只允许系统内不同的机构进行读写和发送交易，并且共同记录交易数据。各参与方只有通过对方授权的密钥才能看到其他参与者的数据，这样就解决了数据隐私和安全性问题，同时能够实现去中心化。相比私有链的运作空间和效率，联盟链价值更大；而相比公有链的完全去中心化的不可控和隐私安全问题，联盟链变得更灵活，也更有可操作性。

ABS 全流程解决方案正是主导建立了多方参与的 ABS 区块链联盟。基于区块链可为 ABS 提供全流程解决方案的服务，具体到 ABS 项目不同阶段来看，有以下要点。

在承做期，首先，区块链可写入底层资产包的真实数据，在此基础上计划管理人设计交易产品结构；其次，各中介机构（评级机构、会计师、律师）根据角色权限获取和发布相关信息和文件，计划管理人通过区块链能够实时获取各中介机构进度和相关报告；最后，基于中介机构录入的关键信息自动生成文件模板，区块链同时对相关文件进行管理。

在承销期，投资人一方面能够及时推送更新的推介材料，降低误操作风险；另一方面能够实时监控底层资产表现，定制路演材料。

在发行期，区块链使产品发行的四个重要节点完全实现自动化管理，即投资人认购信息登记管理自动化、基金业协会备案流程自动化、中证登记流程自动化、交易所挂牌流程自动化。

在存续期，资产服务报告通过智能合约自动生成。

②区块链全流程的落地交易阶段

在 Pre-ABS 底层资产形成阶段，可以做到放款、还款现金流和信息流实时入链，实现底层资产的真实防篡改。同时，各类尽调报告、资产服务报告通过智能合约自动生成。

在产品设计和发行阶段，交易结构和评级结果由评级公司和券商确认后共识入链；将投资人身份及认购份额登记入链；交易所从链上获取全部申报信息，将审批结果入链。

在存续期管理阶段，回款数据、循环购买数据、资产赎回、置换和回购数据均可入链，并生成资产服务报告。

在二级市场交易阶段，证券底层现金流信息可从链上获取，帮助交易双方进行实时估价；投资人可通过交易撮合智能合约，在链上完成证券所有权的转移。

综上，ABS 全流程解决方案从提高收入、降低成本和提升效率三个维度体现其价值。对投资方而言，全流程解决方案降低了 ABS 产品对应底层资产的信用风险，丰富了投资收益来源，并减少了投后管理的成本；对资产方而言，全流程解决方案进一步拓宽了融资渠道，降低了融资成本和风控运营成本，促进了信贷业务管理流程标准化，缩短了融资交易周期；对服务方而言，降低了投后管理人力成本投入，资金分配流程更加高效。

（2）ABS 区块链应用案例

利用区块链技术将底层资产上链，在区块链上实现底层资产的全流程管理。根据不同的资产类型，设计不同的管理流程，包括底层资产的生成、交易、查询、打包、资金流和销毁等流程。目前，已有企业在车贷 ABS 的区块链应用方面进行了具体实践。

建元车贷资产证券化项目是建元资本购车抵押贷款项目，采用增量放款的模式，可以在区块链平台上实现增量生成资产。该 ABS 项目涉及 Pre-ABS 阶段，详细业务流程分析如下。

① 设立阶段

原始权益人和投资人签订合同，制定专项计划书后，投资人通过信托账户向专项计划监管账户划付专项资金。在这一阶段，合同签订信息和资金划转流程都将入链。

② 放款申请阶段

借款人向原始权益人提出借款申请后，原始权益人将放款数据递交给投资人，由投资人进行黑名单筛选后，将确认过的放款数据返还给原始权益人。在这一阶段，放款申请信息将入链。

③ 放款阶段

原始权益人向第三方支付下达放款指令后，第三方账户向监管行下达扣款指令，从专项计划监管账户划付放款资金至第三方支付的备付金账户，再从备付金账户划付至各借款人账户。在这一阶段，放款的过程将上链。

④ 回款阶段

借款人将还款划付至第三方支付账户，并向原始权益人提供还款信息，第三方支付于 T+1 日将回款划付至专项计划监管户并将信息发送给原始权益人，原始权益人收到信息后将其推送给投资人进行核对。同时，托管银行收到来自第三方支付的回款后将资金划付至信托账户，回款信息和还款资金流将入链。

4. 区块链的 ABS 应用前景巨大

ABS 特别是消费金融 ABS 前景广阔，但行业发展痛点明显：交易各方对底层资产真实性的信任度较低、现金流管理有待完善、资产监控水平有待提高、资产结算效率低下、增信环节转移成本高昂等问题成为制约消费金融 ABS 行业进一步发展的瓶颈。而区块链技术去中心化、去信任的天然属性能够有效解决消费金融 ABS 行业发展的痼疾。

从区块链在消费金融 ABS 领域的应用实践来看，以资产证券化业务流程为切入点，解决了资产证券化服务商模式的数据痛点，从而使资金方能穿透性地了解底层资产，中介机构也能够实时掌握资产违约风险。对监管方而 言，更能有效把控金融杠杆，提前防范系统性风险。这一创新尝试将为整个金融交易市场提供降低成本、提升效率、保证资产数据真实透明的宝贵经验，也为未来进一步拓展区块链应用场景提供了无限可能。

（二）场景二：保险

1. 三大问题制约我国保险行业转型发展

我国保险业正处于转型发展的关键节点，产品同质化严重、渠道费用居高不下、理赔难等行业顽疾亟待解决。

（1）我国保险业正处于转型发展的关键节点

一方面，近年来保险行业一直保持着高速稳定的增长态势。原保监会数据显示，中国保险行业原保险保费收入的年均复合增长率为 18.90%，远远高于同期我国名义国内生产总值年均复合增长率 8.33% 的水平。另一方面，同西方发达国家相比，我国保险渗透率整体偏低。以寿险产品为例，我国寿险保单持有人数占总人口的 8%，人均持有保单 0.13 张，而美国为 3.5 张，日本为 8 张，说明我国保险行业还有很大的发展空间。

2017 年以来，中短存续期产品监管政策不断收紧，万能险业务规模大幅下滑。“回归保障本质，重塑保险生态”成为新时期保险行业发展的主旋律，我国保险业迈入转型发展的关键节点。原保监会公布的数据显示，2017 年全年累计实现原保费收入 36 581.01 亿元，增长 18.16%；其中，寿险公司原保费收入 26 040 亿元，同比增长 20.04%，增速为近年来新低；万能险累计新增交费为 5.892 亿元，同比减少 50.32%；产险公司原保费收入 10.541 亿元，同比增长 13.76%，增速相对稳定。

（2）传统保险业面临三大问题

传统保险行业在发展过程中面临一些问题，这些问题若不能很好地解决，行业的转型发展将遭遇瓶颈，难以突破。

① 风险定价难以实现

保险作为一种风险管理手段，最理想的定价方式就是根据每个投保个体的风险水平制定对应的价格，但是由于传统保险公司有对数据的掌握程度有限、缺乏数据更新和反馈渠道、数据孤岛现象凸显等问题，真正的差别定价难以实现。

保险公司的通常做法是，通过精算针对同一保险产品制定统一的价格，这导致实际风险较小的投保人实际补贴风险较大的投保人。投保人并不能因为其良好的信誉、健康的生活习惯、安全的驾驶习惯等要素而获得保费上的优惠，从而降低了其购买保险产品的意愿。相反，出险率越高的个体购买保险产品的意愿越大，这也就是我们通常说的逆向选择问题。

② 渠道费用居高不下

我国的保险销售可分为直销模式、代理人模式、银保模式以及近年来逐渐兴起的互联网模式。虽然互联网保险近年来增长迅猛，给传统保险销售渠道带来了不小的冲击，但目前国内保险营销仍以代理人为主。2017 年，保险公司代理人数继续快速增长。原保监会披露的数据显示，截至 2017 年底，保险代理人数 806.94 万人，较年初增加 149.66 万人，增长率为 22.77%。

保险行业竞争逐渐加剧，以及代理人队伍越来越庞大，导致保险行业的渠道费用一直居高不下。以车险为例，部分险企渠道费用占保费比例高达 15%～25%，这不仅增加了投保人的负担，而且严重制约了保险公司的盈利能力。更有业内人士表示，今天中国的保险公司至少把1/3的保费支付给了渠道。

③ 理赔困难影响客户体验

保险市场和借贷市场的现金流的进出顺序正好相反，借贷市场出借信用更加注重事前风控；保险市场管理风险，事前风控的动力不强，往往实行事后风控。另外，保险销售环节众多、理赔流程复杂等也造成了保险"买时容易赔时难"的问题。

近年来，原保监会为规范保险市场秩序，出台了一系列政策措施加大监管力度，但依然没有彻底解决长期存在的理赔难问题，涉及保险理赔的投诉量持续增加，这不仅降低了消费者购买保险的热情，很大程度上也影响了行业信誉。

2. 区块链技术有望成为保险业转型发展的新动力

区块链技术能够实现分布式存储、全链共识、去中介化以及刚性信任，在解决保险行业面临的问题方面具有天然的优势，有望成为转折时期保险发展的全新动力。

（1）重构信用体系，实现真正的差别定价

凭借区块链去中心化的特点，能够建立一个基于网络的公共账本，所有数据公开透明、不可篡改，并且这些数据随着时间的推移不断丰富翔实。保险公司可以依据这些真实有效的信息为每个投保个体定制专属保险产品，实现真正的差别定价，并且更好地契合投保人的实际需求，这将有效地解决保险行业中普遍存在的"逆向选择"问题。

（2）优化流程，有效削减渠道成本

一方面，信息不对称、逆向选择问题的解决让整个保险体系更加公平、高效，会极大地提升客户的投保意愿，这将在一定程度上降低保险的销售难度，进而节省渠道费用。另一方面，虽然在现有市场环境下，区块链技术短时间内很难颠覆保险现有的渠道格局，但区块链技术可以优化保险销售流程，降低各个环节的查询、核实以及保单管理的人力、物力成本，从而削减渠道成本。

（3）智能合约，提高理赔效率

智能合约的应用将简化保单理赔处理流程，提高效率，降低成本，有效防止保险欺诈事件的发生。此外，理赔效率的提升将进一步保障保险消费者的权益，提升客户体验和满意度。

3. 区块链技术可应用在保险市场的多个环节

区块链技术在保险行业的应用场景丰富，可应用在保险市场的产品、渠道、理赔、反欺诈等环节中。

（1）区块链技术在保险产品设计环节的应用

将区块链技术应用于保险产品的设计环节，有助于保险的差异化定价，同时有利于促进定制化属性强的保险品类突破瓶颈、快速发展，如农业保险、产品质量保险等。另外，相互保险也是区块链的一个很好的应用场景。

① 农业保险

农业保险在乡村振兴过程中发挥着重要作用。原保监会数据显示，2017 年我国农业保险已经覆盖全国所有省份，实现保费收入 479.06 亿元，支付赔款 334.49 亿元，参保农户 2.13 亿户次，受益农户 5 388.3 万户次。

以畜牧业保险中的生猪保险为例。保险公司可以借助“猪脸识别”技术为每一头猪建立可辨识的唯一编码，实时监测每一头猪的行动轨迹、进食情况等，并将这些数据信息入链，然后根据这些信息判断猪的健康情况，并预测病症的发生。一旦发现猪有患病的征兆，可提前预防，避免不必要的损失。如果发生死亡事件，基于区块链的信息的唯一性、不可篡改性实施理赔，也能有效防止骗保事件的发生。

传统模式下，当养殖户想为生猪投保时，保险公司必须派相关人员现场查看养殖情况，判断可能的发病率、死亡率，从而评估风险程度，确定是否能够承保。由于评估流程复杂、成本较高，农户的投保意愿和保险公司的承保热情一直不高，农业险始终未能实现爆发式增长。有了

“猪脸识别”和区块链技术的加入，保险公司不再需要实地查验，链上的数据可以清晰反映每头猪的健康情况且数据能够实时更新，这大大简化了投保前的评估流程，并节约了评估成本，同时也为养殖户和保险公司后期预防风险、管理风险、出险承保提供了便利。

② 品质保险

产品质量保险（品质保险）是指承保制造商、销售商或修理商因制造、销售或修理的产品本身的质量问题，导致使用者遭受的如修理、重新购置等经济损失赔偿责任的保险。

品质保险能够在一定程度上解决企业与消费者之间的信息不对称问题，增强企业信誉和市场地位，同时能够保障消费者权益。但是，保险公司承保品质保险往往需要考察公司以往产品的质量表现，评估企业的质量管控能力和质量缺陷发生率，但这些数据往往很难被真实有效地收集，制约了品质保险的发展。另外，假冒伪劣产品横行也为品质保险的投保以及赔付造成了障碍。

区块链技术集成了共识机制、分布式存储、点对点传输、加密算法、智能合约等多项基础技术，天然适用于产业供应链的产品溯源。可以根据区块链的底层技术建立产品溯源防伪应用平台，产品生产、加工、批发、零售、购买、投诉等环节的信息都可记录在链上，保险公司可以通过唯一的“识别编码”轻松追溯这些信息，从而有效地判断相关产品的质量缺陷发生率，制定保险产品。同时，质量溯源平台也可有效防止假冒伪劣产品，在有效保障消费者利益的同时，促进消费升级和产业升级。

③ 相互保险

相互保险是国际保险市场的重要组织形式之一，在欧美国家已经有100多年的发展历史。但由于我国法律和监管的缺位，这一市场始终没有得到全面发展，近年来随着科技的不断发展，相互保险迎来了全新的发展机遇。2016年首批三家相互保险公司获批，在随后的一年时间内，众惠财产、信美人寿、汇友建工相继成立。除了持牌机构之外，在相互保险市场上还存在一些以科技公司为载体的网络互助平台。

相比于股份制保险公司的组织形式，相互保险具有保费低、去公司化、公平自制等优点。但由于技术制约，也面临着一些问题。一是运作不透明，难以监管，可能存在平台虚构赔付事件套取用户资金的问题；二是资金池风险，虽然互助保险能够去公司化，但依然需要一个中介来充当组织者设立资金池。

区块链技术的去中心化同相互保险的去公司化天然契合，随着区块链技术的不断成熟，相互保险有望实现绝对的去中心化、去平台化，从而发展成一个“机器保险生态体系”。在这个生态体系之内，加入规则、管理规则、保障规则以及赔付规则完全由智能合约替代，实现自动执行。

（2）区块链技术在保险销售环节的应用

从保险公司的角度来看，应用区块链技术可以简化销售流程，节省销售成本。意愿投保人通过渠道购买保单，渠道商将投保人信息统一发送到区块链平台，平台根据分布存储的信息判断意愿投保人是否在白名单内，若符合标准，则接受购买请求。省去了以往人工传送、受理、审核、反馈等烦琐的流程。

从监管角度来讲，区块链技术可以实现保险销售行为的可追溯监管，从而规范保险销售行为，维护消费者合法权益，促进行业持续健康稳定发展。保险代理人队伍庞杂，人员素质参差不齐，再加上业绩压力以及高额提成的诱惑，保险销售市场一直乱象丛生，通过欺骗、隐瞒或者诱导的方式对保险产品进行虚假宣传的现象屡禁不止。为了规范这一乱象，原保监会曾在 2017 年 7 月印发了《保险销售行为可回溯管理暂行办法》，规定保险公司和中介机构在向自然人销售相应的保险产品时需要进行“录音”“录像”，并对“双录资料”的保存、管理、调阅进行了相应的规定，于 2017 年 11 月 1 日开始实施。随着区块链技术的不断发展和完善，完全可以将保险销售各个环节的关键动作上链，实现全流程的销售动作可追溯，这与原保监会目前的监管思路一致，可以助力监管机构实现真正的穿透式监管。

（3）区块链技术在保险理赔环节的应用

理赔和损失处理流程是保险市场的重要流程。数据显示，2016 年，理赔和损失处理金额占保险公司保费总额的 11%。为获得理赔，投保人往往需要提供一系列复杂的材料。

赔付流程也极其复杂。承保环节，保险公司的数据收集主要依赖人工；理赔环节，理赔专员须检查索偿资料是否完整，收集理赔的证据，确认损失范围并计算损失金额。复杂的流程不仅增加了成本，还极大地影响了理赔效率。一些保险公司在受理理赔的过程中，有时还会出现拖延情况，极大地影响了客户的理赔体验。

应用区块链技术可通过智能合约简化索偿提交程序，不再需要保险代理人介入，将极大地缩短处理周期。通过分布式账本中的历史索偿和资产来源记录，可更加容易地识别可疑行为。同时，编入智能合约内的商业规则使理赔专员无须再审查每项索偿。该技术还能用于促进可信赖数据的整合，减少人工审查的需要，每项付款均使用智能合约自动交付，完全脱离后台的干涉。

（4）区块链技术在保险反欺诈领域的应用

保险欺诈不仅侵蚀保险公司的利润，还有损其他保险消费者的合法权益。近年来保险欺诈行为日益猖獗，已经出现由原来的单个、隐秘作案逐渐向团伙、标准化操作转变的趋势，同时还呈现出地域流动性和同业传染性。尽管各个保险公司在保险反欺诈上都做了很多努力，但现实情况依旧严峻。

区块链技术至少可以在以下两个方面帮助保险行业缓解甚至化解这一顽疾。一是建立反欺诈共享平台，通过历史索偿信息减少欺诈和加强评估；二是通过使用可信赖的数据来源及编码化商业规则建立“唯一可识别的身份信息”，防止冒用身份。

相关数据显示，车险领域是保险欺诈的重灾区，车险欺诈在保险欺诈中占比高达 80%。保险公司可以基于区块链技术组建“联盟链”，将车损报案图片或者组图上链，并基于人工智能技术为每一个“案件”生成“唯一可识别的数字签名”，同时联盟链还可融合保险行业的历史客户信息、报案人的行为分析等多种数据源。当有新的保险理赔案件发生时，即可将报案信息同早前的或任何同类的第三方“案件数字签名”进行对照，这样就很容易识别重复报案和保险欺诈行为。

（三）场景三：供应链金融

1. 供应链金融市场大、痛点多

一方面，2017 年 10 月 13 日，国务院办公厅发布了《关于积极推进供应链创新与应用的指导意见》，明确指出要积极稳妥地发展供应链金融。另一方面，2017 年的消费金融风口也因为监管的入场而遭遇阻力，市场逐渐将视线从 C 端资产移开，转向主要针对 B 端市场的供应链金融领域。政策红利加之市场回归标志着供应链金融迎来全新的发展机遇。

（1）供应链金融是解决中小企业融资问题的重要途径

国家统计局数据显示，我国中小企业占企业总数的 99% 以上，解决了 75% 的就业量，是我国经济的重要组成部分。但企业规模小、资信水平差、可抵押资产少等问题，导致融资难、融资贵，因此成为发展的一大障碍。供应链金融依托供应链上各个主体之间的真实交易，区隔不同的现金流，并锁定风险可以识别的现金流，从而帮助企业盘活流动资产，提高生产效率，能够有效地解决中小企业融资难、融资贵的问题。

（2）供应链金融发展空间巨大

近年来我国经济快速大幅增长，与之相应，规模以上工业企业应收账款净额也不断增加。国家统计局显示，数据从 2005 年的 3 万亿元增加到 2016 年的 12.6 万亿元，增长了 4.2 倍。但 2016 年我国商业保理业务量却仅有 5 000 亿元，说明我国供应链金融市场具有广阔的发展空间。有机构预测，到 2020 年，我国供应链金融的市场规模将接近 15 万亿元。

（3）传统供应链金融痛点明显

① 企业无法自证偿还能力

传统模式下，融资人主体信用评审是无法绕过的一个环节。中小企业受制于管理水平、经营规模等因素，往往很难获得较高的信用评级，给应收账款质押融资造成了非贸易因素的干扰。

② 交易本身的真实性难以验证

除了企业的资质、信用之外，交易本身是否真实存在也是供应链金融提供者特别关注的问题。为了防止企业之间相互勾结、篡改交易信息，金融机构一般不会直接采信企业提供的信息，因而需要投入额外的人力物力来校验信息的真实性，从而增加了风控成本。

③ 信息相互割裂、无法共享

在传统模式下，供应链中各个参与方之间的信息相互割裂、无法共享，从而导致信任无法传递。出于风控考虑，金融机构一般仅愿意对核心企业的第一级上游供应商或下游经销商提供融资服务，这就导致了二、三级供应商和经销商的巨大融资需求无法得到满足。

④ 履约风险无法有效控制

供应商和买方之间、融资方和金融机构之间的支付和结算受限于各参与主体的契约精神和履约意愿，尤其是涉及多级供应商结算时，易出现挪用、恶意违约或操作风险。

2. 区块链技术助力供应链金融打破瓶颈、创新发展

区块链技术作为一种分布式存储技术，天然具有信息不易被篡改、去中心化、开放化、可视化等特征，可有效解决传统供应链金融中存在的诸多痛点，助力供应链金融打破瓶颈、创新发展。

（1）共识算法解决信任问题

区块链的共识算法使区块链上的数据都带有时间戳、不重复记录、不易被篡改等特征，即使能篡改某个节点的数据，也会留下痕迹，易于被发现。这就保障了信息记录的可追溯性和防篡改性，从而解决了节点

间相互信任的问题。

具体到供应链金融领域，共识机制保证了交易真实性以及债权凭证的有效性，这也就解决了金融机构对信息被篡改的顾虑，在一定程度上解决了中小型企业自身信誉及信息不完善导致融资难的问题。另外，区块链也成为金融机构寻找优质资产的“挖掘机”，使金融机构能够快速、准确地对接优质资产，从而提高资金的配置效率。

（2）智能合约防范履约风险

智能合约是一个自动执行区块链上合约条款的计算机程序。通过智能合约的加入，贸易行为中交易双方或者多方即可如约履行自身的义务，使交易顺利可靠地进行下去。链条上的各方资金清算路径固化，有效管控了履约风险。

（3）信任可沿供应链条有效传导

基于区块链的底层技术，贸易流中从链条初始端的材料采购、加工运输，到终端销售都可被记录，且生产过程、物流路径等细节也可溯源。从资金流层面来讲，资金及资产端都备案绑定在区块链上，严格按照贸易环节中的收付款关系、凭证的记载操作，资金交易路径一目了然，从而使整个系统更加透明，这就有效解决了传统供应链金融信任不能沿供应链条有效传递的问题。

（4）降低合作成本，提高履约效率

传统供应链金融手续复杂，各种登记门类收费高昂，不仅影响效率，更造成了中小企业融资成本进一步提高。

区块链技术的公开性、透明性能够让金融机构在开展供应链金融业务时沟通成本更低，减少建立信任过程中需要的试探性交易，提高商业合作的效率。同时，资金方或投资方风险评估的成本降低，连锁反应随之降低了中小企业的融资成本。此外，智能合约的加持可以使融资过程中的各种合约实现数字化并且自动执行，大大提升了履约效率，有效管控了违约风险。

3. 区块链技术在供应链金融领域的典型应用

“债转平台”基于区块链的底层技术，以供应链金融服务（应收账款融资）为核心，以债权凭证为载体，帮助入链供应商盘活应收账款、降低融资成本、增加财务收益、解决供应商对外支付及上游客户的融资需求。

（1）平台结构及融资逻辑

首先，“债转平台”采用开放式的系统架构设计，使供应链条上的核心企业以及多级供应商能够实现灵活的系统对接，从而真实、完整地记录和反映整个供应链条的交易情况。

其次，“债转平台”根据核心企业与其供应商贸易关系中产生的应收账款池，结合风控模型，为供应商核定相应比例的动态可用融资额度。在此额度范围内，供应商根据实际应付及采购需求，可以签发债权凭证作为对该笔采购的支付信用凭证（此凭证由平台方提供信用背书及差额补足承诺）。

最后，收到凭证的企业可以选择等待凭证到期接收回款，亦可在到期日前任意时间向“债转平台”申请融资。同时若其同样有应付及采购的需求，可通过将此凭证记载的对应应收账款转让给平台方，获得签发新凭证的额度，在此可用额度内，同前逻辑签发新凭证。以此完成贸易中实际采购支付，形成凭证在链条上的延展。

（2）各参与方角色定位

① 核心企业——债权凭证延展的核心

核心企业是整个贸易信用的基础、债权凭证延展的核心以及供应链的全局掌控者。

核心企业仅需确认应收账款的转让，不对应付金额、期限等承担风险。通过贸易关系中的真实交易行为，协助其上游企业更好地完成采购等贸易行为，增加周转率，提升行业效率。另外，凭证在供应链贸易过程中的流转可以清晰地勾勒出此链条的参与主体及交易行为等数据，以助力核心企业搭建自己的供应链金融体系。

② 供应商——债权凭证延展的开端

核心企业的直接供应商是最初的债权凭证签发人，也是债权凭证延展的开端和低成本采购的直接受益者。

核心企业供应商盘活了自身应收账款，利用产生的应收，无须支付融资成本便可完成采购行为，同时通过成本的自主定价可获得额外收益。

③ 上游企业——债权凭证延展的必经节点

一级供应商的上游企业是最初的凭证接收人、债权凭证延展的必经节点和多渠道融资的使用者。

供应商上游企业，在"债转平台"收到债权凭证意味着可如期收到应收款项，保证了资金流的确定性，且在企业有资金需求时，债转平台可提供具有高度时效性的融资渠道。另外，如企业持续有采购需求，可按实际贸易情况签发新的凭证，满足自身需求。

（3）平台运行流程

依托"债转平台"进行供应链融资的核心在于债权凭证的签发、转让、融资、到期，具体流程如下。

① 债权凭证签发阶段

供应商依据核心企业的应收账款，向平台方申请远期融资，与平台方签订业务合同，约定供应商可以通过转让核心企业的应收账款签发债权凭证。供应商按照付款需求设定债权凭证的收款人、金额、期限等要素信息，并签发给其上游企业。

② 债权凭证转让阶段

供应商的上游企业在系统内接收债权凭证。系统根据上游企业接收到的凭证金额为其核定额度，在额度范围内上游企业可按照付款需求签发新凭证，完成采购支付。

③ 债权凭证融资阶段

债权凭证的持有人可以通过转让凭证对应的应收账款向平台申请直接融资，按照申请日距凭证到期日之间的期限和凭证记载的融资利率计算利息，平台扣除相关利息后将剩余金额进行一次性发放。

④ 债权凭证到期阶段

凭证到期时由“债转平台”按照签发人事先提交的申请发放远期融资款，并按照凭证记载的转让路径进行资金划转。同时签发人须及时向“债转平台”归还融资本息。

（4）平台特点及优势

① 开放延展

“债转平台”开放式的系统架构设计，实现了与客户系统的灵活对接。同时“债转平台”致力于服务贸易链条上的各个参与者，并协助企业建立自己的供应链金融方案。

② 动态变化

“债转平台”采用动态的风控策略和授信策略，实现可融资额度实时更新，企业可根据实时动态变化灵活管理应收（付）款，提高资金利用率和周转率。

③ 标准可视

系统通过数据标准化策略将各种应收账款转化为标准应收账款，借此为不同行业、不同地域、不同规模、不同贸易方式的企业核定科学的融资额度。利用转化成的融资额度，企业可自主按需签发标准化凭证，完成贸易关系中的采购融资等活动。

④ 便捷保障

平台签发凭证及融资的手续简单，用款灵活便捷，具有传统金融机构无法提供的极高的时效性。同时平台企业信誉参与凭证的生成流转过程，保证了持有凭证企业收款的及时稳定。

⑤ 安全可靠

“债转平台”设置了加密和安全措施，不会获取客户的敏感交易数据，只接收应收账款必要特征值，确保企业商业信息的机密和安全性。

（5）平台解决的主要问题

① 打造了全新的供应链金融服务模式

“债转平台”重构了传统供应链金融融资的结构方案。首先，“债转平台”将不同行业、不同规模、不同经营模式的企业拥有的应收账款进行处理，剔除个性化信息和商业机密，保留标准化应收账款数据，使不同应收账款可以最终形成统一的标准化数据。其次，平台利用大数据技术以及风控模型，筛选贸易过程中的关键节点和活动数据，剔除无效信息，最大限度地还原贸易的真实性，弱化主体信用在融资活动中的作用，在确保贸易活动真实有效的基础上，结合企业各种经营活动的佐证，客观科学地评估应收账款的风险。

② 为中小企业提供了全新的融资渠道

中小企业融资难、融资贵是一个世界性的难题，“债转平台”通过自身结构和方案的设计，最大化实现了贸易过程中的信用传递，成功地将大型企业的商业信用传递到供应链上较弱势的中小企业身上，为中小企业提供了全新的融资渠道。

③ 加强了中小企业管理资金的能力

限于规模实力、员工综合素质等因素，中小企业的资金管理能力普遍较弱。“债转平台”通过大数据和模型对企业不同的应收应付款进行标准化处理，便于企业直观地掌握资金的实际情况，同时可以穿透贸易看本质，直视资金的使用效率，客观反映出企业资产及负债的情况、资金周转的情况等。企业可以通过定期的数据统计掌握资金流向，避免出现意外导致资金链断裂的风险。

④ 满足了中小企业科技融入生产的需求

“债转平台”在满足企业融资需求、资金管理需求的基础上，让科技融入企业经营管理，降低企业在 IT 配套方面的投入，无形中减轻了企业的经营压力，提高了工作效率和经营水平。

4. 区块链或能提供供应链金融的效率

供应链金融在企业融资尤其是中小企业融资过程中具有广阔的应用空间，是一个十万亿级的市场。但是由于信息不对称、信任传导困难、流程手续烦琐、增信成本高昂等问题，发展一度遭遇瓶颈制约。区块链技术作为一种分布式存储技术，天然地具有信息不易被篡改、去中心化、开放化、可视化等特征，可有效解决传统供应链金融中存在的诸多痛点。

以区块链技术为基础的“债转平台”，可以穿透贸易过程中的各种壁垒，准确、完整地记录企业贸易数据，真正展示交易的具体形态，从而更直观地反映企业运行情况。另外，将应收账款要素提炼和标准化为债权凭证，可以最大限度地隐藏贸易双方商业层面的各种数据和机密，兼顾了真实性和私密性，打消了企业的各种顾虑。“债转平台”不仅有效解决了中小企业融资难、融资贵的问题，还提高了其资金管理能力，将科技要素融入生产经营过程中。

未来，随着科学的发展和技术的进步，各产业必将走向产业互联的状态，区块链、大数据、人工智能等技术都将成为金融服务实体的有力武器。“债转平台”作为将区块链技术应用于供应链金融领域的有益尝试，为这一进程提供了实践经验，相信今后会有更多的落地项目，推动科技与金融的跨界融合，助力金融脱虚向实，服务产业经济。

（四）场景四：场外市场

1. 场外市场呈现历史性的发展机遇

（1）场外衍生品市场发展在曲折中前行

2008 年全球金融危机以来，受各国金融监管标准日趋严格的影响，全球衍生品市场的发展步伐放缓，特别是对场外市场的监管关注度加强，直接导致场外衍生品市场规模呈逐步下降的趋势。但值得注意的是，由于场外市场产品灵活的天然属性，其仍然是投资者青睐的对象。尤其是与场内产品相比，其市场规模和体量依然巨大。国际清算银行数据显示，2016 年全球场外衍生品名义本金为 482.4 万亿美元，场内衍生品名义本金为 67.2 万亿美元，场外衍生品名义本金是场内的 7.2 倍。因此，场外市场发展步伐虽然放缓，但市场潜力和空间却是场内市场无法比拟的。

（2）场外市场的主要特点和优势

与场内市场相比，场外市场的优势主要体现在两个方面。一是场外交易自由，监管环境相对宽松。场外市场的交易场所、交易主体、交易方式、交易价格和交易数量均可以由交易参与者协商决定，而且交易手续简便，交易成本较低。此外，场外市场监管环境相对宽松，监管机构对场外市场的监管并不是直接的。二是场外产品种类繁多，能够满足个性化需求。场外市场产品都是非标准化和个性化的。简单来讲，就是投资者需要什么样的产品，市场就能提供相应的风险管理投资组合，就能极大地满足不同类型投资者的风险管理需求。

（3）场外市场发展的主要制约因素

场外市场作为资本市场的新兴领域，在快速发展的同时也面临着很多问题，比如较高的信用风险、较低的市场流动性和信息披露程度不足等。首先，场外市场由于交易比较灵活，资金监管要求较低，容易诱发违约和欺诈行为。其次，场外市场产品一般都是定制的，并非标准化的产品，相对于场内而言，市场流动性不够，因此存在较大的流动性风险。最后，场外市场的信息披露要求低，信息不透明导致潜在风险较大，容易损害投资者利益。

总的来看，尽管场外衍生品市场发展规模远远高于场内，但由于场外市场风险程度高、监管难度大，近几年来的发展速度明显受到影响。如何降低场外市场违约风险、优化监管生态是投资者和监管机构共同面临的难题。

2. 区块链是解决场外市场痛点的良方

区块链技术从降低风险、缩减流程、整合市场、利于监管等方面使场外市场的交易过程被重新设计和简化，大大提升了场外市场运作效率，成为解决场外衍生品市场痛点的一剂良药。

（1）能有效降低场外市场交易风险

场外市场资金要求相对较低，且产品创新层出不穷，交易交割环节的违约风险难以防控。区块链技术可以有效实现类似于中央对手方承担的信用担保、数据中心和强制执行功能，并降低这些功能的执行成本，有效降低风险。在区块链场外交易系统中，因为数据不可撤销且能在短时间内被复制到每个数据块中，已经录入区块链中的信息很难被更改。撮合成交的交易双方通过加密后的数字签名发布交易指令，基于加密算法检验数字签名的真实性、交易的有效性及双方的资金偿付能力，此后交易将被记录在共享账簿上，同时盖上时间戳。区块链技术使交易记录不会被轻易篡改，便于确认和追踪，由此实现了类似中央对手方的数据中心、信用担保和强制执行功能，从而保证了金融体系的稳定和场外市场的健康发展。

（2）能够简化场外市场的发行和交易流程

传统证券交易包含开户、委托、成交和结算等环节，交易信息需要经过各参与方的相互确认才能完成，时滞性较强，不能实时结算给投资者也带来了潜在风险。区块链能够简化这一复杂的流程，使发行人与投资人能够直接交易，略去了前台和后台的交互环节。区块链的共识机制能够确认交易的真实性，并实时进行资金和证券的所有权转移，交易过程被缩减至数分钟，清算时间和结算风险都被大大降低，资产流动性得到极大提高。

（3）能有效解决场外市场交易分散和信息割裂的问题

我国场外市场相对分散且区域性较强，这些特点极大地限制了场外市场的功能发挥。区块链可构建区域场外市场间联动机制，基于分布式、数据共享、多中心化的技术体系，各地区场外市场间数据孤岛现象得到破解。通过区块链对各参与方的身份、信用、风险承受能力、投资经历等信息进行溯源管理，有效缓解各地场外市场割裂的现象，提高区域间场外交易市场的流动性和市场活力。

（4）可以提高场外市场的监管效率和水平

针对监管部门在区块链中设置特殊的节点，考虑不同的交易主体、交易级别、融资和交易规模等因素，设置差异化的监管方式，使监管部门及时高效地把握交易动态和市场整体状况。区块链可以存储所有的历史交易记录信息，使用一串密码学方法产生的数据块可以分布式存储这些信息，可以清晰地描绘交易标的整个持有和交易交割期间的信息流图，任何人都没有能力篡改，从而使整个交易流程实现自动监管，也就自然提升了交易的自律性，场外市场交易秩序得到优化。

3. 区块链技术在场外市场应用的典型案例

鉴于区块链技术对场外市场行业痛点的明显改善作用，国外已经出现了将其应用于场外市场系统建立和交易运作的案例。

2016 年 4 月，英国银行业巨头巴克莱宣布尝试用“智能合同”和区块链技术交易金融衍生品。“智能合同”由三部分组成，主体是国际互换和衍生工具协会为衍生品金融市场创造的标准交易协议。其交易架构设计中，由经纪银行发行智能合约，在发行时文件已经通过 ISDA（国际掉期与衍生工具协会）的基础协议，因此，所有银行处理的合同文件都保持一致性，从而有效避免了人工修正造成的延迟。所有银行都能基于智能合同实现同步协作，关于交易条款比如价格等的修改都会被全程记录，其他参与方能够观测并追踪所有进程。

巴克莱使用的区块链技术名为 Corda（分布式账本平台），主要解决的行业痛点为：在许多行业，为了保持组织机构间特定数据库的彼此同步，需要付出大量的努力。在金融机构，通过对账、结算、清算来保证不同机构数据库之间的业务数据同步和一致性，需要极大的工作量，而 Corda 基于智能合同实现数据的同步协作和追踪。

4. 区块链是建设场外市场的良方

总的来看，场外市场以其“有限生态、报价驱动、流动性弱”等特性，对于控制风险、降低成本、完善系统安全性、跨区域协调的需求十分强烈，而区块链技术因其安全稳定、不可篡改、去信任、去中心化的特点，能够有效解决场外市场发展的痛点。当然，区块链技术在场外市场的应用还存在一些亟待解决的难题，比如如何设计复杂程度高的产品却能保持较低交易成本和较高计算速度、区块链天生的公开交易和场外非公开交易的矛盾等，这些问题将直接影响区块链技术在场外市场的落地和应用。因此，尽管障碍不少，但不可否认，区块链的介入将为场外市场的发展带来一场巨大的变革。

（五）场景五：资产托管

1. 资产托管行业的发展规模巨大且潜力无限

近年来，全球资产托管行业进入高速发展的快车道，托管资产规模和主要托管产品保持高速增长。

（1）资产托管行业的发展现状

以银行业资产托管为例，2016 年末我国存量规模达 121.92 万亿元，同比增长 39.03%，2010—2016 年托管规模平均复合增长率达 53.06%，托管资产占金融机构存款总量的比重高达 78.40%，资产托管行业发展规模呈现逐年上升态势，行业重要性日益凸显。但这一规模仍与国际先进同行存在一定差距，2016 年底全球资产托管总量已达 170 万亿美元，其中前五大全球托管行的托管资产总量占近 60%，纽约梅隆、道富、摩根大通等单家银行的托管规模均超过中国银行业的托管规模总和。[1] 从这一

1　数据来源于东方财富网，《银行业托管资产达 126 万亿 业务同质化亟待破局》，http://finance.eastmoney.com/news/1365, 20170705753157519.html。

点来看，我国资产托管行业存在较大的发展空间。

（2）资产托管行业面临的主要风险

虽然资产托管行业发展存在巨大的潜力，但其不容忽视的操作风险已经成为制约资产托管行业进一步发展壮大的主要障碍。

操作风险存在于托管业务中的合同签订、托管产品运营、投资监督、托管产品清算支付等环节。造成风险的原因有多种，如内部程序复杂、人员素质较低、系统不完善、运营失当，以及外部事件的冲击等。

以私募基金行业中的托管为例。在合同签署环节，一是部分私募基金管理人可能并未严格按照“先签署合同、后运作”的要求进行管理，而是采用“先运作、后回收”的模式，有些甚至在尚未签署基金合同的情况下就开始了基金运作，严重影响了私募基金托管人的合同回收与管理；二是合同签署人的身份无法可靠验证，合同原件和证券公司印章存在被恶意造假的可能，从而形成“阴阳合同”。在合同变更环节，一是在签署补充协议或签署合同变更征询意见函等需要投资者签字的情况下，托管人因无法实际接触到投资者进行实质审核，因而存在非法仿冒投资人签署协议的风险；二是在基金管理人需通知投资者拟变更合同的情况下，托管人同样无法确保管理人已及时通知投资者并安排了基金临时开放供投资者赎回份额。因此存在投资者对合同变更事项不知情，甚至未实际同意合同变更的风险。

2. 区块链能够优化资产托管的业务流程

区块链技术能低成本地解决金融活动中的信任难题，将为多方交易带来前所未有的信任和信用的高效交换，从而能够有效解决资产托管业务中的操作风险。具体来看，可以从以下几个方面优化资产托管的业务流程。

一是实现全流程的自动化，将业务指令判断和执行规则封装到智能合约中，利用智能执行合同和进行风险提示；二是提升流程效率资产委托方、管理方、托管方在资产变动、交易明细等信息的实时共享，免去反复校验、确权的过程；三是保证履约的安全性和交易的真实性，通过设置密钥保证参与方信息正式、账本信息的有限可见性及交易的可验证性；四是确保信息的不可篡改，将投资计划的合规校验要求放在区块链上，确保每笔交易都能在达成共识的基础上完成。

3. 区块链在资产托管业务中的应用实践

采用区块链后，资产托管业务有望实现托管合同签订线上化，依照投资监督指标运行，对托管资产进行控制及跟踪智能合约化，以及估值数据存储及更新结构化和自动化等，资产托管业务应用区块链技术后会在安全、效率和流程简化上有所提升。

2016 年 10 月，中国邮政储蓄银行首次完成了将区块链技术成功应用于资产托管环境的实践。该银行新建的资产托管系统，以区块链的共享账本、智能合约、隐私保护、共识机制为技术基础，选取资产委托方、资产管理方、资产托管方、投资顾问和审计方共同参与的资产托管业务场景，实现了托管业务的信息共享和资产使用情况的监督。该系统在 2016 年上线后，将原有业务流程缩短了 60%～80%，信用交换更为高效。

4. 资产托管因区块链的介入而不再是难事

区块链技术能够优化资产托管的业务流程，但在最终的落地应用中还应注意一些问题，比如具体业务板块是否允许去中心化、是否对原有系统的投入改造程度过高等，这些都需要具体问题具体分析。但可以肯定的是，区块链技术去中心化、去信任的特点，能够有效防范资产托管中的操作风险和信用风险，从而大大提高资产托管业务的效率。未来，在金融监管渐趋严格、高新技术应用日益普遍、金融创新方兴未艾的形势下，托管行可以借助区块链技术帮助投资者把握市场热点和筛选优选投资产品，更好地实现投资管理和风控，创新托管业务增值服务，形成新的业务增长点。

（六）场景六：信用租赁

1. 信用租赁新经济

从古至今，租赁一直是一种典型的信用交易模式。我国租赁行业的发展始于改革开放初期，当时由于我国经济基础薄弱，金融体系搭建并不完善，租赁行业的发展历经波折。然而，经过 40 年改革开放的快速经济增长，制度体系不断完善，并且随着居民人均可支配收入水平不断提高，居民的消费需求和消费能力也不断提升，对于租赁消费的需求也日益旺盛。

2018 年我国租赁经济市场交易额超过 6.3 万亿元，并且在 2019 年有望突破 10 万亿元，参与租赁经济服务的人数也将超过 1 亿人。

值得关注的是，近年来以押金为主要盈利模式的部分共享经济平台逐渐失去活力，如共享单车等。取而代之的是，以信用代替押金的新租赁经济，正在成为租赁行业的新趋势。相比传统租赁需要抵押、担保的方式，信用租赁是直接以企业或个人信用为依据进行的商业活动，这种模式会大大降低租赁产业的门槛，租赁主体也从房屋、汽车扩展到租衣服、租手机、租玩具、租无人机、租单反相机等。

实际信用租赁流程举例：承租人首先挑选机型，选择某手机以及不同的租赁时长，如 12 个月或 24 个月等；其次进行信用评估，根据用户个人信用状况给出免押额度，信用越好，免押额度越高，甚至可以完全免押租赁；下单完成后，若选择按月租赁，则月付租金，也可签订代扣协议用于后续租金支付，每月自动扣除相应租金；最后，退还旧机，用户可进行归还、续租、买断等操作。

2. 区块链赋能信用租赁

信用租赁新经济的趋势已成为行业共识，并且已被用户普遍接受，但信用租赁行业仍存在传统商业模式或现有技术手段难以解决的问题，如信用信息不对称、租赁纠纷取证举证难、信用交易不透明等。

区块链技术具有去中心化（或多中心化）、不可篡改、可追溯的特点，以区块链技术手段为基础，结合现有业务能力以及第三方支持，如司法权威机构等，可解决以上信用租赁存在的问题。

（1）实时不可篡改存证，高效解决纠纷

信用租赁流程中，不可避免地会因为承租人处分租赁物、出租人违反租赁合同等造成违约纠纷，而传统的公证流程存在举证难、周期长、成本高、程序多等问题。针对这种情况，可结合区块链技术手段，形成区块链存证联盟，将实际业务中的重要数据文件转换成实时、不可篡改的电子数据并进行保全存证，最终形成各方可信赖的电子证据，达到实时取证、高效公正处理租赁违约纠纷的目的。涉及存证的电子数据主要包括关键订单数据、电子协议合同、下单及协议签订流程、检修定损报告等。

（2）账本信息共享，降低风控成本

信用租赁平台和商户之间信息不对称，以及各个参与方无法做到信息共享，如逾期的承租方信息、黑名单和白名单信息、信用较差的商户信息等。与普通的电商交易不同，租赁经济还有重要的信用风控环节，租赁行业内的平台、商家普遍各自做风控，或借助第三方信用服务机构的力量做风控，以避免多头租赁欺诈问题等。尽管这样做能解决租赁信用风控问题，但无法回避的是，商户的运营成本也大大增加。结合区块链共享账本的特点，租赁流程中参与的各个环节，如商户企业、司法机构等，可通过区块链进行信息的实时共享同步，解决信息孤岛问题，降低风控成本。

（3）交易公开透明，缓解资金难问题

由于信用租赁平台或商户的信用交易不透明，造成部分承租者或投资方对平台和商户不够信任，因此，资金紧张的租赁平台和商户无法获得进一步融资和发展的需求，最终造成平台和商户资金流转困难的恶性循环。结合区块链共享账本的公开透明特性，可将信用租赁平台的交易实时存证，甚至可将相关信用权益进一步数字化、资产化，在区块链平台上进行公开透明展示，同时对敏感隐私数据进行加密处理，从而提升投资者和承租人对商户和平台的信任。

3. 信用租赁区块链应用落地实践

ZRobot（京东数字科技旗下智能大数据服务平台）在信用租赁领域提出了基于区块链的租赁纠纷违约解决方案，该方案可实时高效、公平透明地为信用租赁各个参与方提供可信赖的电子证据。整个解决方案主要由前、中、后期三个阶段完成。

（1）前期：组建区块链存证联盟

ZRobot 基于区块链技术，搭建多方参与共识的存证联盟。主要参与方有京东智臻链、京东小白信用、工信部、互联网法院等，并且由所有参与方进行数据的多方共识存证。目前主要涉及的场景是将电子协议、电子合同、订单、邮件、网页等信息进行不可篡改存证。

（2）中期：信用租赁业务的区块链落地结合

ZRobot 基于京东智臻链提供的区块链技术服务，包括底层区块链 BaaS（后端即服务）和区块链存证服务接口，将现有的信用租赁业务中重要的数据文件进行实时、不可篡改的区块链存证。

目前存证的数据文件主要包括租赁协议、代扣协议、服务保障协议、首次租赁数据、续租数据和退换货数据等。存证前，后台系统会自动将每笔订单的数据文件分别进行哈希算法加密处理，得出唯一的哈希值，然后再进行区块链存证。

存证完成后，每一笔订单都会有对应的区块链存证记录，并且会在用户端展示详细的区块链存证信息，如存证保全时间、数据文件哈希值、区块链存证成功交易 ID（账户）等。同时，数据文件的源文件，如租赁协议明文的 PDF（便携式文档格式），将在京东云进行安全云存储，防止源文件丢失和方便后期读取源文件时下载。

（3）后期：区块链存证的验证阶段

若信用租赁平台发生了不可协商的违约纠纷，参与方可将已在区块链存证的记录，作为各方可信赖的电子证据提供给仲裁机构或法院。仲裁机构或法院进行验证时，可通过联系平台，从京东云重新下载对应的源文件，并进行哈希算法加密处理。得出的哈希值，可与区块链上通过存证 ID 查得的记录相对比。如果一致，则证明源文件未被篡改；反之，则源文件被篡改了或未进行区块链存证。

（4）各方参与信用租赁区块链落地所得益处

平台：2019 年 1 月 1 日颁布实施的《电子商务法》，其中第六十二条提到"在电子商务争议处理中，电子商务经营者应当提供原始合同和交易记录。因电子商务经营者丢失、伪造、篡改、销毁、隐匿或者拒绝提供前述资料，致使人民法院、仲裁机构或者有关机关无法查明事实的，电子商务经营者应当承担相应的法律责任"。信用租赁平台也有责任对电子合同、信用交易进行存证记录，并可保证不被篡改，区块链技术恰好是可实现该要求的技术手段，最终降低平台信用风险，增强租赁用户对平台的信心。

商户企业：可将商户企业与租赁用户的信用交易行为进行区块链不可篡改存证记录，商户记录得越多，信用交易越公开透明，真实性就越强，可提高商户企业自身信用，从而增加投资者对企业商户的信任度。

承租方（即租赁用户）：租赁流程中的电子协议合同、关键订单信息等数据文件对用户十分重要。若出现不可协商的违约纠纷，可以将区块链记录作为各方可信赖的电子证据，降低各方信用风险。

权威机构：如工信部、公证处、法院等权威机构，可以更便捷地验证租赁违约纠纷案件中电子证据的完整性和不可篡改性，大大提高了政务和权威机构的行政办事效率，节省取证和运营成本。

4. 信用租赁进入新阶段

信用租赁新经济正逐渐取代以抵押担保为主的传统租赁经济，是租赁产业发展的新趋势。然而，信用信息不对称、租赁纠纷取证举证难、信用交易不透明等问题一直难以解决。区块链去中心化（或多中心化）、共享账本、不可篡改、信息可追溯等特点恰好可以解决租赁产业的这些"疑难杂症"。

ZRobot 在信用租赁业务流程中，对重要的数据文件，如电子协议合同、关键订单数据等，进行了区块链实时、不可篡改的存证，同时联合权威机构，如工信部、互联网法院等进行多方共识，增强法律效力，最终为信用租赁业务流程的关键电子数据进行区块链固证，记录各方可信赖的电子证据，解决租赁纠纷取证难、举证难的问题。京东数字科技在信用租赁产业的违约纠纷区块链方案落地，也为后期使用区块链技术解决更复杂的信用信息不对称、信息孤岛、信用交易不透明等问题打下了良好的基础。

（七）场景七：风险信息共享机制

1. 风险信息共享机制的现状和问题

目前，风险信息的共享机制由各成员机构组成共同联盟，各成员向联盟报送不同类别的风险信息，最后由联盟集中处理，以帮助其进行风险控制。现行机制下各成员机构报送信息的积极性不高，同时集中处理模式存在中心化机构，信息共享机制弱，数据安全和质量得不到保障，且共享后的数据使用率也不高，这些问题都成为制约风险信息共享效率提升的重要瓶颈。

2. 区块链技术极大地提升了风险信息共享的效率和安全性

基于区块链技术建立的风险信息共享机制，有效解决了信用共享效率低下、敏感数据易泄露等问题，从而大大提升了各成员机构参与信息共享的内在动力和效率。

（1）保证了信息查询的不可篡改、独立性和安全性

首先，基于区块链技术的信息共享查询，各成员机构每次调用查询都记录在区块链账本中，保证不可篡改并可追溯信息来源，它们还能了解本机构查询和对外提供的黑名单查询信息记录。其次，各成员机构无须将敏感信息集中至联盟秘书处，各机构间仅仅互相开放黑名单是否命中的信息查询，敏感数据并不会提供给查询机构，解决了数据安全的顾虑。最后，在通信过程中，通过 SSL（安全套接层）协议、点对点传输等，增加了多

重安全保障。

（2）优化了信用共享的激励机制

基于区块链技术的信息共享平台采用一定的激励机制，共享平台根据查询或被查询计次进行相应降低或提高参与者权益，并对信息查询反馈服务进行记录。换言之，某机构提供查询的信息越多，则其权益越高，其能查询的信息条数就越多。这样就能不断丰富自身的风险信用数据库，从而增加风险识别和控制能力，从根本上解决了原有信息共享模式的激励机制弱化问题。

（3）对现有信息共享系统的改造性小且扩展性强

基于区块链的信息共享系统上线后，仅需按照相关规范在各成员机构的业务系统中加入服务前置系统。服务前置系统主要负责节点间的通信、信息加密、调用等工作，并不会对各成员机构原有的核心数据库做更改，也不会对核心数据库的安全产生影响。因此，基于区块链的信息共享系统具有包容性强、扩展性高的特点。

3. 信用风险信息共享的产品解决方案

京东数字科技信用风险信息共享的产品解决方案基于区块链技术，使各参与共享的成员机构按照共享技术标准和名单类型业务标准进行信用风险信息的共享，在区块链上通过共识发行通证，实现数据的共享和去伪存真。具体业务流程机制如下。

（1）信用风险信息共享的基本方式

参与该共享的所有联盟成员机构按照标准整理清洗黑名单数据，向联盟内成员机构开放比对查询功能。每个成员机构都可向联盟内任意其他机构直接查询数据是否在其他机构的黑名单内，基于“是或否”的反馈结果作为开展风险控制的依据。

（2）信用风险信息共享的内容

根据参与机构的需求和数据提供能力，平台启动期共享的数据类别包括交易欺诈名单、高风险账户卡号名单、营销作弊名单等。

（3）信用风险信息共享的评价机制

所有会员单位的调用额度和调用次数等操作以一定的形式进行记录。一方面，使数据有偿共享在公平互信的基础上进行；另一方面，通过一定的评价机制，参与方对系统的贡献度越高则权益越高，以此激励和满足“数据去伪存真”的需求。

4. 区块链将使风险信息的交换机制和效率大大提高

现行风险信息共享机制普遍存在成员报送意愿不高、集中处理的模式导致效率低下、敏感数据集中存放而易泄露等问题，直接导致各成员机构的风险信息基本是“共而不享”，风险信息共享机制并没有真正发挥提高风控水平的作用。区块链技术在信用风险信息共享的应用，对促进风险信息共享效率提升、帮助敏感数据脱敏等方面发挥了至关重要的作用，甚至在可以预见的将来，区块链技术在信息共享产业必将造就一片新的“蓝海”。

（八）场景八：贸易融资

1. 贸易融资的发展现状

融资是全球贸易得以持续的根本，包括信贷、保险及担保等多种形式。贸易金融市场每年至少有 10 万亿美元的交易量，但快速发展的同时仍然存在许多亟待解决的问题。一是审批流程异常烦琐，进口银行须审查进口商的融资协议，然后将融资款项交予代理银行，出口银行须使用进口银行的融资款项进行反洗钱监管。二是信息不对称问题严重导致欺诈行为频频发生，比如出口商使用发票获得多家银行的短期融资，难以核实真伪可能导致发票被多次使用。三是耗费时间较长，烦琐的审查流程导致付款延迟并延长货物的运送时间。

2. 区块链为贸易融资赋能

区块链技术能够简化融资流程，做到融资文件即时审批；能够去中介化，使贸易金融不再需要中介机构承担风险或执行合同；能够做到流程可追踪，分布式账本提供的标题和提单列示货物位置和所有权，这些都为贸易融资提供了许多便利。

（1）提高贸易融资交易的透明度

区块链为各参与方提供信任的平台，不仅使交易者获取信息的成本大大降低，同时使交易的可追溯性增强，提高了贸易金融的透明度。区块链为贸易融资提供了交易状态实时、可靠的视图，这将极大方便银行或其他金融机构对基于贸易链条的应收应付或者是库存商品进行融资产品推动，降低获取原始信息的人工管理成本。通过区块链技术，贸易背景项下的单据流、货物流和资金流可以实现实时更新，使贸易金融生态系统更稳定可靠。

（2）可以实现风险的全流程管理

区块链技术通过数字加密、点对点通信、分布式共识等技术，使贸易各环节可以实现有机链接，获取信息变得更加简单便捷，使金融机构在尽调、审核、管理等方面能够实现对贸易各环节的在线全流程管理，且这种管理是实时和可控的，从而提高了风险控制的效率和水平。

（3）能够满足客户的个性化需求

金融机构在贸易金融方面的竞争，主要表现为产品价格的竞争，往往由于投入产出比不对称，银行在为客户提供个性化服务方面的动力不足、积极性不高。区块链使银行不必再局限于抵押品融资或核心企业的上下游企业，而是可以根据客户实际需求制订个性化的解决方案，让客户的需求和体验得到满足。

3. 区块链在贸易融资领域的应用案例

区块链在贸易融资领域的应用仍处于概念验证阶段，目前在国际上进行了实践的是巴克莱银行合作的 Wave 公司（为小型企业提供金融服务和在线软件的公司）开发的区块链贸易融资平台。在我国，此类应用仍属空白。一方面，由于金融基础设施需逐步更新以与区块链技术应用接轨，如系统相互联通兼容信用证、提单和检验备案等流程。另一方面，贸易融资在全球贸易中十分重要，监管机构需要完善和制定相应的监管指引以实施反洗钱及海关监管等。因此，国内金融机构对区块链在贸易融资的应用仍需研究和论证。

2016 年 9 月，全球首个基于区块链技术的贸易交易完成，实现该贸易的是巴克莱银行和以色列一家初创公司。交易通过巴莱克银行的合作公司 Wave 设立的平台进行，担保了价值约 10 万美元的由爱尔兰公司向塞舌尔贸易公司发货的奶酪和黄油产品。

在传统的信用证结算系统下，需要将出口单据等通过邮寄的方式在进出口双方的银行和客户之间进行传递，操作程序极为复杂。不仅要面临中途丢件风险，贸易单据造假也时有发生，处理时间上甚至可能长达 1 个月。

借助区块链技术，可将买卖双方之间的购买协议编辑为智能合约，自动执行协议条款，进行可信交易。分布式账本上的文件记录了各方的详细数据，一方面，方便快速进行信用评审；另一方面，有利于检查反洗钱、追踪货物位置以及查询货物的所有权。在这一过程中，银行不再需要中介机构承担交易风险，合规主管人员可以更加便捷地执行反洗钱和海关活动。数据显示，传统上需要 7 ~ 10 日的交易流程，通过区块链技术，全部流程仅在 4 小时以内就可以完成，大大加快了流程处理速度。

4. 区块链使贸易融资的痛点不再痛

尽管区块链能够改善贸易融资中的许多固有痛点，但由于贸易融资受许多欺诈性融资活动的影响，区块链技术的不记名特点对贸易融资的安全性提出了巨大挑战，这意味着在贸易融资过程中，尽职调查和合规检查将贯穿始终。虽然目前区块链在贸易融资领域的应用还处于萌芽阶段，业务模式还不成熟，但相信随着区块链技术与贸易融资的应用场景不断拓展，将会推动贸易融资乃至整个贸易领域迎来新的发展机遇。

（九）场景九：银团贷款

1. 银团贷款行业需求增长稳定

若某一借款主体借款规模庞大，单一银行或金融机构难以满足其融资需求，则需要借助于银团贷款模式。银团贷款由一家牵头银行，以及多家参与银行和非银行金融机构为同一借款主体提供授信。

汤森路透报告显示，2017 年前三季度亚太区（除日本外）银团贷款总额为 2 930 亿美元。近年来我国银团贷款市场发展迅速，根据银行业协会数据显示，2016 年第二季度末银团贷款余额 60 098 亿元，同比增加 6 395 亿元，同比增长 11.9%。从目前宏观战略和政策层面来看，银团贷款具有很大的发展前景。

2. 区块链优化银团贷款的业务流程

现行做法中，银团贷款流程中相当多的环节大量依赖人工操作，区块链技术的共识机制和智能合约能够大大简化银团贷款流程，降低对人工的依赖程度，从而降低操作风险。

（1）共识机制能够简化贷款流程

目前银团贷款过程中存在的最大问题是对大量人工操作的依赖。在银团贷款的流程中，每一步都需要多方参与者进行大量的调查、记录、审核等操作。这些操作具有相当的烦琐性和重复性，整体增加了参与各方的成本，拖慢了放款时间和贷款节奏。据有关研究数据统计，一笔银团贷款交易平均需要 19 天的时间才能完成。贷款过程中的信息沟通大部分仍通过传真完成，这些劣势就是银团贷款对人工操作的依赖性造成的。区块链技术的信息保存和传递能力可以有效减少银团贷款的人工操作需求。

（2）智能合约降低整体风险

承保系统无法与监察系统中的内容保持一致是目前银团贷款中主要的风险来源之一。原因在于银团贷款中借款方和银团发起行签订合约、发起行和参与行之间签订合约的机制。而运用区块链技术，使用智能合约可以在监察的同时自动进行承保和信贷审核程序，并且可以完成为贷款提供资金、向放款人支付本金和利息等贷款管理服务。而监督机构可全程进行实时监控，有效控制银团贷款面对风险的程度。

（3）能够提高支付效率

涉及跨境支付时，申请方和受理行都需要烦琐的审核和操作流程。银团贷款中，采用直接或间接的银团贷款方式，都涉及不同银行间、不同地区间、不同国家间的支付过程，使用区块链技术，可以大大节省支付过程中的重复流程，提高支付效率，整体推动贷款进程。

3. 区块链技术在银团贷款中的相关应用

目前，大型国际全球性银行已经尝试将区块链技术应用于银团贷款业务，并建立了相关应用平台，但仍处于初级阶段。

在我国，商业银行尚未有此类应用实践，主要受限于几方面因素：一是银行需要接受对手方的评级系统；二是金融机构和借款人同意将财务信息储存于分布式账本中；三是尽职调查和担保文件模板需要一致互认，方可令信息在多个系统中转移。通过吸纳国际银行的领先实践，我国银行业未来有广大的探索空间。

包括法国巴黎银行、纽约梅隆银行、道富银行和荷兰国际集团在内的七家全球性银行，已经建立了基于区块链技术的银团贷款平台 Fusion LenderComm。该平台可以提高代理商与贷款人之间的数据共享效率，进而提高银团贷款的效率。所有参与银团贷款的机构可以通过该系统实时查看信用协议、位置信息、应计余额等详细的交易数据。同时系统可以维护所有的交易历史，以便为每个参与方提供带有时间戳的审计记录。该系统通过改善数据共享机制向贷款机构提供准确的信息，从而最大限度地降低贷款成本和操作风险。内部专家透露，该项目已经吸引了全球 10% 的银团贷款市场。

4. 区块链加持下银团贷款的新趋势

在区块链技术的加持下，未来的银团贷款将会呈现出三大趋势。一是未来的银团贷款会更加快捷简短，智能合约自动组成银团，核实财务信息并完成结算，减少时间成本，分布式账本和智能合约减少了对第三方中介机构的需求；二是资源得到更多整合，尽职调查系统直接与贷款审批或管理系统交互相关财务信息，分布式账本和智能合约减少了对第三方中介机构的需求；三是更加安全可控，监管机构在银团贷款期限内实时关注财务详情，自动支出本金和利息，降低操作风险。

区块链技术广泛应用在金融领域已经势在必行，而作为金融领域中重要组成部分的银行业一直在此方面进行着尝试，银团贷款这个传统的金融交易行为是区块链技术的天然受众，未来必然会在区块链技术的影响下实现增长和获得更多发展。

（十）场景十：股权交易交割

1. 股权交易交割发展情况

（1）股权交易交割的传统操作

股权交易交割流程帮助买卖双方交易、变更所有权记录及完成资产或证券交易。交易交割流程自交易所确认交易发生后开始。中央证券托管系统与托管银行合作，对交易进行核对并验证投资者身份。如果一切均无问题，中央清算所执行净价交易，将现金及证券转移至恰当的托管人，托管人随后将资产存储于账户以妥善保管。中央证券托管系统负责提供所需的资产服务（如收入分配及代理投票）。

（2）股权交易交割的现存问题

根据不同的证券交易市场情况，完成上述程序需要 1~3 天，而且这仅仅是完成一项交易的时间。而一个单独的证券交易市场，如纽约证券交易所，每天需要处理数百万笔类似的交易。完成交易所需的时间、对高昂中介机构的依赖，以及繁重的监管合规要求，使股权交易程序对现有机构而言是一笔巨大的投资，美国金融服务行业每年花费在股权交易程序上的金额达 90 亿美元。

2. 区块链技术为股权交易交割提供支持

现阶段股权交易交割流程存在流程时间较长、监管较为复杂以及对中介机构依赖较大的问题。而区块链作为一种集中心化、去信用化、不可篡改和可追溯性等特征于一身的技术，极大地为股权交易交割注入了新的生命力。

（1）智能合约同步实时转移股权与现金，降低错误发生率

区块链技术能够建立去中心化的数据流通平台，跟踪数据交易的全过程，保证数据交易的准确以及不被篡改，对数据进行验证并登记。区块链特有的分布式存储结构能够有效避免因操作失误或系统遭受攻击而造成大规模数据丢失或泄露的风险。股权交易用户能够把股权交易操作的信息存储在区块链上，区块链可以准确无误地存储预留信息，有效降低第三方平台信用风险。

（2）无须中介机构，提高结算效率，降低操作风险

区块链技术与股权交易交割应用有非常高的契合度。首先，区块链去中心化的特点能够免除中介机构传递文件的烦琐流程；其次，区块链可以有效解决信息不对称问题，智能合约的加入亦能够极大地降低成本、提高效率，从而降低由此造成的操作性风险。

（3）去中介化降低运营成本及第三方费用

股权交易系统在股权登记、基金项目筛选、投资对象调查、签订协议、项目跟踪与测评、项目托管、项目退出等业务板块所涉及的参与主体和交易环节有很多，而每个环节都会产生必要的成本。而区块链智能合约能自动完成结算，节约了投资者和运营机构的时间，使结算效率大大提升，也提高了安全性，同时降低了费用，这在日益复杂的股权交易体系结构中将显得越来越重要。

3. 区块链在股权交易交割中的应用

区块链技术在创业板和新三板市场的股权交易交割方面具有很好的应用空间，如早在 2015 年，美国纳斯达克（NASDAQ）推出了 Linq 平台。在我国，受限于监管机构、托管方以及交易所三方需合作制定综合解决方案以及数据标准化等原因，证券交易市场尚未有区块链技术在股权交易交割方面的应用。随着众多机构不断研发和实践，我国证券交易机构也将逐步加强在此方面的研究和应用。

Linq 平台是全球首个基于区块链技术的中小企业股权交易平台，参与方包括 Chain（加州初创企业）和纳斯达克内部的若干工作技术人员。

Linq 平台将每个交易者资产的现价、类型、持股数量、历史走势等信息集合在“交互式股权时间轴”上，并且这个时间轴会根据记录将全网账本上的信息变化实时更新，每个投资者都可以通过时间轴查看这些信息，实现了信息透明的最大化。

借助区块链的分布式存储技术，Linq 平台可以实现点对点的交易模式，如果能够规模化应用，则有望使股权交易实现完全的无纸化，安全性也将极大地提升。另外，Linq 系统的后台资产转让契约完全通过区块链智能合约实现，能够实现实时结算和交割，避免了以往前台和后台分离造成的业务对接成本和其他诸多风险隐患，同时能提高结算的时效性，从而使产品价格更能反映市场的真实供需。

股权交割因区块链而变得便捷。总的来看，区块链技术在股权交易交割的过程中，可以解决诸多现实的问题，但也应该清醒地认识到，要想让区块链技术在股权交易交割过程中更好地发挥作用，首先应该将净交易收益纳入结算以降低托管银行间的资金转移，并且通过监管者、托管人以及交易所之间的合作共同开发具有市场稳定性同时又可以服务所有方的解决方案，最后实现数据区域的标准化，从而完成交易匹配并保护投资者隐私和匿名。随着区块链技术在股权交易交割中应用的不断深化，未来的股权交易交割更加快捷将成为不争的事实。

三、政策建议

区块链技术能够保证价值转移的精准性、数据存储的安全性和交易信息的可信性，使数据同时具有透明性和保真性，从而使信息有效性的验证与社会信任问题得到解决，具有广阔的应用前景。由此引发了各国政府与投资者的高度关注。

从国家政策来看，国务院于2016年底发布《“十三五”国家信息化规划》，首次将区块链作为重要战略发展方向。央行方面，2016年2月，中国人民银行行长周小川在谈到数字货币相关问题时提出，区块链技术是一项可选的技术，并提到人民银行部署了重要力量研究探讨区块链应用技术。2016年9月，中国人民银行副行长范一飞在2015年度银行科技发展奖评审领导小组会议中提出，各机构应主动探索系统架构转型，积极研究建立灵活、可延展性强、安全可控的分布式系统架构，同时应加强对区块链等新兴技术的持续关注，不断创新服务和产品，提升普惠金融水平。2017年2月，我国央行基于区块链的数字票据交易平台已测试成功，于2017年7月成立央行数字货币研究所，积极推进国家法定数字货币的研发工作。

从投资融资来看，公司数量呈爆发趋势，应用领域不断扩大。新浪科技数据显示，2012—2015年，区块链风险投资额增长超200倍，达到4.69亿美元。

从行业应用来看，通过案例分析，可以看到区块链技术在各个领域的不同应用都拥有相似的特征。信任机制改变，去除了一个或多个中介机构，用算法而非中介实现信任，以此提高效率、降低成本。交易流程简化，通过智能合约来自动化地处理金融中的各项流程，人工干预流程大大减少，风险更可控，交易历史可以追溯，通过自动追踪和实时监管限制，消除了交易市场多数风险。

综上，有理由相信，区块链技术在金融领域大有可为。区块链技术以自身的特性，巧妙地解决了金融领域长期以来的痛点。

（一）区块链技术现存问题

区块链技术的发展历程充满戏剧性。从最初各监管机构态度不一，到近两年对区块链技术的认识才逐步普及，大部分政府和机构认识到区块链技术在经济体制变革、社会机制优化、公共服务完善等方面的价值，并在国家战略层面逐步关注和推动区块链技术。然而，区块链技术的推广还有一些问题。

1. 区块链有被过度消费的倾向

区块链不等于加密数字货币。区块链是加密数字货币的技术基础，通过运用分布式存储、共识机制、点对点通信、加密算法等区块链的底层技术，耗费大量的人力、物力“挖矿”，产生“一串数字”，人为赋予这串数字价值，即为加密数字货币。而加密数字货币仅仅是区块链技术众多应用领域的一类典型应用，加密数字货币不等于区块链。

2. 相关技术尚未成熟

一方面，区块链系统交易频率过低。考虑到区块链技术体系中的共识机制和区块容量限制，其交易频率一直被诟病。以比特币为例，每秒处理的交易量不超过 10 笔，与当前主流支付工具交易频率相去甚远。另一方面，基于区块链技术的产品开发和推广门槛依旧较高。区块链技术的开发和测试工作中，时间资金和技术成本依旧是限制区块链技术应用的瓶颈。区块链对存储资源的占用和对带宽的压力，对计算资源和存储资源的需求，都还不能满足现在的交易需求。此外，区块链技术的专业人才也存在大量缺口。

3. 监管体系未完善，行业乱象丛生

看到区块链在金融产业广泛应用前景的同时，一个严峻事实也摆在我们面前：区块链作为一项技术在进行一项跨领域的应用。技术的特性和

优势在解决企业和社会治理面临的具体问题时，还需认真管理好技术落地这一步。行业内开始出现“骗子伪装成官方客服套私钥”“去中心化交易所以德平台停止交易”“区块链媒体六点公会拿钱跑路”等行业乱象，公众财产得不到保护，极有可能引发集体性滋事事件。

（二）区块链技术监管新要求

1. 行业标准化的推行

标准化的推行有助于统一全局对区块链的认识。目前业界、学界和群众对于区块链的认识不一。因为刻意炒作，甚至导致很多人对区块链存有误解。标准化的推进能促进社会对区块链技术和产业达成共识，从而引导区块链产业走上正途。

标准化的推行有助于区块链技术在各行业的应用。区块链的应用前景十分广阔，为了更好地服务于金融领域，区块链技术的落地要符合金融领域的管理和服务等传统的行业习惯和发展要求，特别是对于这些行业的现有规则的适应和修改。目前区块链的实施标准因应用场景的差异而不尽相同，未来区块链的应用范围进一步扩大时，多区块链之间的互联可能会受阻于不统一的标准。另外，区块链的金融应用也亟待更加成熟的监管制度来规范。标准化工作的推进有利于各业务更高效简明地落地区块链技术来促发展。

现阶段，国内和国际化标准组织对区块链技术标准化的布局工作已有初步框架。在未来的一段时间，区块链技术的标准化工作必将进入关键时期。目前我国在区块链技术政策形式上积极，在区块链技术标准预研方面也有初步进展，这些前期工作为我国区块链技术标准化工作打下了良好的基础。我国有机会也有实力在国际区块链标准化领域发挥关键作用,产生较大影响。这对于国内区块链技术和区块链产业发展意义重大，也对我国增强技术实力和扩大技术影响力有积极作用。

推进区块链行业标准化建设，在以下几方面有几点建议。

在标准制定方面“急用先行”。因为区块链技术 2008 年才出现，有时间短、发展快、形式新颖、热度高、涉及范围广等特点。基于这些特点，在区块链技术标准制定方面建议如下。

优先开展基础性、实用性的标准研制工作。区块链技术涉及广泛，建立起健全的标准化必然是一项长期工程。对于涉及民生的方面，例如普惠金融领域有利的技术标准应当给予适当的优先。对于技术相对成熟的方面如信息安全等领域可以率先启动。

在标准试验方面“大胆试错”。实践是检验真理的唯一标准，标准化过程需要在实践中检验和发展。这项技术的前沿程度决定了它需要深度试验才能有相对正确的标准。

对于区块链标准检验有以下建议。

一是积极推行、大胆试错。对于已经成稿的标准，开展标准检验工作，及时返回和修正成稿标准。

二是推广试点、及时修正。对于通过检验的标准，选择具备条件的行业和地域开展标准应用推广试点工作。

三是在标准国际化方面“力争上游”。能否推进标准国际化是国内技术能否变为国际竞争力的关键。在区块链技术井喷式发展的今天，积极推行标准国际化能为我国区块链产业的发展抢占制高点。对此建议如下：积极跟进国际区块链技术强国的标准化工作，加强合作交流，增强互利互信意识，在国际标准制定过程中积极参与争取主导。在国际标准化的过程中，积极推进本国技术优势项，迅速补足技术缺陷，以争取最大影响力为目标，力争标准话语权，抢占国际市场先机。

2. 促进技术落地和新产品推行

区块链技术提高了金融的效率和透明度，降低了成本和风险，使商业环境更加公平可靠，对金融创新有长远的影响。金融机构只有及早行动，主动拥抱科技的进步，才能避免在商业格局战略转型中落伍。

在这种机遇与挑战并存的场景下，应当抓住机会，布局区块链应用的

“试验田”，根据机构自身优势寻找差异化发力点。区块链的应用场景应优先考虑痛点明显、增量显著、发展快速的精品业务，并给予适度的试错空间，试点成功后再逐步扩大应用范围。在尝试过程中既要充分评估改造成本，也要合理安排系统维护，同时还要配套优化业务管理，依据实验效果逐步调整技术方案。同时，也要避免用力过猛，深刻理解传统流程的过渡作用，以成功的商业案例为范本，不断制订并修正解决标准方案。

3. 组织并扩大产业联盟，促进产业成熟

区块链的架构哲学和多方参与、多方维护的特点，已经天然决定了区块链需要以联盟的形式来贯彻落实技术应用。

从近期发展来看，无论是底层技术研究、应用场景探索，还是产业政策与学术交流等方面，都涌现了一系列联盟与组织，试图通过不同机构间的资源共享与群策群力共同构筑区块链生态体系。

构建小型联盟产出落地案例结果。当前区块链技术研究还处于初级阶段，以探索合适的模式为主要任务。私有链和小范围的联盟区块链因体量小、使用场景单一而比较容易被创造和管理。从构建小联盟入手，加快一些相对成熟的产业区块链的落地应用。以此作为试点进行推广，有助于整个产业的发展和成熟。

构建行业联盟积极推动区块链技术在金融产业的应用。基于区块链的真正应用目前依旧很少，尤其是基于公有链的产业区块链应用，进展依旧缓慢。行业联盟在行业规则和行业改革等方面从实际出发，开展区块链安全技术的基础研究和核心攻关，为产业健康发展营造良好的环境。联盟应致力于加强行业对接，促进区块链与行业深度融合。提升区块链技术评估测试水平，客观准确地评估区块链平台和应用，探索制定区块链技术和应用的监督机制和认证体系，促进行业健康有序发展。

第四章
人工智能进击金融业

- 在数字经济时代，人工智能可以实现数据价值的最大化。
- 数字经济时代的金融是新的金融业态，智能数字金融时代正在到来。
- 智能数字金融的逻辑是，从千人一面走向定制金融，从风险难测走向安全金融，从边界有限走向连接金融。
- 智能数字金融面临伦理、法律与社会风险。
- 智能数字金融的未来发展要遵从一些原则。

一、人工智能与金融行业的邂逅

（一）人工智能发展的三个阶段

1. 从诞生开始的首波浪潮

人工智能的诞生要回溯到1956年在达特茅斯学院召开的夏季研讨会。在研讨会上，“人工智能”的提法第一次出现。在之后的10年中，科学家对人工智能充满了乐观预计。“数字计算机”10年之内就会战胜国际象棋世界冠军的预测就是这种乐观情绪的充分展现。根据中国工程院院士、北京大学高文教授的观点，人工智能一开始出现了两个“门派”——逻辑主义（符号主义）和连接主义。在第一波浪潮中，逻辑主义占据了发展的核心位置，代表人物是赫伯特·西蒙和马文·明斯基。两人在1956—1976年提出了包括战胜国际象棋世界冠军在内的几个著名的人工智能“预言”，“20年内，机器将能完成人能做到的一切工作”“一代之内……创造‘人工智能’的问题将获得实质上的解决”“在3～8年的时间里我们将得到一台具有人类平均智能的机器”。

对于人工智能的乐观情绪在1973年被《莱特希尔报告》打破。该报告有力地证明，几乎所有的人工智能的研究都远未达到早前承诺的水平。这标志着人工智能的第一波浪潮戛然而止。

2. 从低迷期爬升的第二波浪潮

在逻辑主义没有获得进展的时候，连接主义成为第二波浪潮的根基。从20世纪70年代末开始，神经元网络的发展导致模式识别、字符识别、简单的人脸识别等领域的研究开始兴盛。由于连接主义采用的逻辑方式与符号主义大相径庭，2006 年左右，连接主义受到复杂问题所需要数据量与计算机计算能力的限制而无法持续进步。尽管如此，1997 年，“深蓝”成了战胜人类国际象棋冠军的第一个计算机系统。这标志着人工智能的第二波浪潮的一大高点。

3. 诸多技术合力形成的第三波浪潮

2006 年之后，深度学习技术开始蓬勃发展。从技术角度来说，这一波浪潮将技术、神经元网络、统计学、大数据结合在一起。深度学习的发展源自数据量的大爆炸。在万物互联的加持之下，深度学习技术开始在诸多领域崭露头角，包括无人驾驶、智能投顾、智能制造等。按照高德纳的预测，在 2020 年左右，人工智能将会渗透 50% 以上的人类社会生活。这个阶段，人工智能会发展到什么程度尚需要持续观察。以 AlphaGo（阿尔法围棋）为代表的人工智能战胜了人类围棋世界冠军，从而成功摘取了“人类最璀璨的皇冠”。可以肯定的是，这一事件将会极大地促进人工智能的发展与人类的思考。

（二）金融与数字经济的天然耦合

1. 数据是行业发展的出发点与原动力

在数字经济时代，数据是一切行业发展的出发点与原动力。“大数据”是“数据”的质变。从大数据与信息的关系角度来看，大数据指的是规模和格式前所未有而又相互关联的大量数据，收集自网络空间和实体世界，技术人员通过高速、多方分析后，可以从中挖掘出甚至超出原有数据量级的信息量。这意味着，只有在大数据环境下才能够出现天量的信息。而对于这些信息载体进行再次或者多元的“大数据”分析，将会爆发出更多的数据与信息。从大数据与网络空间的关系角度来看，海量的数据和相互之间的结构性、非结构性关联，使大数据充分扩展了网络空间。

经过几十年的发展，人类社会早已将自己的社会活动拓展到了网络空间。网络空间不再是虚拟的角落。人类一方面利用大数据进行分析、拓展网络空间，另一方面也在不断向网络空间贡献数据。“大数据”是劳动对象，也是劳动的结果。目前来看，数字经济中的“大数据”商业模式主要分为两大类。第一类，以大数据为标的物的直接交易。这类交易指的是把狭义上的“大数据”，即数据集作为交易的标的物。第二类，以大数据分析之后的数据与信息为标的物的间接交易。这种交易指的是采用各项分析方法对数据进行挖掘、分析，产生大量的统计结果、主体偏好、决策参考等信息，基于这些信息的再利用、重组与拓展，形成商业决策和商业行为，如利用行为画像的精准营销、基于大数据统计的投资决策等。“大数据”的形成方式和使用方式决定了其与一般生产资料不同，拥有无形性、外部性、多次使用性等特点。

2. 智能数字金融是数字经济时代的新金融

人工智能正在对现代生产力公式进行改造，并促进人类社会向智能时代进化。人工智能通过对物质生产力要素的嵌入式改造和融合，相应也会催生出以智能科学技术为标志的“智能时代”。市场因素是物质要素和精神要素之外的生产力相关因素。市场机制表现为对各生产要素进行优化配置。尤其值得一提的是，金融是对生产要素之一“资本”进行优化配置的市场机制。金融作为市场因素，是重要的生产力要素。金融和技术都是生产力要素，一个发挥决定性推动作用，一个发挥优化性配置作用；一个是硬性的，一个是柔性的。在金融进化史上，金融和技术融合是一种必然趋势。金融和技术的融合是颠覆式金融创新和发展的天然动力。进入智能时代，这种趋势就更加突出，智能数字金融也应运而生。智能技术和金融的融合必然能促进数字经济的革命性发展，对经济产生极大的“涌现”效应。数字经济是以数据为依托，智能数字金融也以数据为根本，所以智能数字金融是在数字经济时代的金融市场优化配置功能的革命性表现，是生产力进化的最高阶体现。

二、智能数字金融的逻辑

（一）从千人一面走向定制金融

1. 智能投顾为客户提供精准定制产品

由于客户的性别、年龄、投资能力等的差异，金融机构的“标准化”产品往往无法满足客户的需求，无法实现客户收益的最大化。智能数字金融分两步走，树立了精准定制的逻辑。以智能投顾为例，第一步，精确实现 KYC（了解客户）规则，由于数据量的丰富，人工智能算法可以实现更细的数据颗粒度，将投资者的流动性、负债水平、资金量、储蓄率等数据更细致地融入客户风险偏好、资产偏好中。第二步，个性定制金融产品。借助人工智能算法，为客户定制合适的金融产品，其收益回报往往更稳健。

机器学习算法的运用在以下五步中实现。第一步，算法可以实现让市场上各种类别的基金选择进入“基金池”；第二步，算法可以设计不同的资产评估维度；第三步，算法可以将不同类别的基金维度综合对比，得出收益率、风险偏好等评价；第四步，机器学习对基金池中的基金的评价方式和过程；第五步，算法可以实现新基金池风险收益的预测。

以成熟的北美投资市场为例。美国排名前 14 的智能投顾平台的平均一年期回报率最高达到 10.64%，最低为 6.93%，12 家（85.7%）超过了 Eureka（北美对冲基金指数）统计的“北美对冲基金一年回报率”8.26%。

2. 智能客服为客户提供专属体验

由于金融产品和服务的特殊性，金融客服对金融专业知识、客户服务知识等都有不同于其他行业的要求。金融智能客服利用知识管理系统将金融客服以往积累的方案、策划、成果、经验等知识进行分类存储、管理，利用后台自然语言理解引擎、样本库和知识库，实现精准的理解并按照人类问答的自然方式给予回应。

从智能客服的流程来看，前期搭建适用于客服专业应对的知识管理系统，中期实现客户信息与提问的数据化，并通过自然语言理解引擎、样本库、知识库等实现数据分析，最后以人类语言表述的方式给予回应。

从全行业来看，金融客服的智能化可以实现全流程的效率提升，其中客户提问与咨询的分析率至少可以提升 63%，无关词语和敏感词的识别率提升 75%，与客户实现自然交互之后的问题解决率提升 38%。

（二）从风险难测走向安全金融

1. 智能风控不断迭代模型，长出控制主体风险的“手脚”

人工智能重新锻造了现代金融的风险控制系统。风控决策引擎是“大脑”，大数据、反欺诈、风险识别与计量、反洗钱、打击黑灰产等各智能风控子系统是“手脚”，对风险控制的全环节进行具体把控。

以消费金融的风控模型为例。智能风控决策引擎将风险识别、计量、控制等与业务节点连接，以进行自动化决策，平衡风险与用户体验；智能反欺诈系统采用逻辑回归、随机森林和深度学习等技术，基于用户行为、设备、位置等实时计算，识别恶意行为及高风险订单，从而控制风险。

2. 智能风控呈现“模块化”与嵌入式趋势

智能风控呈现出“后工业时代”的美感。第一，“模块化”。基于有效的大数据积累，智能风控形成了反欺诈、反洗钱、反账户盗用、反羊毛党、反虚假交易等多个模块。模块之间任意组合，并可以形成有效合力，在不同业务场景存在广泛应用。第二，嵌入式。风控模型以完整组件的方式嵌入风控流程，通过内外部数据的调取与分析，有效提高信贷效率，降低风险。

3. 智能投资实现产品风险量化

智能投资运用机器学习、量化分析等技术与算法对投资市场上的标的风险进行识别与量化，进而将投资者的资产分散到债券、权益和另类等相关性较低的资产中，使投资者的资产组合收益来源和波动率来源更为分散，有效抵御了单一种类资产带来的“黑天鹅”事件。

（三）从边界有限走向连接金融

1. 智能数字金融天然是普惠金融

智能数字金融将金融服务和金融资源拓展到市场底端和广大农村地区，增进长尾客户的金融效率。人工智能与其他技术的结合提高了普惠金融中人力不能完成的浩繁工作，改变了传统以人力为核心资本的实现普惠金融的逻辑。

2. 智能数字金融向行业上下游扩展

智能数字金融的不同业态拥有不同的“组合拳”，实现了一定程度上所在行业的上下游扩展。以智能保险为例，人工智能在保险业的运用属于金融科技领域最早而且最为广泛的，几乎包含了全部领域，如营销、定价、风控、承保、保全以及理赔等。

3. 智能数字金融嵌入智能城市建设

智能城市是以数据为基础单元、信用为组织关系构建起来的未来城市。信用是智能数字金融的基础之一。信用主体主要包括居民、企业和政府。居民信用，即个人的出行、租用、借贷等行为产生的信用。企业信用，则与股市评价、招投标、融资等动作相关。政府信用，关系到政府的考核，涉及经济、环境、能耗等指标。

在各主体信用基础上，智能城市形成了智能数字金融的大网，包括投资、支付等一系列金融行为在内的多项金融高效、安全、智能配置的内容。

三、智能数字金融的挑战

（一）科技与社会的伦理悖论

1. 智能数字金融带来“人”与“物”之间的模糊地带

和其他人工智能体一样，智能数字金融的发展带来了伦理上的挑战。当智能体逐渐取代理财师、交易员和客服代表，当我们把自己的财富需求理所当然地交托给人工智能的时候，“它是谁”以及“如何对待它”的问题就产生了。在未来，如果机器人充当金融交易员，我们怎样在情感上对待它？当它表现优异时，如何去奖赏它？它是否也会疲惫，从而要求休息和度假？它犯错了，如何去处罚，“断电”是不是一种酷刑？面对诸多伦理上的挑战，智能数字金融的发展应该遵循技术和社会伦理的要求，进行负责任的创新。

2. 智能数字金融算法存在“产生歧视”和“结果歧视”悖论

金融算法应用的过程会生成名为“产生悖论”的歧视——不论数据输入是否存在主观偏见的可能，算法都会走上歧视的道路—— 一种是“主观价值算法歧视”，另一种是“客观系统算法歧视”。

单从金融算法的效果来说，“结果悖论”也很难避免。数据颗粒度越细，数据标签越丰富，算法的结果越会产生对某些群体的客观歧视；数据颗粒度越粗，数据标签越丰富，算法的结果也会造成客观忽视。因此，在设计算法的时候要考虑到“算法歧视”和“结果悖论”带来的负面影响，让智能数字金融同时兼顾效率和公平。

3. 金融算法始终伴随黑箱悖论

算法的过程和原理往往存在不透明的问题，尤其是基于深度学习的智能数字金融算法。从设计的角度来说，智能数字金融可能存在的人工智能黑箱是一个成本问题。我们试图针对错误性和歧视性的算法进行分析与纠偏，却因为算法的混沌自我决策机制而无法理解。企业在发展智能数字金融时，应当支付测试和监测的成本，尽力降低技术带来的不可预测风险。

（二）监管与责任的法律难题

1. 智能数字金融所有权分配难题

一般来说，开发出智能数字金融产品的公司或者个人享有对该产品的所有权，或者依照合同约定办理。但是在机器学习等智能数字金融技术不断自我迭代的背景下，智能数字金融产品实际上是“自我”开发的。这导致了其所有权分配的困难，需要智能数字金融公司配合监管和立法机构更好地界定所有权。

2. 智能数字金融责任归属难题

智能数字金融侵犯公司与个人的合法权益，应当如何归责？例如智能数字金融在自我演化过程中形成了一套与市场现有资讯软件相同或者类似的软件算法，或者由于智能数字金融造成的顺周期性从而导致投资人利益受损。智能数字金融是否可以问责、对谁问责，以及如何问责？这些挑战不仅要求企业负责任地发展智能数字金融，也要求监管机构及时立法，保护投资者和维护市场公平。

3. 金融监管的发展面临崭新难题

智能数字金融创新，尤其是算法应用与数据分析给金融监管带来了诸多挑战。在竞争与垄断方面，金融算法可能会被人为设置或自我做出合谋决策，从而损害竞争，构成垄断。在违法行为归责方面，智能数字金融可能由于数据质量差或算法有瑕疵而引起投资者大幅亏损，也会因为算法的中立性而导致客观“违法行为”的产生。在隐私保护方面，个人投资者信息或金融机构敏感数据可能因为各种原因造成泄露。面对诸多挑战，监管部门需要企业在发展智能数字金融时注重防范风险和负责任地创新。

（三）价值与就业的社会影响

1. 智能数字金融强化优势方，加剧行业贫富分化

据京东数字科技研究院开展的调研结果，高达 95.8% 的受访者认为，智能数字金融对金融领域的影响总体上是促进多于抑制。但是智能数字金融会影响财富的再分配，某些算法可能会加强“强者恒强，弱者恒弱”的二八趋势。因此企业在使用智能数字金融时，要有社会责任感，在注重效率的同时也要兼顾公平。

2. 智能数字金融引发金融从业者的“饭碗恐慌”

智能数字金融带来的效率提升在一定程度上影响了金融从业者的工作权益。京东数字科技研究院调研金融、科技等各界专业人士，41.3% 的银行从业人士以及 23.9% 的支付清算从业人士表达了对于自身工作可能受到智能数字金融影响的担忧。所以，企业在发展智能数字金融的同时，也应该帮助员工提升技能，使其更好地利用智能数字金融提高效率，而不是被人工智能替代。

3. 智能数字金融拓展了行业价值链

智能数字金融提升了金融大数据处理与理解能力，能够对信用和风险进行精准分析，对解决信息不对称引起的逆向选择和道德风险等传统金融难题起到了革命性的作用，并加速了金融产品创新和服务创新，形成了智能银行、智能保险、智能证券、智能投顾、智能风控等金融新业态。随着技术的发展，这些业态相互融合，金融价值链逐渐拓展。

四、智能数字金融的主张

（一）坚守初心——金融生态秩序的守护者

1. 智能数字金融应当负责任地创新

面对诸多问题，发展智能数字金融首先要遵从的一般原则是负责任地创新。负责任的智能数字金融应当遵从“内部自我监管，外部多方监督”的框架。在外部监督之下，内部自我规制决定应当如何发展智能数字金融技术。这一切都需要在遵循伦理的基础上展开。

2. 智能数字金融发展应当遵守技术伦理

智能数字金融在不能超越传统伦理要求的公平、公开、平等等要求的同时，也应当在设计时遵守两种人工智能技术伦理。第一，支付记录、测试、监测数据和运算过程的成本，尽可能地降低技术带来的不可预测风险，以契合金融伦理。第二，需要防止破坏性技术独占等不恰当地发展智能数字金融的行为。

3. 智能数字金融应当遵循金融发展规律

智能数字金融虽然深刻地改变了金融行业的商业逻辑，颠覆了诸多传统商业模式，但是其本质仍是金融模式创新，仍然必须遵循基本的金融发展规律。在京东数字科技研究院进行的“智能监管最值得期待的内容”调研中，“风险管理”获得了45.1%的得票率，高出第二名“支付监控”33个百分点。这充分说明，市场认同智能数字金融要遵循金融发展规律，注意防范风险。

（二）服务大局——决胜小康三大攻坚战的践行者

打赢防范化解重大风险、精准脱贫、防治污染三大攻坚战，依赖金融资源的合理配置与运用。智能数字金融能够更高效地优化资源配置，助力全面建成小康社会。

1. 智能数字金融应当聚焦防范化解重大金融风险

金融稳，经济稳。目前我国金融体系风险承受多重重压，智能数字金融通过参与强化金融监管能力和帮助提升全社会早识别、早预警、早发现、早处置重大金融风险的能力，防范和化解重大金融风险。

2. 智能数字金融应当用技术推进金融精准扶贫

金融精准扶贫是精准脱贫的重要内容。智能数字金融可以根据对象的不同和个体风险差异，实现金融产品差异化定价，实现普惠金融。授人以鱼不如授人以渔。智能数字金融通过科学分析农业生产各阶段的资金需求，为贫困人口提供精准的资金支持与治理支持，提高其脱贫能力。

3. 智能数字金融应当参与绿色金融，推动污染防治

环境污染是人民对美好生活的需求与经济发展不平衡不充分之间矛盾的重要表现。智能数字金融参与发展绿色金融，可以防治环境污染，是实现绿色发展目标的重要助力，也能够推动供给侧结构性改革。

（三）助力改革——塑造现代化金融监管的推动者

从智能数字金融到智能监管，看似水到渠成、自然而然，却是金融监管上的一次飞跃。智能数字金融不仅能有效地促进金融的发展，而且能帮助监管更高效地运作。

1. 智能数字金融应当辅助监管，化繁为简

现代金融活动日趋复杂，监管规则也层出不穷。智能数字金融可以量化大量、复杂、隐蔽的金融活动，从而推动智能监管的应用。智能数字金融也可以推动建设面向未来的监管决策预测系统，有效执行监管规则。

2. 智能数字金融应当兼顾效率与公平

在自动化监管决策的过程中，智能数字金融应当有效地兼顾效率与公平。与效率相同，公平也同样重要，不仅代表着企业的社会责任感，也是智能数字金融长期可持续发展的保障。

实现效率与公平，至少可以在以下六个方面发力：第一，制定金融科技的规则和标准；第二，金融数据标准化；第三，完善金融监管双支柱；第四，采取适当路径发展监管科技；第五，合理分担监管科技成本；第六，加强监管科技国际合作。

3. 智能数字金融应当有助于实现全链路合规

与智能数字金融相对应，采用机器学习等人工智能技术方法的金融监管叫作智能监管。智能监管包含数据收集和数据管理。数据收集有自动化报告、实时监控、投诉智能服务等内容；数据与算法管理至少包括反欺诈或反洗钱、预测违规销售、流动性风险评估、舆情分析等。

金融合规的基础是数据，对象是业务，目标是风险管理。人工智能建立全链路数据质量管控体系，确保业务在全链路的合规，从而实现风险的实时监测与发现，为监管部门和金融机构提供行动参考。

五、小结

人工智能与数字经济的天然融合体现在金融的数据属性与人工智能的数据属性上。在智能数字金融的场景中，数据占据了核心地位。技术对于数据的运用模式改变了传统金融的逻辑基础，统计学大树法则越来越多地被运用在金融的各项业态中，将信贷风控、投资顾问、金融监管等的具体实现方式“智能化”“数字化”，同时带来了伦理、法律与社会风险。所以，智能数字金融发展的未来应当坚守金融发展秩序的初心，服务国家金融发展的大局，助力塑造金融监管新格局。

第三篇

C 端服务：金融科技江湖初立

第五章

数字支付："小支付"成就"大时代"

- 数字支付即借助计算机、智能设备等硬件设施以及通信技术、人工智能、信息安全等数字科技手段实现的数字化支付方式。信用支付和电子支付成为现代支付体系的主要形式。而隶属电子支付的数字支付，是现代支付体系的主要创新方向。
- 数字支付兴起之初，主要应用于零售端的“小额支付”。在零售端，数字支付的发展历程可以划分为两个时期：“流量战争”时期和“场景战争”时期。
- 作为一种全新的支付方式，数字支付也将由小而大，逐渐实现由C端向B端的扩展迁移。以支付数字化为起点，企业可以实现数字化转型的关键一跃。
- 未来随着生物识别、物联网、人工智能和区块链等新技术的不断成熟和全面普及，将有更加多样化的技术手段应用于数字支付领域，变革支付基础设施，改变支付方式和支付形态，甚至影响整个支付清算系统的走向。
- 未来数字支付将逐渐向生态化、标准化、全球化方向迈进。

支付是金融及经济社会的基础设施，同时也是金融科技发展应用的先锋兵。当前以移动支付为主的数字支付对传统的现金支付和卡基支付替代效应明显，深刻变革原有的支付体系。得益于金融科技的迅猛发展和快速普及，中国的数字支付已经领先全球，尤其是在零售支付领域。

但随着市场的发展与监管的转向，数字支付也迎来了一些新形势。一方面，C 端流量增长红利逐渐消失，断直连、备付金全面交存等监管政策的落地收窄了数字支付机构的盈利空间。另一方面，随着生物识别、物联网、人工智能、区块链等新技术手段的不断成熟和落地应用，企业支付、刷脸支付、声纹支付等新的支付场景和支付形态不断出现，为数字支付带来了全新的发展机遇。

本章从数字支付的演进路径、落地场景、科技应用、未来走向、风险防范五个角度阐述了数字支付的过去、现在和未来。可见，数字支付作为传统支付体系的有益补充，是现代支付体系的最新主导方式之一。当前“以支付为手段、以流量为入口、以数字为目的，进而提供金融服务、精准营销等其他增值服务”是数字支付机构变现“流量”的主要逻辑。未来随着行业的发展和技术的成熟，数字支付还将实现由表而里、由小而大、由内而外的跃迁，最终成就一个数字支付“大时代”！

一、追本溯源——支付体系的前世今生

支付体系的进化史即人类社会的发展史，经历了数千年的演进，数字支付成为当前世界支付体系的主要创新方向。得益于金融科技和数字

科技的迅速发展，中国在数字支付尤其是移动支付领域“弯道超车”，领跑全球。

（一）支付体系的演进和数字支付的产生

世界支付体系先后经历了实物支付、信用支付、电子支付三个发展阶段。从原始社会的物物交换，到以金、银等贵金属充当一般等价物的货币支付时期，是支付体系的第一个发展阶段，即实物支付阶段。人类进入工业化社会以后，建立起以银行信用为主的支付系统，信用货币——纸币也随之产生，纸币和票据是信用支付时期的主要支付方式。电子支付随着信息化时代和电子商务的发展而产生，是现代支付体系最活跃、最具发展前景的组成部分，主要包括银行机构主导的卡基支付和非银行支付机构主导的数字支付。

目前实物支付手段已经基本消失，信用支付和电子支付成为现代支付体系的主要构成。其中，电子支付中的数字支付是现代支付体系的主要创新方向。本章所说的数字支付，主要是指借助计算机、智能设备等硬件设施和通信技术、人工智能和信息安全等数字科技手段实现的数字化支付方式。

（二）领跑全球的中国数字支付市场

数字支付作为传统支付体系的有益补充，是现代支付体系的最新主导力量之一。中国数字支付市场经过多年的创新发展，已处于世界领先地位，其中又以移动支付为先。CNNIC（中国互联网络信息中心）数据显示（见图 5.1），2014—2017 年，中国第三方移动支付交易规模由 6 万亿元增长至 102.1 万亿元，3 年间增长了 16 倍多。Forrester Research（弗雷斯特研究公司）数据显示，2016 年中国移动支付交易规模高达 9 万亿美元，稳居世界第一，是美国 1 120 亿美元的近 90 倍。

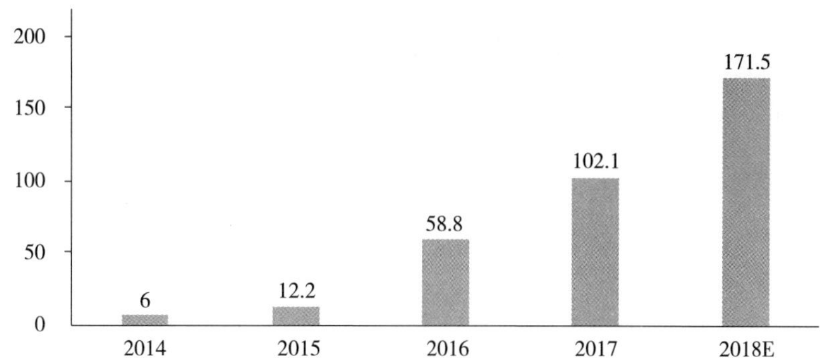

图 5.1　2014—2018 年中国移动支付交易规模（单位：万亿元）

资料来源：CNNIC。

二、场景为王——"小支付"成就"大时代"

数字支付兴起之初，主要应用于零售端的"小额支付"。C 端市场经过了由线上到线下、由 PC 端向移动端的不断变迁，目前正在从"流量战争"转向"场景战争"。未来，B 端市场或将成为数字支付的新蓝海。随着数字支付实现个人和企业端的场景全覆盖，孕育于电子支付时代的数字支付将自成体系，成就一个全新的数字支付"大时代"。

（一）C 端市场由"流量战争"步入"场景战争"时代

抢滩零售端数字支付市场，有两条关键路径可循：流量和场景。流量即用户，是支付的发起方或付款方。场景的概念则相对宽泛，线上平台、线下商户，甚至一个简单的收银台都可视为支付场景，可简单理解为收款方或一切可能发生支付行为的场所。流量和场景是发生支付行为必不可少的两个关键要素，二者又互相带动，成为众多支付机构争相布局、争抢的重要战场。当前数字支付的零售端市场正在从"流量战争"时代迈向"场景战争"时代。

1.“流量战争”时代，移动扫码支付成为时代王者

电子支付时代的前半程，中国的支付体系呈现二元化特征。银行机构大力推广卡基支付，加之财务规范的要求，企业端之间发生的大额支付率先实现了支付的电子化和卡基化。但在零售端，一方面，由于银行等金融机构对零售业务的投入有限，金融基础设施覆盖率不足；另一方面，C 端对支付方式的选择更自由，零售小额支付中现金仍占据主导地位。电子支付时代的后半程，零售端小额支付“弯道超车”，非银行支付机构主导的数字支付在 C 端市场逐渐普及，逐渐覆盖人们的线上购物、线下消费、生活缴费、文体娱乐等生活场景。

数字支付在零售端的发展先后经历了从线上到线下、由 PC 端向移动端的变迁。2003 年的“非典”疫情推动了中国电子商务的发展，也为数字支付借助电商的东风迅速普及提供了契机。数字支付机构开始为电商买家和卖家提供银行账户之外的“虚拟账户”，允许客户的网上交易可以在不同虚拟账户之间完成，是一种典型的信用中介支付模式。彼时，数字支付的主要模式是基于 PC 端的远程线上支付。随着智能手机不断普及，电商的线上流量增速放缓，数字支付开始由线上场景转至线下，用户也实现了从 PC 端向移动端的迁移。

先进的技术未能最先赢得市场。在移动支付兴起之初，NFC（近场通信）和二维码作为两种移动支付手段曾经分庭抗礼、难分上下。比较两种支付技术，NFC 无论是从便利性还是安全性而言都略胜一筹，然而市场却最终被二维码占据。究其根本，主要有以下三个方面的原因。一是从成本角度看，二维码的铺设、部署成本更为低廉，很容易复制扩张；二是从营销角度看，基于移动 App 的扫码支付更容易嵌入“支付红包”等营销返利活动，利用用户的“追利”行为迅速获取流量；三是从价值角度看，扫码支付可以增加支付机构 App 的使用频率和用户黏性，从而为其带来更多的商业价值，增加了支付机构抢占支付“流量”的动力。

移动扫码支付成为“时代王者”。数字支付进军零售端的前半程，应

用场景和商业环境日益成熟，二维码遍布大街小巷，人们凭借一部智能手机几乎可以实现所有场景的支付动作。这一时期，支付机构的商业逻辑可概括为：以"支付"为手段，以"流量"为入口，以"数字"为目的，进而通过金融服务、精准营销等其他服务实现流量和数据的变现。可以说，流量和数据是众多支付机构最为关注的要素和资产，故而将其称为"流量战争"时代。

2. 从"流量战争"到"场景战争"，数字支付和"无界零售"

数字支付绝不仅是一笔"流量生意"。"流量战争"时代，二维码技术凭借低廉的部署成本和"红包返现"等营销手段的刺激，迅速培养了人们的数字支付习惯；支付机构主要围绕"人"以及"人背后的数据"展开角逐。但"以快取胜"的打法改变的仅仅是零售场景的支付这一单一环节，并未从根本上重构零售场景的基础实施，进而未能将零售端的各个场景和环节相互打通，传统零售模式下高度依赖人工、运营效率低下、资源浪费严重等痛点依然存在。

首先，从用户运营角度来看，由于零售商掌握数字的信息有限，无法有效识别周围的潜在客户群，进而无法实现有效的引流，难以运营和转化；其次，从存货管理的角度来看，库存信息和销售信息相互割裂，无法实现货物的按需调度、精准匹配，导致存货周转效率低下；最后，从用户体验角度来看，传统线下零售门店大多依靠人工收银、排布商品、更换价签等，不仅效率低下，而且很容易出现错误从而影响客户体验。

"无界零售"是当前零售行业发展的新趋势。当前，零售行业已经进入转型和融合期。一方面，传统零售商在渠道整合、服务模式创新及传统价值链优化等方面做出了大量尝试；另一方面，线上零售也不断深耕线下场景，无界零售的趋势正在形成。无界零售时代，基于大数据、AI门店等智能科技实现零售场景人、货、场的全面重构。实现人的可引流、可识别、可分析、可触达；货的即时送达、智能补货、智慧供应链；场的沉浸式、科技感、互动体验。零售系统的资金、商品和信息流动不断优化，在供应端降本增效、智能优化；在需求端升级用户体验，打造线上线下一体化的智能化门店。

数字支付变革"无界零售"基础设施，成为助推无界零售的重要一环。一方面，经过多年的发展，数字支付在"流量端"的竞争格局初定，增长红利逐渐消失；另一方面，线下零售场景面临诸多痛点，正在向"无界零售"时代迈进。在数字支付的后半程，支付机构将发力"场景端"，"场景战争"时代，依托物联网、生物识别、人工智能等新型的技术手段，并集合智能识别硬件、无人货柜、电子价签、智能收银台等硬件产品为零售场景打造完整的"软硬件一体化解决方案"，真正变革零售技术设施，打通零售端的各个场景和环节，是实现无界零售的重要一环。

"流量战争"时代，移动扫码支付以快取胜，改变了人们的支付习惯和支付方式；"场景战争"时代，物联网、人工智能等新科技手段和智能硬件设备相互结合，打造软硬件一体化的"全场景解决方案"，深度变革零售场景的基础设施，助推"无界零售"的到来。

3."无界零售"背景下的数字支付解决方案——数字化门店

传统零售门店面临三个方面的痛点。一是客流获取渠道受限，实体门店宣传及引流方式受到地域限制；二是线下数据无法被充分收集利用，线上线下交易订单"两张皮"，不能依托数据进行客户运营；三是收单渠道多，对账难度高，尤其是对于品牌加盟店、连锁店而言，不同门店对接 POS（销售终端）银行卡、第三方支付等多种收单渠道，效率低下且造成资源浪费。

在技术赋能的背景下，数字科技企业为商家提供针对品牌实体门店、中小零售门店的一套数字化门店解决方案。数字化门店解决方案依托数字科技技术，赋能门店商户获取、整合、分析、利用线上线下数据的能力，从而实现引流、用户运营、收单、账务管理甚至价签管理的数字化。

（1）用户引流数字化

依托数字科技企业获取、整合、分析、利用线上线下数据的能力，零售商能够深耕线下场景，利用线上数据获取客户、精准转化到店流量，构成线上线下服务闭环。具体而言，零售商可通过入驻线上电商平台的特定频道，在其线上门店中投放适用于线下门店的优惠券，发布门店活动动态，引导客户到店消费。用户在线下门店消费时可以实时核销线上优惠券，从而打通线上线下消费场景。

（2）全运营数字化

数字化门店的用户生态运营流程可以总结为"捕、识、解、转"四个字。"捕"即在用户进店时，智能摄像头以及体感交互技术即时捕捉用户信息，识别用户身份；"识"即将用户身份信息和其线上消费或其他场景的消费信息相关联，将用户标签化；"解"即数据分析，借助大数据分析技术将线上线下数据进行综合处理，分析客流、新老客户占比、年龄分布、购物偏好等信息；"转"即针对数据分析结果，制定营销策略，促进消费的完成、会员的转化以及忠诚客户的沉淀。

（3）收单、账务数字化

传统的门店收银系统面临着多头对接、流程繁杂、对账困难等核心痛点。一是同时对接银行卡 POS 机、不同三方机构的二维码支付系统等，难以实现收银渠道的有效聚合。二是对账平台多，对账流程烦琐、复杂，导致人工成本高。 三是线下数据无法被充分收集利用，线上线下交易订单割据，消费用户信息很难实现互通。智能收银平台整合各种支付渠道，进而实现人的聚合、钱的聚合和系统的聚合。一体式全渠道的智能收银系统覆盖银行卡、闪付、码付甚至银联支付等多种支付通道，提升门店收银效率，简化操作流程。智能分账系统满足企业信息管理与分账管理的智能化需求，自动获取对账单，按逻辑自动分账结算等多种财务功能，改善传统对账系统手工分账、人力浪费等效率低下问题。统一的操作管理后台对接商家 ERP、CRM（客户关系管理）等系统的同时，接入外部物流系统、智能化订单派送系统，便于零售商数字化统一管理及一站式操作，在技术赋能的背景下，推进线上线下零售消费的融合，实现无界零售。

(4) 价签数字化

传统的纸质价签功能单一，价格管理耗时费力，难以满足无界零售背景下精细化、智能化的管理需求。一是商品改价困难，尤其是商品种类繁多、促销活动频繁的大型商超，每种商品改价都需要印刷、制签、人工换签，不仅浪费大量人工，还经常因为价签摆放错误或者更换不及时遭到客户投诉。二是无法打通线上线下实现智能化管理。以补货管理为例，库存清点费时费力，补货耗费大量的人力，且线下库存短缺时，造成客户流失，影响客户体验。

电子价签通过带有信息交互功能的电子显示装置，实现云端与终端的信息互联，通过将商超 ERP 系统接入云端服务器，接入价格、库存、结算信息等商品信息，将 AP（无线访问接入点）设备端作为中转站，输送系统指令，及时同步线上线下商品信息，实时控制、更新货架上的商品信息，如价格变化、库存、优惠等。与此同时，电子价签通过 AP 设备端实时上传数据至云端，关联店铺管理系统与门店员工手机，从而解放人力，降低成本，提高准确度，驱动零售商的智慧转型。

电子价签升级了零售店铺的基础设施，实现了线上线下信息的实时传递和交互。一是基于“云端”和“终端”的信息交互，电子价签增效零售商的价格管理、促销执行、库存补货及会员管理；二是依托价签云端的商品数据、促销数据、会员数据及位置数据，系统精准推送优惠折扣、商品推荐、店铺推荐等信息至消费者绑定的账户，实现线上推广营销。同时，消费者可在线上一键下单，在线完成支付，免去线下收银环节，提高收银效率，提升服务体验水平。在消费者完成线上支付后，后台自动将该消费者纳入会员系统，提供会员服务。

（二）B 端市场成为数字支付的新蓝海

支付无所不在，如同一个个神经元贯通经济体的“全神经系统”。数字支付作为一种全新的支付方式，也将由小而大，逐渐实现由 C 端向 B

端的扩展迁移。

1. 从"支付数字化"到"企业数字化"

在C端流量增长乏力以及"断直连"等监管政策不断落地之际，市场上关于"支付行业寒冬将至"的声音不绝于耳。但在我们看来，企业支付或将成为数字支付市场的新蓝海。这是因为在中国目前二元化的支付结构下，数字支付在C端市场相对普及，在B端市场却应用有限；更重要的原因在于，数字支付的价值和外延远远超过支付本身，可谓助力企业数字化转型的关键一环。

支付数字化：打通企业信息流和资金流之间的"割裂鸿沟"。支付作为一种支付手段，首要解决的是企业资金流动的问题，这也是企业实现数字化转型的第一步。在传统的企业支付中，信息流和资金流之间是割裂的，一笔付款要经过采购、业务、财务等多部门人员线上线下反复沟通和确认之后，才能发起银行付款流程。即便是B2B（企业对企业）电商，多数也存在线上信息检索、线下成单支付的痛点，这严重影响了企业的资金流动效率及运营效率，尤其是处于供应链中核心位置的企业或电商平台，每天要实现的收付款数量以千、万计，对人力和财力造成极大浪费，且存在事后对账难、信用关系维护成本高等诸多痛点。数字支付通过嵌入多样化的"支付唤醒"手段，实现企业间交易信息流和资金流的统一，同时通过自动结算、在线分账、批量收付款等产品思路，大大简化了支付流程，提高了支付效率。

资金管理数字化：变革企业营运资金管理方式。从财务管理角度而言，企业对资金的筹划可分为长期资本管理和短期资金管理。其中短期资金管理不仅反映和制约公司的运营效率和盈利水平，还与公司的流动性和稳健性息息相关。支付机构通过为客户提供数字化支付服务，可以掌握产业链条中各个企业之间的交易、结算信息，并且对资金流具有一定的控制能力，进而可为企业提供基于运营资金的投融资服务，变革企业的营运资金管理模式。融资方面，数字支付机构可为客户企业引入担保支付、融资支付、账期支付等信用支付手段，解决企业在运营过程中的短期资金需求。投资方面，数字支付机构为企业开通理财账户，使企业在运营过程中产生的短期闲置资金也能赚取理财收益。资金管理数字化将极大提升企业的资金管理效率，通过更加便捷的短期融资手段增加企业的流动性水平。从支付数字化到资金管理数字化是企业实现数字化转型的第二步。

企业数字化：由外而内，助力企业实现数字化转型。数字支付的全面应用还将帮助企业构建起包括上游供货商和下游采购商在内的客户账户体系，帮助企业实现客户管理的数字化。依托客户账户系统，企业可以通过会员管理、客户互动、客户维护等多元化的手段运营客户关系。更进一步，在外部客户关系维护之外，数字支付还可以帮助企业搭建内部员工薪酬支付体系，为员工提供理财、借贷等金融服务，通过便捷、高效、高收益的员工服务，打造“以人为本”的企业文化；打通财税、社保、公积金等G端账户，帮助企业实现便捷的行政缴费。以支付数字化为起点，企业可以实现数字化转型的关键一跃。与之相对，数字支付机构也将通过企业支付打开企业服务的大门，成为助力企业数字化转型的综合服务提供商。

2. 迎来市场增长“拐点”，还需解决三个层面的问题

畅想未来，我们看到了数字支付在B端的广阔市场。但着眼现在，也必须清晰地认识到，开拓B端市场，不可能一蹴而就，要迎来市场增长“拐点”，至少还需解决三个层面的问题。

一是在执行层面，要解决能不能做的问题。同C端支付相比，B端主体之间的支付流程更加复杂，支付方式更加多样，对数字支付的技术水平和安全性要求也更高。企业每笔支付结算都必须对应清晰的收付款凭证和财务记账，一些大额支付还必须挂钩合同，以满足企业作为独立法人的公司治理要求。举一个简单的例子，作为财务惯例，企业支付一笔账款之后要拿到银行的“回单”才能入账。支付数字化之后，如何提供“回单”以满足合规要求，显得尤为关键。

二是在动力层面，要解决想不想做的问题。虽然支付数字化是大势

所趋，预期带给B端客户企业的最终回报也是"正向"的，但"变革即有风险"，在企业支付数字化转型的过程中也会存在一定风险，特别是针对一些大中型企业，支付数字化带来的线上线下多渠道、资金收付自动化等变革，会对企业财务管理、资金管理流程产生较大的影响。"不求有功，但求无过"的工作思维导向影响相关人员推动支付数字转型的动力，这将加大支付机构拓展B端市场的难度。

三是在决策层面，要解决要不要做的问题。B端决策相对于C端而言更为复杂，且遵循完全不同的逻辑。第一，C端是个体决策而B端是群体决策，C端决策由个人凭自身判断和自身喜好单独做出，而企业要引入某种产品或采购某种服务，一般都需要多环节沟通，跨部门决策。第二，C端是感性决策而B端是理性决策，C端个体容易受外界环境影响且趋利属性明显，而B端会综合考虑收益、成本、风险以及效率等多方面的因素才会做出决定。"爆品"或者"派发红包"等在C端屡试不爽的营销手段并不适用于B端市场，要打开B端市场还需依靠过硬的技术能力和直击企业痛点的综合解决方案。

虽然数字支付由C端向B端的延伸扩展不会一蹴而就，其间还有诸多技术和法律障碍需要跨越，但在数字经济时代，支付的数字化转型是大势所趋，数字支付终将实现个人和企业的全场景覆盖。那时，脱胎于电子支付时代的数字支付将自成体系，成就一个全新的数字支付"大时代"。

三、科技为先——"新科技"带来"新手段"

数字支付产生于互联网时代，爆发于移动互联网时代。未来随着生物识别、物联网、人工智能和区块链等新技术的不断成熟和全面普及，将有更加多样化的技术手段应用于数字支付领域，变革支付基础设施，改变支付方式和支付形态，甚至影响整个支付清算系统的走向。

（一）生物识别，为数字支付提供“天然密码”

生物识别即基于人体的生物学特征，将计算机、光学、声学、生物传感器和生物统计学原理等高科技手段密切结合，通过深度学习算法模型进行身份识别验证的技术。具体而言，生物识别技术又可分为指纹识别、掌纹识别、人脸识别、虹膜识别、步态识别等不同技术类别。

数字支付是生物识别最主要的应用场景之一。事实上在远古时代，人们就已经开始运用指纹识别技术，“签字画押”可谓最原始的生物识别手段。现代社会随着技术不断进步，掌纹识别、人脸识别、虹膜识别等各种生物识别技术不断推陈出新，并应用在门禁、打卡等各种信息验证场景中。据 Transparency Market Research（美国市场研究咨询机构）预测，全球生物识别技术市场规模将从 2015 年的 112.4 亿美元，增长至 2020 年的 233 亿美元，年均复合增速约为 15.7%。由于生物识别验证速度快、防伪性能好等技术优势，在数字支付领域具有广阔的应用前景。

生物识别为数字支付提供“天然密码”，能够解决支付场景端“身份验证”或者“活体唯一识别”的问题。支付包括“身份验证”和“资金转移”两个步骤，其中身份验证是保证支付安全的前提。“账户 + 密码”的安全防护手段面临账户冒用、密码遭受攻击等风险，生物识别技术基于人体自身生物学特征的“自然密码”而非“数字密码”进行身份识别和验证，一方面可以有效防止手机丢失、机器攻击、冒用身份等带来的支付欺诈风险，另一方面也能简化支付流程，提高支付效率，实现支付安全性和便捷性的统一。

生物识别技术有望在移动支付时代之外，实现支付的“脱媒化”和“无感化”。移动支付时代，智能手机是数字支付的主要媒介，人们需要借助智能手机或安装在智能手机上的移动 App“刷一刷”“扫一扫”，以完成某笔支付动作。借助生物识别技术，人们有望摆脱包括智能手机在内的一切支付媒介，借助铺设在各个场景的生物识别硬件设备获取人脸、声纹、步态等人体的生物学特征，实现支付交互的“脱媒化”和支付唤起的"无感化"。

生物识别为数字支付提供了安全、便捷、高效的新支付手段，但在现阶段也并非无懈可击。人脸识别的活体检测技术虽然能够有效防止照片、视频、面具等欺诈和攻击行为，但对衰老、化妆、整容等导致的面部变化却并不能有效分辨。声纹识别很难抵御变声设备的攻击。指纹识别技术应用最为简便，但易复制性却带来很大的安全隐患。由此可见，各个生物识别技术之间各有优缺点，未来，多种技术组合应用将能有效提升安全性，这是未来的重要发展方向。

（二）物联网时代，一切皆可支付

物联网即综合运用信息传感设备、网络传输、数据分析等技术手段，最终实现万物互联互通。美国公布的《2016—2045 年新兴科技趋势报告》显示，到 2045 年至少超过 1 千亿设备将连接在互联网上。IDC 的全球半年物联网支出指南报告预测，到 2020 年全球物联网支出将超过 1 万亿美元。中国工信部也于 2017 年 1 月颁布了《物联网发展规划（2016—2020 年）》，指出"十三五"期间中国物联网将进入规模发展阶段。

物联网技术将加速支付向数字化方向演进，将资金账户和设备 ID 连接，有望实现万物皆可支付。2017/2018 年度 Vodafone（沃达丰）物联网市场晴雨表数据显示，居民生活是目前物联网支付较先渗透的场景之一，也是物联网支付技术最易体现价值的领域。穿戴方面，除手机、智能手表等有感支付工具外，一些企业正在尝试将传感器嵌入鞋子、衣服等着装里面，实现"拔脚就走"的支付方案；饮食方面，物联网通过在智能家电中嵌入传感器件来自动下单，或是在无人超市中享受 RFID（无线射频识别技术）支付；起居方面，电表、水表与公用事业部门及居民账户联网，进行定期费用支付；出行方面，通过车牌和支付账户之间的绑定，停车场、高速收费站、加油站、洗车场已经能够实现无感支付，进行自动缴费。

数字支付和物联网技术的结合，或将成为智能供应链和智能制造的关键一环。工业物联网正在重构制造业格局，助推中国乃至全球制造业“由大而强”。《中国制造信息化指数》数据显示，对标工业 4.0，2016 年中国制造信息化指数为 36.9，正由工业 2.0 向工业 3.0 过渡。虽然我国在高端制造工艺技术、生产自动化等方面距离德国还有很大差距，但是在电子商务、企业间协同，尤其是在产业生态创新等互联网转型发展方面，我国已经走在世界前列。随着数字支付依托物联网技术在 B 端不断落地，工业生产领域的“万物互联”，实现自动下单、自动发货的数字化供应链系统未来可期。

（三）人工智能，实现智能支付的大脑

人工智能可以简单地理解为人类思维的机器化表达，通过模拟、延伸和扩展人的思维方式对事物进行智能化处理。高德纳的报告认为，2018 年全球人工智能市场规模达到 1.2 万亿美元，较 2017 年增长 70% 以上。同时，预计 2022 年人工智能将驱动 3.9 万亿美元的商业价值。人工智能不仅在多领域取得较大突破，也将促进物联网、生物识别等技术的联动发展。

如果说生物识别和物联网技术是数字支付科技的手和脚，实现了人和物的互联互通，那人工智能就是未来数字支付的大脑和中枢神经。人工智能为支付提供应对海量交易的智能并行计算能力、智能决策的算法能力和数据管理与智能分析能力，助力支付向更加安全、智能和人性化的方向迈进。当前就全球范围来讲，人工智能在支付领域的应用已经慢慢延伸开来。国外，印度 ICICI 银行（工业信贷投资银行）、HDFC 银行（抵押放款银行）将人工智能应用到反洗钱和支付交易管理等领域，摩根大通利用人工智能进行股票交易及结算，俄罗斯 Yandeax（互联网搜索引擎）则利用深度学习技术防范病毒网站的恶意攻击，保障网络支付的安全。

人工智能同大数据技术相结合，深挖数据价值，拓展了数字支付的内涵和外延。一方面，数字支付本身产生大量的数据，这些数据可以应

用于精准营销、智能风控、欺诈识别等多样化的场景，形成"支付+"生态。另一方面，来自数字社交、数字消费等领域的数据也可以应用于数字支付领域，通过对人或者物的个性化特征的精准描绘，实现支付安全性和便捷性的统一。人工智能和大数据技术结合，通过识别用户在不同场景下的支付行为，可以为用户提供最佳体验的支付方案。例如在用户购买大额商品时，推荐分期金融服务；当发生可能存在支付欺诈的行为时，及时提醒用户终止支付行为；通过分析用户以往的消费行为，为其提供个性化的商品推荐，实现精准营销。

（四）区块链技术，或将决定未来支付体系的走向

从集中式记账到分布式记账，从增删改查到不可篡改，从单方维护到多方维护，从外挂合约到内置合约，区块链集合分布式存储、追溯序列、多节点共识共享等多项技术手段构建了一个全新的信任体系。其最主要的应用价值在于解决信任和安全问题，同时可实现交易的降本增效。区块链技术在票据支付、数字货币、跨境交易等支付领域都有广泛的应用前景。

跨境贸易是区块链在数字支付领域应用的天然场景。一直以来，跨境商贸支付领域一直存在着支付方式程序冗长、费用高昂、时效性低的缺点，而区块链技术能够实现交易双方的直接连接，改变传统跨境支付代理行模式下的资金转移和信息传递方式，提高跨境支付效率、降低业务成本。事实上，基于区块链技术的跨境支付已经在 Visa（维萨）、Chain、Ripple（瑞波）等机构落地应用。

区块链在数字支付领域的应用，关乎我国未来支付体系的走向，需要从国家层面推进。数字票据是从央行角度试行区块链支付的开端。票据作为一种集价值体现、交易支付、商业信用等众多属性于一身的非标金融资产，一方面，在票据流通中存在信息不透明、操作不规范等核心痛点；另一方面，区块链的可追溯、可信任、分布存储等技术特点和票据对真

实性、防篡改的高要求天然契合。2016 年上半年，央行启动了基于区块链技术数字票据的研发，并于 2017 年 2 月测试成功，其一期项目——湾区贸易金融区块链平台已于 2018 年部署上线，进入试运行阶段。该平台不仅可以实现基于区块链技术的票据贸易融资，还给监管机构、海关、税务、中证登等预留了接口，方便更多维度数据的接入和监管方实现基于科技手段的穿透式监管。2017 年 7 月央行成立数字货币研究所，积极推进国家法定数字货币的研发工作。但正如研究所研发部负责人蒋国庆所言，区块链只是法定数字货币将来流通的一个可选手段，二者并不必然存在关联。但无论如何，数字货币法定化已是大势所趋，这将深刻变革中国现有的支付体系和支付结构。

四、亦终亦始——支付新时代的三大走向

一方面，数字支付对原有的卡基支付、现金支付起到了显著替代作用，尤其是伴随着移动支付应用场景和商业环境的日益成熟，“出门不带钱包”已经成为中国人的出行新时尚。另一方面，以新科技、新设备作为底层支撑对支付基础设施、支付方式以及全球支付市场的改变才刚刚起步，未来数字支付将逐渐向生态化、标准化、全球化方向迈进。

（一）支付生态化

监管的收紧和科技的进步是实现支付生态化的动力和前提。一方面，随着行业竞争的不断加剧以及备付金全面交存政策的落地，支付机构靠收取手续费差价获取利润的空间全面收窄，这将加快支付机构将经营模式从原来的抢占渠道，拓展用户规模向延伸支付链条、优化业务场景、拓展后端服务全面换道。另一方面，“软硬件一体化”智能设备的不断铺设，将使刷脸支付、闻声支付、静脉支付等全新支付手段的大规模商用指日可待。智能识人、智能辨物、智能收单将大大简化支付流程，提升支付效率和支

付体验，人们甚至不用拿出手机，在无感知的情况下就能完成支付动作。

依托数字支付优化场景、打通边界、延伸生态、拓展多样化的商业模式。对支付机构而言，未来支付的价值并不在支付本身，它更像一扇门或一个工具，帮助支付企业触达更加丰富的数字化商业场景。例如在零售端，支付机构通过支付获取流量和数据，进而发展广告、营销等业务，实现商业变现；通过为零售场景改造支付基础设施，从而为其提供库存管理、智能配送、智能理财等增值服务。在企业支付领域，通过帮助企业实现支付数字化，进而帮助其实现资金管理的数字化甚至企业管理的数字化。

（二）支付标准化

数字化技术在支付领域的应用，极大地提高了支付效率，但新的支付手段也催生了新的风险。套码、篡改、嵌入链接等恶意欺诈行为在二维码支付领域并不鲜见，为数字支付安全埋下了隐患。此外，现行各个支付机构采用不同的支付标准的现状，不仅影响客户体验，也给商户收单带来诸多不便。

当前支付的复杂性至少体现在两个层面。一是现金支付、银行卡支付、数字支付多种支付方式并行；二是提供数字支付服务的机构间各自为营，没有形成统一的技术标准和数据库。事实上，抛开各个相关方之间的利益博弈，要实现各个支付方式的打通在技术上并非难事。聚合支付作为一种整合各种支付方式的技术解决方案早已被广泛应用，但这种所谓"第四方支付"依然由众多的技术公司提供，没有在行业范围内形成统一标准，造成了一些市场乱象。

为更好地发挥数字支付引领科技发展的作用，需要从国家层面努力推进数字支付实现规则和技术的标准化。填平各个支付机构之间数据、标准的鸿沟，建立统一的行业标准，是提升数字支付安全性、实现信息互通互联的必然要求。2017年以来，支付行业多项技术标准已经落地开花。2017年12月27日，央行发布《条码支付安全技术规范（试行）》和《条码支付受理终端技术规范（试行）》，自 2018 年 4 月 1 日起实施；由全国金融标准化技术委员会主导的《聚合支付安全技术规范》也在 2018 年 8 月开始征求意见，聚合支付标准呼之欲出。未来，包括二维码支付、聚合支付以及即将到来的刷脸支付、闻声支付等各个层面的数字支付标准化建设将持续深入推进，促进行业向标准化、规模化、规范化方向发展。

（三）支付全球化

全球化浪潮势不可当。随着技术的不断完善和市场的不断成熟，数字支付也将走出国门，积极参与全球竞争，为世界支付市场注入新的活力。

扩大金融开放，“一带一路”倡议是数字支付走出国门的时代背景。“一带一路”倡议是中国对外开放的重要举措之一，同时也是我国当前阶段的顶级战略，为中国与沿线各国在经济、金融、文化等层次上的交流提供了良好的契机。在此背景下，数字支付走出国门是大势所趋。

国内支付环境的变化以及日益增长的国际需求，为数字支付走出国门提出了现实需求。一方面，当前国内数字支付市场竞争日趋激烈；监管框架日趋完善，备付金存管、断直连等政策不断出台，进一步压缩了数字支付机构的盈利空间。另一方面，随着各国移动互联网和电子商务的普及以及跨境经济的发展，国际上对数字支付的需求日益增加，印尼、泰国甚至中东欧等“一带一路”沿线国家都在大力发展数字经济和数字支付市场。这些环境变化促使数字支付机构纷纷出海，寻求国际市场。

作为数字支付的世界引领者和推动者，中国在数字支付领域积累了丰富的技术能力和实践经验，具备向国际输出数字支付技术和服务的能力。在全球金融科技发展浪潮中，中国已成为领航者之一。根据毕马威发布的全球金融科技榜单，排名前十的金融科技公司中有四个来自中国，其中前两名均被中国企业收入囊中。

值得一提的是，数字支付"走出去"应坚持合法合规、开放共赢两大原则。一是确保经营活动在合法合规的前提下开展；二是寻找当地优秀合作伙伴成立合资公司，避免将中国经验"照抄照搬"，充分尊重当地的市场环境和本土规则。

五、正道成功——坚持创新与风险防范齐头并进

创新和风险相伴而生，要实现数字支付产业的持续健康发展，需要在技术、数据和合规三个层面均衡发力。

（一）模式创新须搭配必要的技术实力

数字支付机构应在自身技术实力允许的范围内谨慎进行模式创新，并不断提升自身的支付安全手段和风险防范能力。一方面，技术是中性的，它既可以为正义一方所用，带给人们更加便捷、安全的支付手段；也可以为邪恶一方所用，行盗刷、诈骗等违法之事。另一方面，尽管随着生物识别、物联网、人工智能、区块链等新型技术手段的不断应用，支付的便捷性和安全性不断提高，同时我们也必须认识到，很多技术发展和应用还处于初级阶段，技术本身也蕴含着一些风险亟待消除。例如生物识别技术被视为数字支付的天然密码，但当前阶段，单一的生物识别技术还很难完全抵御黑色产业集团的恶意攻击。这就需要数字支付机构搭配多种不同的技术手段进行身份的识别和验证，从而确保支付安全。

欺诈和洗钱是现阶段数字支付开展业务时需要重点防范的两大风险。数字支付时代催生的金融欺诈呈现出技术化、产业化和链条化的特征。黑色产业集团通过虚假 Wi-Fi、病毒二维码、盗版 App 客户端以及木马链接等手段盗取个人姓名、手机号码、身份证号码和银行卡号等直接关系数字账户安全的信息，并进一步用于精准诈骗和恶意营销。洗钱是发展数字支付业务中另一个需要重点防范的关键点。数字支付背景下，洗

钱更具隐蔽性、匿名性和即时性，增加了对其识别和打击的难度。未来，伴随着数字支付业务模式的不断创新和应用场景的不断扩展，其带来的风险形式和欺诈手段也将不断变化、演进。数字支付机构在风险识别和风险防范方面应做到提前识别、与时俱进和迭代创新。

（二）数据资产的运用应注重用户安全保护

厘清数据的资产属性和隐私属性之间的关系，支付机构在经营数字资产时应注意用户隐私保护。对数字支付机构而言，支付的价值不仅在于支付业务本身，它们更看重支付业务产生的数据资产。运用这些数据资产，支付机构可以开展精准营销、消费金融等多样化的增值服务，从而最大化其商业价值。而对个人或企业用户而言，隐藏在支付行为背后的数据涉及个人隐私和商业机密，理应受到合理、有效的保护，这就要求支付机构在合法合规的范围内经营数据资产。

目前，我国已经开始实施针对个人数据流通的管理规范。2018 年 5 月 1 日起实施的 GB / T 35273—2017《信息安全技术　个人信息安全规范》为个人数据流通提供了法规基础。它首先对个人信息和个人敏感信息的范围加以界定，其次以此为基础明确了个人信息安全的基本原则，并对个人信息的收集、保存、使用和对外提供等流转环节做出了具体规定。未来，随着大众对隐私的保护意识增强，数据安全保护及合规要求或将更加严格。

为了应对大数据时代信息保护难题，国家、企业之间应相互配合，协调发展。国家通过专门立法为个人数据安全设立明确边界，相关支付机构则应结合数据合规规则建立相对统一、完整、标准的企业数据合规体系，并实时评估数据安全风险，将规范落到实处。

（三）严守数字支付合规底线

2017 年以来，监管部门出台多项举措，整治支付市场秩序，断直联、备付金制度和二次清算等问题成为治理重点。在《关于规范支付创新业务的通知》和《关于非银行支付机构网络支付清算平台渠道接入工作相关事宜的函》等相关通知和规范的指引下，网联平台自 2017 年 6 月起开始启动业务切量，如今"断直联"这项应对支付创新引致监管疏漏的监管举措已经基本完成。为防范客户备付金分散存管可能导致的客户备付金被违规挪用、利用商业银行开立的备付金搞跨行资金清算从而便利洗钱等犯罪活动等风险，央行多次发文强化支付机构的备付金存管，要求备付金缴存比例逐渐提升至 100% 直至账户撤销。无证机构参与支付二次清算的行为游离于监管体系外，容易引发欺诈、洗钱以及资金风险，是此次监管整治的另一个重要方向。据不完全统计，2013 年前三季度，央行就第三方支付行业开出的罚单已逾 80 张，其中金额在 2 000 万以上的罚单数量达 6 张，可见短期内支付强监管的主旋律不变。

强监管对支付机构而言是挑战更是机遇。从短期看，强监管收窄了支付机构的盈利空间，引发行业阵痛。但从长期看，各项监管举措的落地能够起到优胜劣汰、净化市场的效果。在负向约束支付机构的同时能够正向激励其持续创新、合规发展。强监管背景下，数字支付机构更应该严守合规底线、不忘初心、正道成功。

第六章

无界众筹：助推创新创业升级的新范式、新工具

- 近年来我国掀起了大众创业、万众创新的热潮。现代众筹改变了传统的创业逻辑，“筹资、筹客”的思路同时解决了资金和销路两大困境，为创新创业提供了新思路。但在驱动创新创业升级方面，众筹潜力远未释放，迭代升级迫在眉睫。
- 无界众筹即突破内外部边界，构筑无界众筹生态，从金融、团队、产品、销售、品牌等方面对创业企业提供全生命周期服务，并应用以大数据、智能科技、区块链等为代表的新技术手段驱动模式不断创新，进而优化小微企业的生存环境，有效化解小微企业存活难的困局。
- 通过广泛的问卷调查和实地调研，我们发现“项目方和支持者双方都期待在各环节深度互动”“众筹或许为女性提供了相对便利的创业环境”“筹后帮扶服务的价值已经初步显现”“大数据被认为是在众筹领域最具应用潜力的科技手段”等主要结论，表明无界众筹顺应科技变革大势，符合创新创业规律，具有推动包容性增长的潜能。
- 未来无界众筹的发展方向可归结为三个方面：一是互动与体验，通过互动提升用户体验，延续品牌价值；二是孵化与培育，众筹项目方需要帮扶与孵化，众筹用户需要培育和教育；三是科技与创新，应用科技手段支撑商业模式创新，加速创新和迭代。
- 创新和风险总是相伴而生。发展无界众筹，需要注意防范来自宏观环境、监管政策、平台技术以及知识产权保护等方面的不同风险。

创新是引领发展的第一动力。创新和创业相连一体、共生共存。当前，我国以供给侧结构性改革为主线大力推进“破、立、降”，把推动“大众创业、万众创新”再升级作为强化创新驱动发展战略实施的重要抓手。无界众筹作为时代产物，顺应时代潮流，已经发展成助力小微企业创新创业的新范式，以及城市创新、区域创新的新工具。

传统众筹脱胎于家族和社区融资，在西方已有数百年历史。随着互联网技术的不断发展和普及，2008 年前后，依托网络发展起来的现代众筹平台作为一种全新的筹资和创业方式进入大众视野。中国现代众筹起步于 2011 年，在多重因素的共同驱动下，2014 年迎来发展元年，平台数量和交易规模迅速崛起。这一时期的众筹平台主要发挥连接器功能——为前景好、有热度、受关注的项目和产品连通市场、引来资金。新时期，随着行业发展不断深入和监管不断趋严，现代众筹不断迭代创新，内涵和外延不断扩展，无界众筹应运而生。

无界众筹以产品众筹为起点，突破现代众筹平台金融属性、电商属性、社交属性之间的边界，整合内外部资源构建众创生态，为小微企业提供覆盖全生命周期的筹后帮扶服务。无界众筹不仅定位于项目发起方和支持者之间的连接器，还着眼于构筑覆盖全要素和全生命周期的创新创业生态，有效化解初期项目存续难、小微企业存活难困境；不仅局限于依托互联网吸引流量，更注重大数据、智能科技、区块链等新技术手段与项目筛选、风险识别和质量控制等关键环节的深度融合。

无界众筹代表了现代众筹发展的新方向，为助力小微企业创新创业树立了新范式，为城市发展、区域发展提供了新工具。但不可否认，受多种因素影响，在发展无界众筹的过程中，也需要注意防范来自宏观环境、监管政策、平台技术以及知识产权保护等方面的风险。无界众筹的发展需要监管更需要呵护，需要各类主体共同努力引导众筹真正向技术驱动、营造生态、合规运营的方向发展，在助推创新创业升级释放更大能量。

一、新时代呼唤无界众筹

“双创”背景下，我国创业热情高涨，创新效果显著，然而受限于自身能力及外部市场环境等因素，小微企业的生存发展依然面临诸多困境，如人才缺乏、融资困难、销路不畅等。众筹尤其是产品型众筹的出现，改变了传统小微企业的运营逻辑，部分解决了小微企业的“资金、销路”问题。但在帮扶小微企业成长方面，助力创新创业升级，众筹的潜力还远未释放。时代呼唤众筹突破边界，创新发展。

（一）创新创业浪潮下小微企业的发展现状

自 2014 年李克强总理提出“大众创业、万众创新”号召以来，国家多措并举扶持小微企业发展，全国创业热情高涨，创新效果显著。国家工商总局数据显示，最近 5 年，我国新设市场主体 7 292.9 万家，新设企业 2 160.9 万家。其中 2017 年我国新设企业 607.4 万家，日均新设企业 1.66 万家。《2017 全球创新指数：创新养育世界》中，我国排名由 2016 年的第 25 位跃升到第 22 位，成功跻身全球创新领导者行业。中国在商业成熟度和知识与技术方面获得高分，在研发公司全球分布、商业企业的研究人才、专利申请量和其他知识产权相关变量方面也表现突出，创新质量连续 5 年居中等经济体首位。

创业企业中，注册资本在 1 000 万元以下的中小微企业是双创浪潮中当之无愧的增长主力军，对企业数量增长贡献率高达 85%，在扩就业、稳增长、促创新等方面发挥着重要作用。可以说，小微企业的发展状况关乎国计民生。

然而，受多种因素影响，小微企业的发展可谓喜忧参半。一方面，在一系列优惠政策措施的鼓励下，创业者表现出强烈的进取精神，成果斐然，创新创业企业如雨后春笋般涌现。另一方面，小微企业生存发展还面临诸多困境。一是存活率难以提高，据相关统计，我国每年约有 100 万家企业倒闭，所有企业中能够存活 5 年以上的不到 7%，10 年以上的不到 2%，小微企业的平均寿命不足 3 年。二是在创业初期成功存活的小微企业有很多面临经营效益不佳、成长速度缓慢的困境。国家统计局 2018 年抽样数据显示，第一季度工业小微企业经营状况好或很好的比例仅为 21.1%，其中，微型企业经营状况好或很好的比例仅为 18.3%，近 50% 反映市场需求不足、销售困难，近 60% 反映面临的市场竞争压力大，“订单荒”现象普遍存在。

（二）当前小微企业发展面临的挑战

盈利能力不足，“存活率”持续低迷的现象背后，反映的正是小微企业发展过程中面临的诸多困境。调研数据显示，人才缺乏、融资渠道不畅、生产要素成本较高侵占企业利润空间是小微企业在发展过程中遇到的三个主要问题；另外，政策支持不足、产品销路不畅、税费负担重、企业自身管理能力欠缺等因素也制约着小微企业的持续健康发展。

小微企业面临的挑战主要表现在以下三个方面：一是从企业内部看，小微企业限于自身能力，往往面临技术水平较低、缺乏科学管理体系、公司治理涣散、产权结构单一等问题；二是从产业链角度讲，小微企业处于弱势地位，导致对上下游的议价能力不足；三是从外部环境看，“融资难、融资贵”、市场竞争激烈、经营成本上扬等也制约着小微企业的可持续发展能力。

1. 自身能力有限，抗风险能力不足

受资金和规模所限，小微企业难以购买先进的生产设备，也很难持续进行技术升级，因此技术水平往往不高，产品竞争力和差异化水平低。

很多小微企业创业者缺乏系统的管理知识，企业多采取简单的组织架构，职权不清、“因人设岗”现象普遍，在一定程度上影响企业运营效率。小微企业大多专注于单一的产品服务，盈利模式单一，极易受到市场波动和宏观政策影响，抗风险能力弱。在国家加强员工福利保障的背景下，人工成本攀升，大部分小微企业无法提供更高的薪酬招揽人才，加之欠缺科学的人力资源管理系统留住人才，人才短缺问题也严重掣肘着小微企业发展。

2. 小微企业在产业链中整体处于弱势地位

一方面，面对上游供应商，小微企业议价能力弱，导致采购成本高，利润空间小；由于小微企业势单力薄、订单不成规模，很多厂家甚至不愿意为其提供代生产服务，直接影响其后续生产。另一方面，面对激烈的市场竞争环境与强买方市场背景，小微企业在面对下游分销渠道和终端消费者时也处于劣势，无法通过定价转移成本，进一步压缩了利润空间。

3. “融资难、融资贵”的高山难以逾越

虽然近年来国家多措并举支持小微企业发展，但外部市场环境并不利于小微企业发展。由于小微企业经营竞争能力弱、不确定性高、抗风险能力低、财务体系不完善，金融机构往往“不敢”为其提供贷款，导致小微企业融资难；此外，即便某些金融机构在政策导向下设计了专门针对小微企业的信贷产品，小微企业也面临两难困境，很难承受高利率产品，低利率产品不能覆盖金融机构的各项成本，“输血式”模式不具可持续性。

（三）现代众筹加速崛起，但帮扶中小微企业成长的潜力远未释放

相较于西方国家，我国众筹起步稍晚。但在短短 7 年的时间内，行业由萌芽至崛起，目前已经步入“质量并重”的发展阶段。一方面，众

筹作为一种全新的商业模式，为解决小微企业资金、销路问题提供了新思路；另一方面，众筹在帮扶小微企业成长方面，潜力还远未充分释放。新的时代呼唤众筹突破边界，创新发展。

1. 现代众筹加速崛起

现代众筹起源于 2001 年，2008 年后在世界范围内加速发展。脱胎于家族和社区融资的众筹，在西方国家已有数百年历史。进入 21 世纪，随着互联网技术的发展，世界上第一家众筹平台 ArtistShare 于 2001 年正式运营，被视为“众筹金融的先驱者”，ArtistShare 主要面向音乐领域的艺术家和粉丝，粉丝支持艺术家后可以观看唱片的录制过程。ArtistShare 开创了现代众筹的先河，但在之后的很长一段时间内，众筹作为一种新型融资形式，并未引起人们的广泛关注。

2008 年、2009 年 Indiegogo、Kickstarter 等众筹平台先后在美国成立，其中 Kickstarter 已经发展为全球最大的产品众筹平台。自此，众筹作为一种全新的筹资和创业方式进入大众视野，众筹平台在世界各地不断涌现，交易规模迅速攀升。

中国众筹虽然起步稍晚，但已步入“质量并重”的发展阶段。中国最早的众筹平台成立于 2011 年，在包括“互联网 +”、金融科技兴起、“大众创业、万众创新”、小微企业融资难、居民收入增长带来的多样化投资需求和消费升级等多重动因的助推下迅速崛起，2014 年迎来“众筹发展元年”，平台数、项目数、筹资规模均呈现快速增长的态势。零壹财经研究数据显示，2014 年上线众筹平台数由 2013 年的 25 家跃升至 154 家，2015 年新上线平台数达 222 家。2016 年监管趋严，行业迎来洗牌期，问题平台不断退出市场，头部平台优势进一步显现，行业集中度进一步提升。零壹财经研究数据显示，2017 年前八大产品众筹平台的交易规模（见图 6.1）占行业整体的 99.8%。其中，京东产品众筹平台交易规模居全国首位。驱动行业发展的动能已经实现由“量”到“质”的转变。

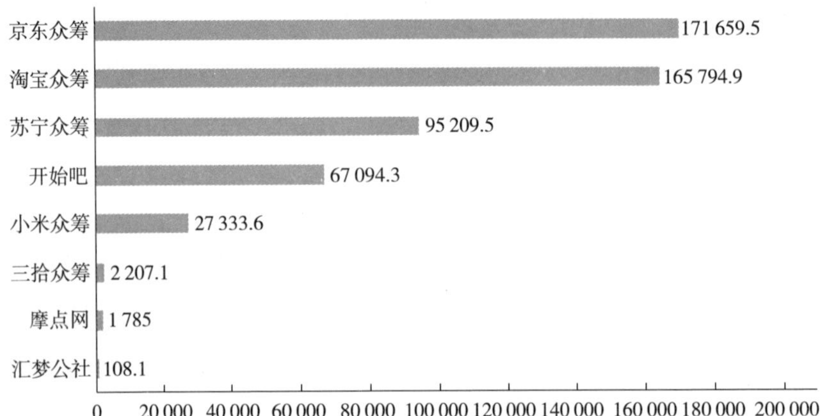

图 6.1　2017 年前八大产品众筹平台交易规模（单位：万元）

资料来源：零壹财经研究。

2. 现代众筹为解决小微企业资金、销路问题提供新思路

京东产品众筹平台于 2014 年 7 月正式上线，定位于“发布创意，实现梦想”，截至 2019 年 2 月，京东众筹累计筹资 70 多亿元，呈现 18 000 多个创新众筹项目，包括 100 多个千万级项目和 1 400 多个百万级项目，帮助 17 000 多个创新创业企业获得发展急需的资金和用户。从发展渊源看，众筹作为一种基于互联网平台的创新筹资渠道，对拓宽小微企业融资渠道和支持创新创业活动具有广泛的积极意义。

首先，现代众筹改变了传统小微企业的运营或创业逻辑，“筹资、筹客”的思路同时解决了资金和销路这掣肘小微企业经营发展的两大困境。传统小微企业遵循的商业逻辑是先生产后销售，这就导致两大问题。一是生产阶段小微企业由于抵质押物及征信数据的缺失，很难从银行等金融中介机构获得融资。二是即便解决了初始启动资金问题，新品上市后，小微企业也很难凭借一己之力打开销售通路，尤其是在“双创”热潮中新设企业多如牛毛，想在信息爆炸的当下获取足够的曝光度难上加难。众筹的“预售”模式可以帮助小微企业实现“先销售，后生产”，创业者通过众筹平台展示自己的创意或产品原型，借助平台流量实现“预售”目的，在解决规模生产资金问题的同时锁定消费者（即项目支持者），大大降低了经营风险。

其次，现代众筹借助互联网技术手段，可以更高效、便捷地筹得资金。众筹的“众”字即面向大众，现代众筹借助互联网手段可以触达更广泛的人群。一方面，小微企业在众筹平台发布项目，可以突破时间和地域的限制，更加快捷、广泛地吸引世界各地的支持者投资目标产品或创意想法。另一方面，每一个支持者分摊的份额相对较小，面临更低的风险，投资意愿更强，甚至可以吸引一些金融经验匮乏、自身实力不足的一般民众为企业筹资贡献力量。

最后，现代众筹平台可以整合各方资源，形成社群化的“圈子”，促进各方积极互动。一是众多的小微企业通过众筹平台聚集，彼此之间可以相互交流。二是众筹平台吸引来自五湖四海的支持者，他们因为共同的爱好相聚在众筹平台，为喜爱的创意和产品助力。三是众筹平台把企业和支持者紧密地连接在一起，实现了消费需求和产品服务的高度契合。

3. 助力创新创业升级，现代众筹潜力未充分释放

自 2011 年众筹出现在中国以来，众多小微企业通过众筹手段拓宽了融资渠道。零壹财经研究数据显示，截至 2016 年底，约 6 万个项目在各大众筹网站成功筹资。众筹帮助小微企业降低了融资成本，打开了销售通路，迈出了成功创业的第一步，但帮扶小微企业成长，众筹的潜力还远未释放。

一是众筹内涵和外延远未被充分挖掘。从创业者或小微企业主的角度看，众筹很好地解决了企业发展起步阶段的资金需求问题，但在众筹平台成功筹得资金并不是成功创业的终点，众筹平台还可以通过筹后帮扶服务帮助小微企业更好地成长、壮大。所谓创业容易守业难，众筹对小微企业的意义不应仅限于财务和销售通路层面，在扶持小微企业发展

方面，众筹还有更加丰富的内涵和外延亟待发掘。

二是行业期待科技深度应用。现代众筹崛起于“互联网 +”的时代背景下，依托互联网技术解决了部分信息不对称及成本效率问题。但随着时代的发展，互联网技术已逐渐衍化为一种社会基础技术设施，以大数据、人工智能、虚拟现实、区块链、云计算为代表的新型科技手段不断涌现。科技的发展恰逢众筹由“量”而“质”的转型发展时期，众筹本身也面临着更多挑战。例如，未来的众筹行业亟须更精确的风控体系、更生动的产品展示，以及更安全的交易保障等。随着众筹内涵与外延的不断突破，行业的进一步迭代升级需要与更多新技术深度融合。未来在科技发展的推动下，众筹行业将不断深化自身内涵，优化运作逻辑，形成产业链条与生态，开启发展新阶段。

二、无界众筹代表新方向

众筹要实现“质量并重”的创新发展，在创新创业及帮扶小微企业持续发展方面发挥更多作用，必须突破边界，构筑无界众筹生态。无界众筹即突破内外部边界，为小微企业的全生命周期提供更加多元的服务，优化创新创业企业的生存环境，进而提升小微企业的存活率。

（一）突破边界——无界众筹树立助力小微企业创新创业新范式

突破边界，构筑无界众筹生态，可以在帮扶小微企业创新创业方面发挥更多作用。一是突破内部边界，即在众筹的金融属性、电商属性、社交属性之间突破边界，融合发展；二是突破外部边界，即将众筹作为连接器，以众筹为支点整合内外部资源构建众创生态，为小微企业提供更多的筹后帮扶服务。

1. 突破内部边界：多重属性之间突破边界，融合发展

众筹的金融属性、电商属性、社交属性并不存在天然的鸿沟，它们共同作用，协作发力将能够更全面地支持小微企业的发展。

（1）众筹的金融属性、电商属性和社交属性

人们对众筹的认知起步于其金融属性，而后逐渐丰富延展至电商、社交领域。兴起之初，众筹主要被视为一种为创业团队或小微企业筹资的手段，而随着众筹在形态、类别上的不断丰富，人们对众筹的认知也不断深入，众筹的电商属性、社交属性等多元化的属性被不断挖掘。

金融属性即筹资，指将众筹看作一种方便、快捷的新型资金筹集渠道。众筹的出现显著地提高了资金配置效率，促进了小微企业发展，使一大批新奇的想法变成现实。对项目发起方而言，众筹可以增加融资渠道、降低融资门槛、提高融资速度、降低融资成本；对项目支持方而言，尤其是对于能力有限的投资者，众筹可以提供易参与、多样化的投资渠道。

电商属性即筹客，指将众筹看作一种新型的产品销售通路。对创业者而言，可以利用众筹平台的流量、用户向大众展示自己的创意或产品原型，获得人气支持从而达到预售产品的目的。值得注意的是，众筹虽然同电商一样可以被视为一种线上产品销售通路，但是它却与电商有本质的区别。一是众筹平台的项目方多为刚刚起步创业的小微企业，产品或服务还处于创意阶段或尚未规模化生产，很难通过电商平台持续销售；二是众筹平台的销售模式属于“预售”模式，相较于传统电商可以提前回笼资金并降低运营风险。

社交属性则突破了传统众筹“一锤子”投资的范畴，具有更加丰富的内涵。通过社交众筹，创业企业可以同潜在支持者保持互动，进而预测市场需求、验证产品方案、调查市场反馈、获得消费者反馈、开展品牌营销、增加新品曝光等。换言之，社交众筹将众筹的含义从“筹资、筹客”拓展到筹智、筹名。反过来，社交众筹平台可以通过一次众

筹活动将志同道合的支持者集结起来，并为他们提供社交服务，形成支持者社群，增强参与者用户黏性，为下一次众筹打好基础，形成良性循环。

（2）多重属性不断融合是未来趋势

纵观国内外市场，众筹主要被划分为三大类别：资金众筹平台（包括股权众筹和债权众筹，其中债权众筹即 P2P 借贷）、产品众筹平台和公益众筹平台。资金众筹更多被定义为一种“公开、大众、小额”的融资行为，金融属性明显；产品众筹则类似产品预售或首发平台，为具有创意的初创业务和消费者之间架起桥梁，打开新品销售通路的同时促进了消费升级，类似于“预售式团购”模式；而社交众筹则多被应用于公益领域，通过社交渠道进行大病筹款或公益扶贫，商业众筹的社交属性还远未被挖掘。各类平台从不同角度介入众筹领域，各成特色，形成百家争鸣的态势。但众筹的多重属性并不存在天然的鸿沟，它们共同作用、协作发力，将能够更全面地支持小微企业的发展。突破金融、电商、社交的界限彼此赋能，形成“1+1+1 ＞ 3”的协同效应，为新奇创意、创新产品、初创企业提供一个全面发展的运营平台。

产品众筹可以提供一个测试创新型产品的平台，为资金众筹指明方向。如果产品能够得到支持者的认可，则可进一步发起资金众筹。一方面，在产品众筹市场的良好表现能够更好地向投资者证明企业的价值；另一方面，经过市场检验的成绩单也为投资者提供了更加直观的决策依据。反之，如果项目失败，则说明该项目还有待改进或完善，创业者可以根据市场反馈调整自己的产品思路。

社交众筹未来可以进一步向商业化领域延伸，打造相对稳定的支持者社群。传统的公益、扶贫性质众筹项目借助社交媒体的传播，逐步为人群培养社交众筹习惯。在此基础上，众筹平台可以逐步引入科技、文化等具有稳定消费群的行业领域，加强项目参与者社群的打造，为其提供持续交流、信息共享的便利条件，逐步形成具有黏性的项目支持者群体，这一群体将有很大潜力向产品众筹场景扩散。

2. 突破外部边界：以众筹为支点，整合内外部资源，构建众创生态

众筹平台作为创新创业企业的连接器，将众多小微企业聚集在一起，形成一个创业企业集群，此时，跳出众筹，将能发现更多的社会价值和商业机会。一是小微企业自身存在诸多短板，需要借助外部力量补足；二是众筹平台可以整合内外部优势资源，构建一个“众筹、众帮、众创”生态，帮助小微企业更好地成长壮大。“众筹”为“众帮、众创”吸引、集结了最初的小微企业群体，“众帮、众创”等众多增值服务在增加平台对于小微企业黏性的同时，也创造了新的商业模式和盈利点。

集团型企业可以基于其他业务板块的数据、服务和科技能力赋能小微企业。现阶段，企业发展渐趋多元化和集团化。事实上，无论对项目方还是支持者而言，依托集团型企业的众筹平台都更具吸引力。一方面，该类平台能够为项目方提供更多的流量和品牌背书；另一方面，集团企业的各个业务板块协同发展，众筹之外的集团资源也可以为项目方所用。例如，集团企业可以利用其供应链能力、营销能力、数据能力、科技能力等为众筹项目方赋能，帮助小微企业补足短板，健康发展。

开放、连接是众筹的应有之义。众筹作为一个连接器，可以为小微企业和外部资源搭建桥梁，构筑无界众筹生态。小微企业发展困难的根本原因就在于它们体量过小，缺乏规模效应，很难享受优越的供应商价格和社会服务，但众多的小微企业通过众筹平台聚集成企业集群，便可形成规模化需求，从而增加其跟供应商的议价能力。通过规模议价，众筹平台帮助小微企业引入各种质优价廉的服务商，从而补足小微企业的短板并实现持续的帮扶和赋能，帮助小微企业发展壮大。

（二）筹后服务——重新定义众筹价值

经过 4 年多的发展，京东众筹平台目前已经打破边界，升级成包含产品众筹、众创生态、众创学院、风险资本等业务线组成的一套完整的

众筹众创生态体系，为创业创新企业提供从 0 到 1 再到 100 的孵化及加速服务。不仅帮助创新创业企业获得发展急需的资金和用户，也帮助它们获得最直接的消费行为反馈，为后续产品变为商品、找准市场痛点提供有效的大数据支持。

如果说成功筹资帮助企业实现了从 0 到 1 的跨越，那么依托于无界众筹生态的筹后帮扶服务则是对企业从 1 到 100 的陪伴。包括在金融、团队、产品、销售、品牌等方面对创业企业提供全生命周期的帮扶，搭建生态并实现共荣共生。

1. 无界众筹为小微企业提供多元化的全生命周期帮扶服务

金融服务方面，京东众筹平台早期同风险资本“千树资本”合作互补，为优质项目方提供股权资金。众筹兴起之初，曾对传统 VC/PE（风险投资 / 私募股权投资）机构造成一定冲击，但从众筹的本质来看，众筹与机构风险资本之间的竞合关系应该是合作大于竞争的。一方面，众筹对小微企业的意义在于创新孵化，不仅能够为风险投资机构聚集足够的项目源，且能起到前期测试筛选的作用；另一方面，同 VC/PE 机构合作，能够让众筹平台获得中介抽成费用，还能分享企业成长收益，增加新的赢利点。企业打开市场，业务初步形成规模之后，小微企业的资金需求往往具有“短、频、急”的特点，这时可为创业企业引入债权性质金融服务，尤其是无须抵押、质押的供应链金融服务。众筹、风险资本、债务融资共同发挥作用，可以解决初创小微企业在各个阶段的融资需求。

团队建设方面，京东众筹组建了众创学院，为创业者提供快速成长与交流学习的平台。学院开设包括创业集中营、长江京东金融科技学堂、众创地方分院等项目模块，为学员提供商业模式、营销实战、创新技术等方面的培训和交流平台。目前，创业集中营已招募四期学员，共计 170 余名创业者通过该平台学习、交流。这一方面可以通过线上线下的方式将创业者聚集起来，共建创业生态；另一方面可以引进成功企业家、商业领袖、创新精英为创业者定时传道解惑。创业的道路是孤独的，尤其是对创新、创意项目来说，由于没有先例可循，创业者必将遇到更多挑战。通过搭建创业者交流平台，可以让创业者走出孤独，突破个人认知、能力、资源的天花板，彼此取长补短，形成抱团取暖的创业创新生态。此外，所谓“与博学者论道、与善战者同行”，通过众创学院、众创课堂、创业集训营的形式邀请成功企业家、商业领袖、创新精英为创业者分享成功的经验、失败的教训、先进的管理模式、优秀的商业案例，不仅能够拓宽创业者的思路和格局，还能帮他们避开误区，少走弯路，让成功创业变得简单。

产品运营方面，目前京东众创已经签约知名厂商 50 余家，服务创新创业企业 1 000 余家，还连接宿迁电商基地、厦门物联智造基地、宁波创新设计基地、三亚旅游生态基地等地方基地和政府资源，助力园区创新和城市发展。这种平台式的运营模式一方面可以聚集众多创业企业，以“团购”和“长期合作”的模式同代工厂谈判，为创业者争取质优价廉的服务；另一方面，一些生态企业可以借助体系内的资源优势为初创企业进行产业链赋能，帮助企业更好地解决产品运营方面的问题。

销售通路方面，京东众筹平台发挥平台优势，整合资源，帮助国内优质厂家实现供应链品牌化，让中国制造从商品化向品牌化的方向转型，走向世界。众筹的意义远不止新品首发，对于一些消费者认可度高的产品和品牌，完全可以升级为一种持续、常态化的销售渠道，甚至可以对接电商，持续为市场贡献品质好物。无数优秀创意借助众筹平台进入大众视野，并取得成功。但众筹过后，企业产品的曝光度锐减，上线电商可能又受到持续供应能力或其他门槛限制，产品销售通路遭遇“青黄不接”的窘境。无界众筹可以让产品完成众筹后还能持续通过线上进行“再众筹”，一方面为创业者提供了一个持续、常态化的线上销售渠道，另一方面，相比电商，预售形式可以减轻中小企业的资金压力和库存风险。通过“众筹”的首发和“再众筹”的过渡，创业企业的羽翼丰满之后便可对接电商，源源不断地为市场贡献品质好物。值得注意的是，创新企业产品不断迭代，每次新品发布都可在“再众筹”平台获得持续曝光。

品牌建设方面，基于品牌舆情分析，帮助供应链方打造品牌，成就供应链品牌化的未来趋势。新生代消费者不再满足于标品，而是追求产品的个性化。我国目前生产制造行业规模庞大，却并未形成足够的知名品牌。众筹平台可以基于自己的数据实力和科技实力，整合市场调研、产品设计、品牌包装、运营营销、消费通路等方面的综合能力，孵化并扶持供应链方打造品牌，对接品牌化的供应链工厂和追求个性化的消费者，进而创造一个全新的新兴市场。

事实上，基于无界众筹生态的筹后服务含义远不止以上几点，众筹平台可基于内在生态体系的各种资源为初创企业赋能，亦可突破边界，整合各方资源优势形成标准化的企业服务平台。融合内外部优势形成一个联通线上线下的企业服务生态，孵化创新，扶持创业。

2. 筹后服务解决小微企业存活难困局

筹后服务优化小微企业的生存环境，帮扶小微企业持续健康成长。小微企业存活难是一个世界性难题，现代众筹为中小企业提供了新的融资渠道，打通了初期产品的销售通路，但制约中小企业发展的因素远不止于此，技术薄弱、人才欠缺以及各种无形资源的不足，任何一个细节上的缺失或市场变动都可能将中小企业扼杀在摇篮之中。具体到众筹领域，筹资者发起众筹时项目可能还处于非常初期的阶段，甚至仅是一个创意想法，从成功筹得资金到产品成型并成功送达支持者，还有很多难题需要创业者克服。依托无界众筹的筹后帮扶服务，通过整合各方资源，帮扶小微企业持续健康成长，化解了小微企业存活难的困局。

筹后服务能有效降低“跳票率”，保护投资者权益。投资者保护是众筹的应有之义，众筹平台仅仅把自己定位于一个信息中介平台帮助支持者找到创意项目或产品是远远不够的。如果筹资方因经营不善倒闭或者不能按时完成产品交付，不仅会损害支持者的权益，也会影响他们对其他众筹项目的投资信心，进而影响众筹平台和行业信誉。筹后服务在帮助小微企业持续健康成长的同时，也降低了“跳票率”，有效保护了投资者权益。

助力政府和创业园区连通线上线下，创新城市发展。当前各地政府都在积极推动创新创业园区建设，产业园区成为推动城市发展、区域发展的重要抓手和突破点。而企业是园区的生命，无界众筹作为一种连通线上线下，集设计能力、生产能力、销售能力为一体的新型创新创业方式，为政府和园区扶持项目高质量发展、赋能企业可持续发展提供了新工具。

（三）科技引领——技术驱动模式不断创新

无界众筹时代，以大数据、智能科技、区块链、云计算为代表的新技术手段将同众筹深度融合，驱动众筹模式不断创新。

1. 大数据技术在无界众筹时代的应用

基于众筹生态，项目方和支持者的数据不断积累，应用大数据技术充分发掘数据价值，将是行业发展的必然趋势。

大数据指引消费趋势，助力精准营销。大数据技术将发挥其市场预判功能，帮助众筹平台和项目方找准最具潜力的消费领域，提高立项成功率。综合运用宏观市场数据与平台自身积累的用户、消费数据，众筹平台可以对未来一段时间各年龄客层的消费心理、消费倾向进行预测，进而对未来市场趋势进行预判。一方面可以为众筹平台筛选项目提供依据，另一方面可以指导项目方更好地改进产品思路，设计出更符合市场需求和消费需求的产品。此外，众筹平台还能运用大数据技术准确地识别每一位支持者的个性化需求，从而定向地为其推荐项目，实现精准营销。

大数据识别项目风险，保护投资者利益。创新和风险总是相伴而生。一方面，众筹为创意项目贡献了更多的粉丝和支持者；另一方面，众筹由于突破了传统人际关系的限制，也带来更多“陌生”的风险。借助数据挖掘和分析技术，以更加科学、全面的方式对项目发起者的信用、资质、财务状况等关键维度进行全方位评估，可以提高项目筛选效率，及时阻隔资质不良的发起者，强化风险控制，确保项目安全运行。应用大数据技术识别项目风险，应将内部数据和外部数据、静态数据和动态数据、企业数据和个人数据有效结合，从多个角度对各个维度的数据进行抓取、清洗和分析，从而构建真实、全面、准确的项目方画像，降低项目风险，保护投资者利益。

2.VR/AR 技术在无界众筹时代的应用

交互性、沉浸性以及多感知性赋予 VR/AR（虚拟现实 / 增强现实）突破“时空限制”的能力。传统“线上”商业模式，项目方和用户之间更多的是“空间”上的隔阂，用户无法像线下购物那样享受试穿、试用、试吃等体验式服务。而众筹作为一种“对未来的投资”，一个项目在发起时往往只有一个新奇有趣的想法，从项目启动众筹到落地实施直至产品送达支持者之间存在较长的时间差。如果这期间项目方和支持者完全失联，一方面，支持者会因为对未来的不确定性而产生焦虑和不安，影响客户体验；另一方面，项目方也无法从支持者处获得更多的需求信息。VR/AR 等新技术的日渐成熟，能够显著提高用户的参与感，并能为用户提供更加广泛的回报形式。

VR/AR 技术可以突破空间的限制，带给支持者更真实的体验。项目方在发起众筹项目时，项目样品的呈现不再局限于文字描述或二维图片，发起者可以在虚拟现实中打造产品实体，并将之应用于相应的场景中，用户可以身临其境地体验产品效果。这一方面使潜在用户对众筹产品有了更直观、真实的了解，增加了众筹这一商业模式的体验性和趣味性；另一方面扩展了众筹项目的回报形式，上述的体验与参与也可以作为用户体验式消费的软回报。

VR/AR 技术可以突破时间限制，让项目方和支持者全流程保持实时互动。项目发起前，项目方可以利用VR/AR技术开放产品设计权限，让用户参与到产品设计阶段的体验和测试，从而设计出更符合消费者需求的产品。项目筹集成功后，用户可以通过VR/AR技术参与项目的后续流程，如观看实体产品生产流程、模拟影视作品拍摄现场等，不仅可以实时监督保证项目运行质量，还能与项目发起方进行更密切的互动，形成协同制造，优化项目进程，交互用户从而打造全流程的用户体验。

3. 区块链技术在无界众筹时代的应用

区块链技术作为当下数字生态系统的底层技术，其“去中心化”或“多中心化”的技术特征，同众筹的众包、众享概念不谋而合，区块链在众筹领域有很多应用价值。

应用区块链技术能够搭建更加完备的风控机制，有效解决信息不对称问题。目前众筹的风控还主要依赖平台方在不同程度上对项目及其发起人的资质审查和甄选，由平台承担中间人的角色，项目发起方的信息真实性以及筹资去向不能实现完全透明。区块链技术在众筹领域的应用将降低众筹风控机制对平台方的依赖程度，充分发挥大众智慧，吸纳用户观点，实现客观评价、科学决策。例如，可以应用区块链技术搭建“去中心化”或“多中心化”的大众评审机制，让众筹发烧友或粉丝支持者积极参与项目的甄选过程，构建基于区块链技术的评审机制，实现众筹的去中心化治理。此外，将众筹项目的每一个环节上链，形成不可被篡改的公开记录，促使项目资金流向实现可追踪，无论是对立项前项目的审查，还是对项目实施运营过程的监督，通过应用区块链技术都将变得更加公开、透明。

区块链技术将使知识产权保护变得更加高效、简便。在众筹平台发起项目的多为小微企业或个人，知识产权保护意识薄弱，在没有产权保护的背景下将自己的创新、创意想法发布到网络上进行众筹很可能导致项目创意被人剽窃而又不能有效维权，事实上，众筹领域的知识产权纠纷时有发生。如果建立一个基于区块链技术的知识产权备案平台，利用区块链技术标记每个上链创意的时间戳和所有权信息，将使知识产权的保护变得更加高效、简便。当然，这项技术的应用必须配合相关法律制度的有效完善。

此外，区块链智能合约的嵌入将使众筹条款更高效、准确地履行。一旦达到项目投融双方设定的协议条件，如在某一时间范围内募集满一定金额，众筹即可顺利到达项目方账户；反之，款项将自动沿原路径返还投资者手中，项目宣告失败。由此，不仅加快了整个众筹流程的推进速度，还提升了众筹协议履行的准确性，增强参与者信任度；同时基于区块链的公开性和不可篡改性，很大程度上规避了对众筹结果进行人为操纵的可能。

三、市场观点及行业趋势

（一）项目方（B 端）角度看众筹市场

1. 企业画像

（1）小微型企业是众筹生态的绝对主力军

活跃在众筹生态的企业约一半实缴资本在 100 万元及以下，运营年限 3 年以内，年度销售收入 500 万元及以下，年度盈利水平 100 万元及以下（见图 6.2）。小微型企业是众筹生态的绝对主力军。

（2）约 25% 的创业项目由女性创业者发起

通过众筹创业的创业者平均年龄为 35 岁，约 25% 的众筹创业项目由女性发起，且创业团队中女性占比更是高达 41%。上海市创业基金会公布的《2017 创业数据研究报告》数据显示，我国纯女性团队创业仅占 8%，女性创业者占比 37%。可见，众筹为女性创业提供了更加便利的环境，促进了女性创业。

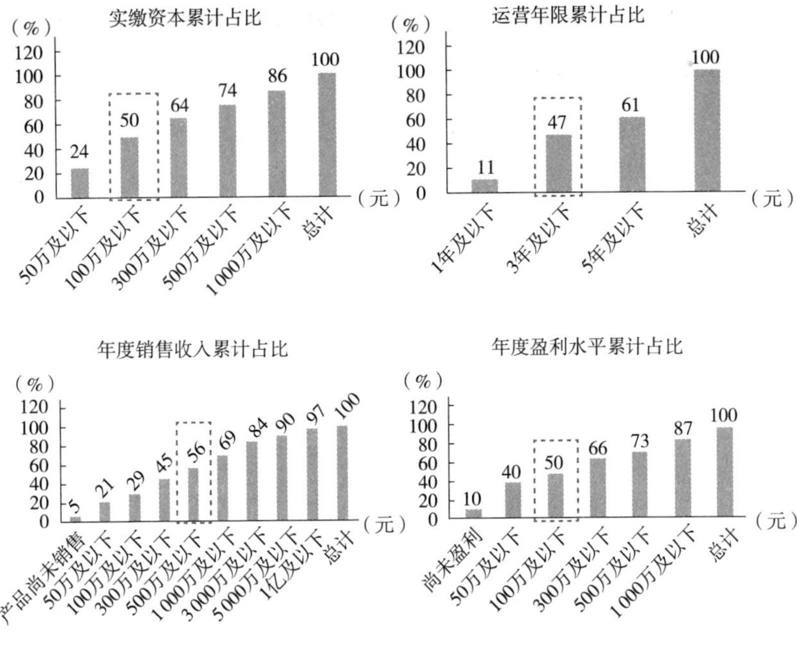

图 6.2　项目方规模要素

资料来源：京东数字科技研究院调研整理。

（3）科技类项目占比最多

创新创业项目主要集中在科技领域，占比高达 44%（见图 6.3）。可见，众筹扶持创新创业也有侧重，对科技型创业项目的帮扶更为明显。

图 6.3　项目方行业分布情况

资料来源：京东数字科技研究院调研整理。

（4）平台广告和主动了解是企业认识众筹的主要渠道

36% 的创业者通过众筹平台广告开始认识众筹，30% 富有学习精神的创业者通过主动学习了解众筹平台，创业者之间口口相传是众筹得以传播的另一个重要渠道，占比 22%（见图 6.4）。

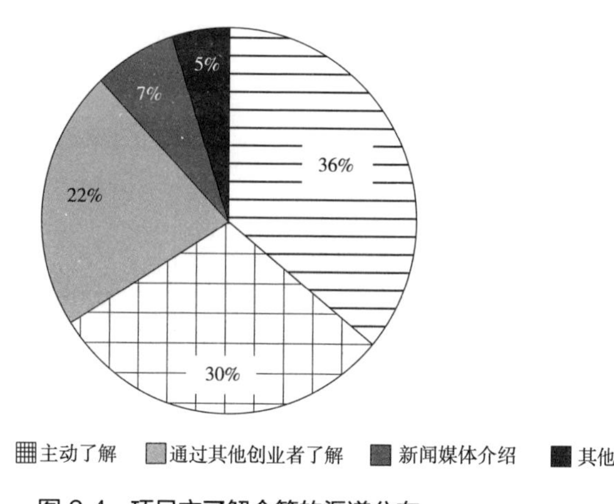

图 6.4 项目方了解众筹的渠道分布

资料来源：京东数字科技研究院调研整理。

2. 众筹价值

（1）受众、成功率、手续费是众筹平台吸引企业的关键因素

企业在选择众筹平台时，最看重的因素依次是平台品牌和受众、项目成功率、项目成功速度、手续费率等。相比之下，筹后帮扶服务和平台技术水平暂未受到项目方的广泛关注。这一方面是因为当前阶段筹后帮扶服务在众筹企业中的覆盖率有限；另一方面也说明筹后帮扶这一行业趋势还未被创业者广泛理解和认知。

（2）除销售和融资作用外，筹后服务对企业的改善作用正逐步显现

企业成功众筹后，用户对企业的品牌认知改善最为明显，其次是产品销路（见图 6.5）。可见，众筹平台在利用自身流量和影响力为初创企业创造销售通路的同时，更提升了企业的品牌价值。

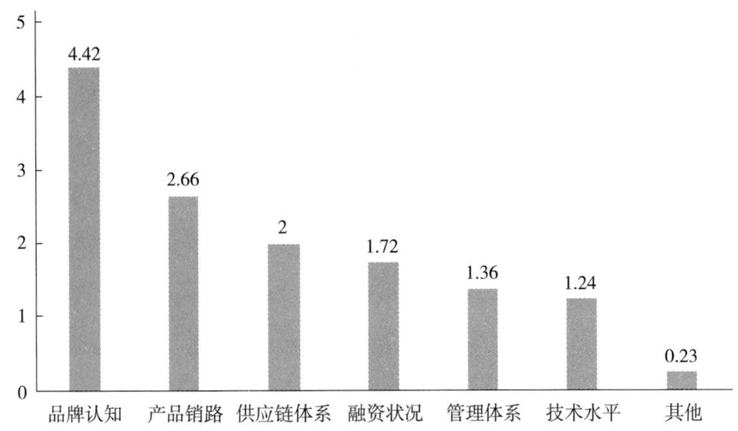

图 6.5　成功众筹后各方面的改善情况（按综合得分排序）

资料来源：京东数字科技研究院调研整理。

尽管筹后服务的价值尚未引起项目方的普遍关注，但其在改善众筹企业供应链体系、后续融资状况、管理体系、技术水平方面的作用已经初步显现。约 11% 的创业者认为参与众筹后企业最明显的改善体现在供应链体系而非融资状况和产品销路方面，5% 的创业者认为是管理体系，甚至 2% 的创业者认为众筹带给企业最大的价值是技术水平方面的改善。

（3）众筹在带动就业方面效果显著

无界众筹作为创新创业新范式，在带动就业方面效果显著。调研结论显示，众筹生态的创业企业平均雇用员工 114 人，行业至少间接带动数百万人成功就业。其中 34% 为女性员工，企业员工平均月工资水平主要集中在 3 000～10 000 元，其中 3 000～5 000 元占比约 38%，5 000～10 000 元占比约 50%，10 000～20 000 元占比约 7%，部分企业员工平均月工资超 20 000 元。

3. 企业观点

（1）希望众筹平台提供更多的社交和智能体验服务

对于众筹平台未来的发展方向，近 70% 的项目方希望平台能够提供更多的社交体验服务，60% 的项目方希望可以实现更多的智能体验功能，另外，还有 35% 的项目方希望众筹平台在专利保护方面发挥更多作用。

（2）直播、社群聊天、线上点评等互动体验服务普遍被企业认同

除了线上文案展示，直播（比如线上路演）、线上点评、社群聊天等互动体验服务普遍被企业认同（见图 6.6）。

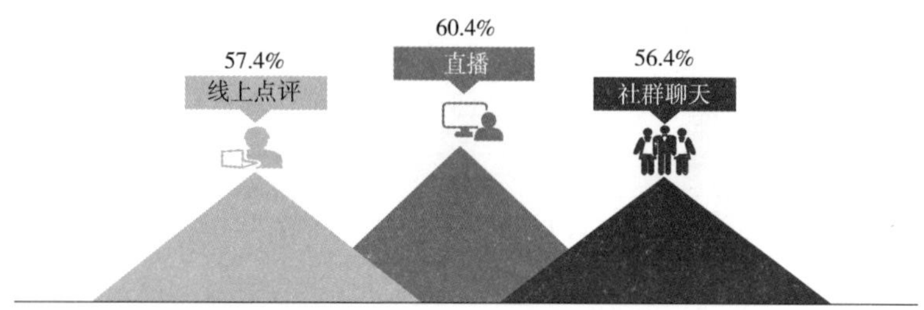

图 6.6　项目方希望与支持者互动的新方式

资料来源：京东数字科技研究院调研整理。

（3）大数据技术被认为是未来最具应用潜力的金融科技手段

科技应用方面，55% 的项目方认为大数据技术是未来最具应用价值的金融科技手段。另外，部分创业者认为人工智能、区块链技术、VR/AR 技术、云计算在众筹领域具有应用前景（见图 6.7）。

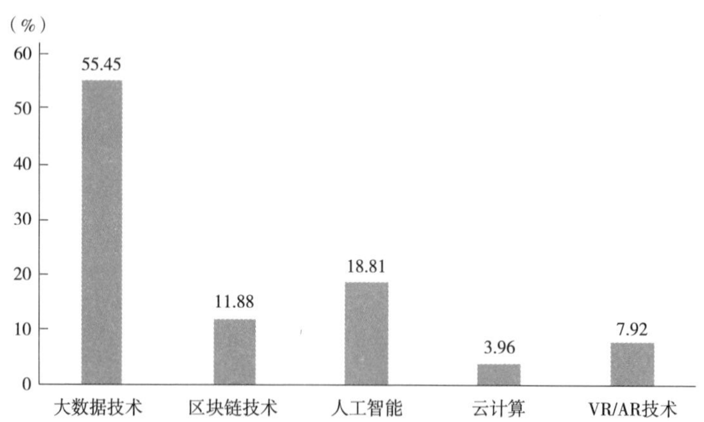

图 6.7　项目方对金融科技在众筹领域应用的看法

资料来源：京东数字科技研究院调研整理。

（二）支持者（C 端）角度看众筹市场

1. 用户画像

（1）“80 后”和“90 后”成为众筹项目支持“主力军”，男性用户占 3/4

从众筹用户的年龄和性别结构来看（见图 6.8），“80 后”和“90 后”的用户占 4/5，男性用户占比 3/4（见图 6.8）。这类人群往往具有更加先进的购物理念和更加强烈的自我意识，喜欢追求新事物。

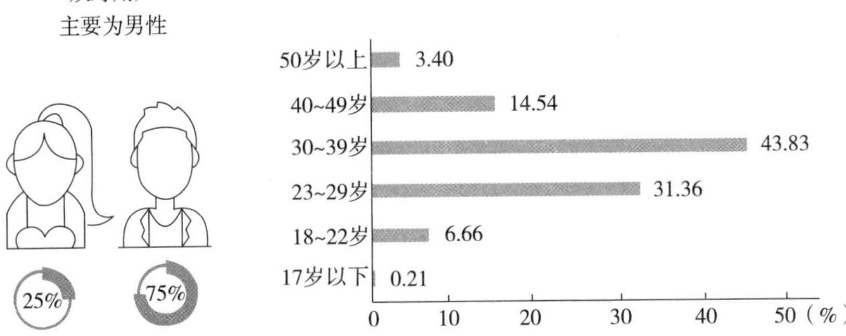

图 6.8　众筹用户性别、年龄分布

资料来源：京东数字科技研究院调研整理。

（2）大部分众筹用户月收入集中在 4 000 ~ 6 000 元

72% 的众筹用户月收入水平在 4 000 ~ 6 000 元。这些用户更倾向于小额分散的投资行为及以“体验”的方式接触新产品、黑科技，与众筹平台功能契合度最高。

（3）众筹用户多为“非高频”用户

用户参与众筹项目的频率往往不高，33% 的用户没有持续浏览众筹的习惯，1 年内参与两三次的用户占比 27%。具有持续浏览习惯（每月多次）的用户仅占 6%。此外，随着智能手机的逐渐普及，越来越多的用户习惯通过手机端查看众筹信息。

（4）六类用户支撑行业“现在”与“未来”

通过聚类分析和定性分析，可以将众筹支持者分为前沿潮流跟随者、文化传承支持者、猎奇尝鲜爱好者、品质生活追求者、科技行业从业者、低价好物购物者。总体来看，前沿潮流跟随者和文化传承支持者是目前众筹项目的主力支持者；猎奇尝鲜爱好者与品质生活追求者对众筹浅尝辄止，但具有消费潜力；科技行业从业者与低价好物购物者对众筹没有特殊偏好，需要进一步的用户教育。

2. 用户观点

（1）希望通过众筹体验“新奇特”“黑科技”

尽管性价比依然是驱动众筹用户选择平台、挑选商品的关键要素，然而，与传统网络购物平台相比，众筹平台用户的首要目的在于体验新奇特、有意思的产品，感受走在科技前沿的创意。

（2）用户购买产品时更希望与“同道中人”互动

40% 的众筹平台用户充分希望可以与“同道中人”，即同样对众筹产品感兴趣的人增加互动，并希望直接在产品页面的讨论区或话题区开展讨论，让产品热起来。另外，30% 的众筹用户希望在购买产品时与商家保持互动。

（3）在项目等待期，用户最大的困扰在于无法看到项目进展

在项目等待期间，最令用户困扰的问题在于看不到项目方更新进展，且难以联系项目方（见图 6.9）。因此，用户希望可以增加互动、增强体验，内容化的沟通深受欢迎。形式方面，图文与直播对用户最具吸引力，线下交流与产品试用是最具吸引力的活动。

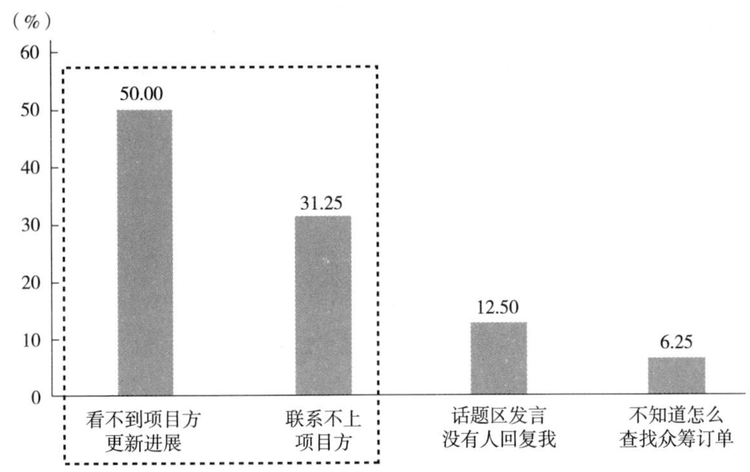

图 6.9　项目等待期用户的困扰

资料来源：京东数字科技研究院调研整理。

（三）未来趋势判断

1. 互动与体验

互动提升用户体验，延续品牌价值。在筹前、筹后等各个场景、各个环节增加用户和项目方的互动机会。一是能够增加用户参与感，为用户创造愉悦的众筹体验；二是可以赋能企业，企业通过充分地与用户互动获得更多的用户需求信息，了解客户从而更好地服务客户，培育粉丝进而打造品牌。此外，平台还需加强项目方之间以及支持者之间的互动功能，大家通过众筹找到“同道中人”，彼此交流经验与心得，打造垂直社交平台。

2. 孵化与培育

企业需要帮扶与孵化，用户需要培育和教育。创新和孵化是“无界众筹”的核心内涵。尽管筹后服务的价值尚未引起项目方的普遍关注，但其在改善众筹企业供应链体系、后续融资状况、管理体系、技术水平方面的作用已经初步显现。未来，众筹平台只有突破现有功能和属性，更好地为小微企业服务并创造价值，才能在激烈的竞争环境中胜出。

众筹作为一种新生事物，还未被大众普遍认知，目前众筹用户还主要集中在一些收入较高、具有猎奇心理的白领人群，且绝大多数没有形成持续使用习惯。众筹市场规模的持续增长需要更多的用户培育与教育。一是培育众筹潜力人群，持续为众筹市场补充后备军；二是教育现有众筹用户，改善用户体验，增加客户黏性，进而帮助他们养成持续的使用习惯。

3. 科技与创新

科技支撑创新，科技改变创新。加快突破和创新，塑造无界众筹是思路，深度应用金融科技、优化创新商业模式是手段。一方面，大到商业模式，小到平台功能，所有的创新都要依托大数据、人工智能、区块链等金融科技手段才能顺利实现；另一方面，科技手段的应用也能重塑商业模式，加速科技本身的创新和迭代。

四、无界众筹需要新环境

无界众筹作为一种新理念，代表了现代众筹的发展趋势，但来自宏观环境、监管政策、平台技术以及知识产权保护等方面的风险也不容忽视。为支持无界众筹的健康发展，有必要坚持包容审慎的监管理念，坚决守住金融风险底线，加快推进相关立法，完善监管制度，为无界众筹发展创造更好的环境，引导众筹平台告别互联网金融时代的制度套利冲动，真正转向技术驱动、营造生态、合规运营的方向发展，在助推创新创业升级中释放新的更大能量。

（一）正视无界众筹的潜在风险

发展无界众筹，需要防范来自宏观环境、监管政策、平台技术以及知识产权保护等方面的不同风险。

1. 宏观环境风险

宏观环境整体下行。当前我国正处在经济增长换挡期，经济增速从高速向中高速转变，投资增长乏力，宏观经济下行压力不减。

在这样的宏观背景下，无论是传统的主流金融机构，还是新兴的金融科技企业，都缺乏好的投资项目，资产荒的现象较为普遍。众筹平台服务的小微型企业在面临宏观冲击时更为脆弱，这就需要众筹平台更多地发挥筹后帮扶作用，助力小微企业成功渡过难关。

2. 监管政策风险

监管政策悬而未决。目前我国众筹尤其是股权众筹法律框架仍不明确，尚未制定类似于“众筹法案”的相关法律法规。2014 年 11 月，李克强总理在国务院常务会议上，首次提出“开展股权众筹融资试点”。2015 年 7 月，央行等十部委发布《关于促进互联网金融健康发展的指导意见》，明确了证监会对股权众筹的监管职能。但时至今日，行业期盼的股权众筹试点尚未有实质性推进。

在监管缺位的背景下，众筹的股权融资功能主要被非公开股权众筹平台或 VC/PE 替代，金融属性很难充分释放。一方面使市场主体在自行探索和创新的过程中无法可依、踟蹰不前，另一方面也限制了小微企业开辟新型融资渠道。

3. 平台技术风险

各个众筹平台技术水平良莠不齐。中性的技术应用于众筹领域，在提升效率的同时，也将技术本身的风险带入。一是有些众筹平台在决策时倾向于短期利益，导致平台技术投入不足，先进安全技术欠缺。二是中小平台限于自身的技术能力、员工素质或公司内部监管体系设计等因素，无力创造安全有效的系统环境，导致平台的技术风险和制度漏洞频现。

随着行业不断洗牌，市场已经在发挥作用，问题平台不断退出市场，头部平台优势进一步显现。未来，拥有先进技术能力的众筹平台应该进一步发挥优势，加大在新技术方面的投入和创新，并以开放的心态实现能力输出，从而带动整个众筹行业的健康发展。

4. 知识产权保护风险

创新、创意项目的知识产权需要有效保护。众筹平台成立的目的之一就是挖掘民间创意，鼓励“大众创业、万众创新”。项目的发起方多为小微企业或个人，知识产权保护意识薄弱，项目方在筹资之前往往没有注册专利。此时若在受众广泛且不固定的众筹平台上公开发布创意项目的一些细节及创新点，很可能导致创意项目被模仿甚至被恶意剽窃。这一方面会增加优秀创意项目通过众筹平台创业的积极性，另一方面也会带来众筹平台项目方之间的法律纠纷。

（二）为无界众筹创造更好的制度环境

发展无界众筹，要坚持包容审慎的监管理念，坚决守住金融风险底线，加快推进相关立法，完善监管制度，为无界众筹发展创造更好的环境，引导众筹平台告别制度套利冲动，真正向技术驱动、营造生态、合规运营的方向发展，在助推创新创业升级中释放新的更大能量。

1. 推进包容审慎监管，提高守住风险底线的能力

体现包容审慎和适应性原则，强化差异化监管。在法律上确立众筹融资的合法性，对与现行法律法规有冲突的方面进行合理的司法解释，划清众筹与“非法集资”的界限。明确监管主体和分工协调，避免监管重叠或出现盲区。根据平台的风控能力、技术水平、注册资本、制度建设等，加强对平台的备案管理和信息披露，引导平台合规发展。未来随着众筹规模的扩大，发展到一定程度后，可考虑实行更加严格的牌照管理制度，以防范系统性风险的发生。探索引入监管沙盒模式试点，在监

管时化整为零，在试点区域内可以打造众筹模式创新的“安全空间”，鼓励平台在安全空间内进行金融创新，实时监控风险。

加强对平台资金存管的监督，构建全面的众筹风险管理体系。要推动众筹平台严格落实第三方资金托管制度，确保资金在项目众筹过程中的完全封闭运行。加强资金存管银行的资质审查，结合平台的业务容量、业务风险程度对存管银行严格控制准入门槛。利用监管科技提高对众筹平台资金流动的监管能力。针对要求拟主动清盘转型或退出众筹平台，坚持发挥市场主导作用和遵循法制化原则，配套相应风险处置预案，确保在第一时间切断风险传导链，避免发生系统性风险。

加强对项目发起人的知识产权保护。引导项目发起人强化专利意识，主动做好专利申请创造、运营和保护。针对发起人的众筹项目或创意易被抄袭或剽窃问题，积极制定知识产权备案条例，引导众筹项目发起者在公开公布项目创意之前对其项目的创新之处登记备案。若出现创意在备案期间遭到抄袭或剽窃的情况，当专利获批后可以依照相关法律法规对侵犯权益者进行追究。

2. 强化行业平台自律，加强行业准入和标准管理

建立众筹行业协会，强化行业自律监管。借鉴国外的众筹监管和自律的做法，逐步建立众筹行业协会或联盟，促进众筹行业的自我管理和规范发展。行业协会主要负责众筹融资行业规则的制定、实施与监督，包括投诉、争议的调解等职责。行业协会可协调各众筹平台的经营行为，对众筹行业的运行经营、服务质量以及项目运营进行监督，并对违反行业规定的众筹平台进行处理，以规范众筹行业的发展，维护众筹行业的信誉。

完善投融资人资格审核，合理设置准入门槛。加快建立股权众筹合格投资者制度，确保投资者对其所投的项目、企业有基本的判断与认识，限制融资者融资额和投资者投资额。可参考《中华人民共和国证券投资基金法》中对合格投资者的要求，从收入、风险识别能力、风险承担能力、

认购金额等方面设定准入门槛。

规范行业发展，形成行业统一标准。对众筹平台实施市场准入制度，设置一定条件和标准，采取备案制或许可制，以确保众筹行业健康发展。督促众筹平台在加强流动性风险管理和实现盈利最大化之间，权衡好资产端和资金端的合理配置，以防范流动性风险，在保证投资者利益的同时，保证平台自身能够稳健发展。结合众筹行业的风险特点，建立流动性补充机制，以应对突发的金融风险。

3. 引导平台可持续发展，强化对平台主体的保护

鼓励平台差异化竞争，引导行业健康发展。引导平台不断探索可持续的经营模式，深挖细分市场，鼓励差异化竞争。鼓励无界众筹平台与创业企业、孵化加速机构、高校院所、创业园区、地方政府的资源对接。不同平台可根据所在区域和目标人群等因素，决定产品和服务模式，增强自身竞争力。

完善投资者保护，加强投资人教育。建立完善融资项目信息披露制度。引导建立众筹风险补偿机制，设立风险补偿和备付基金，确保投资者因交易违法而产生的损失能够得到相应的赔偿。明确众筹各个主体的权责，规定众筹发起人的资质与责任，进一步强化和实施过程监督。加强投资人教育，通过线上公开教育，结合非公开提示投资风险，普及众筹融资知识，充分揭示市场风险，引导投资者树立正确的投资理念，增强风险意识和自我保护能力。

第七章

数字科技打通农村普惠金融发展的“最后一公里”

- 梳理数字经济背景下农村普惠金融发展面临的机遇，重点分析数字科技如何提升农村普惠金融的效率，以及怎样利用数字科技打通农村普惠金融的“最后一公里”。
- 京东数字科技在农村地区开展数字普惠金融业务的背景、现状、实践、主要经验及未来愿景。
- 京东数字科技围绕“农产品进城、电商下乡”两条路子，坚定地走全产业链、全产品链的农村金融战略路线，将数字农贷、农产品众筹、农村理财等数字化金融产品引入农村地区，打破城乡之间的数字化鸿沟，击破农村金融服务的痛点。

近年来，我国普惠金融发展特别是农村普惠金融在基础设施建设、可获得性和满意度等方面取得了显著成绩，普惠金融作为增强金融服务实体经济能力的重要抓手得以体现。与此同时，随着普惠金融的理念和实践的不断变化，传统服务模式在覆盖率、单户收益率、风险控制等方面的瓶颈问题也日益暴露，普惠金融发展已步入深水区，亟须一种新型的模式为普惠金融发展破局。

随着我国数字经济的腾飞，尤其是大数据、云计算、人工智能、区块链等数字技术的发展，数字普惠金融模式成为普惠金融发展的重要推动力，使普惠金融突破了时间和地域的限制，降低了交易成本和金融服务的门槛，有效扩大了金融服务的覆盖面，普惠金融在农村的触达能力进一步提升。特别是在提高信贷审批效率和风控能力、实现客户精准营销、开发新型金融产品等方面表现出了独特的优势，为农村普惠金融的发展注入了新的活力。

本章通过梳理数字经济背景下农村普惠金融发展面临的机遇，重点分析数字科技如何提升农村普惠金融的效率，以及怎样利用数字科技打通农村普惠金融的“最后一公里”。

一、数字经济为农村金融发展带来时代机遇

我国农村人口众多，金融需求旺盛，但传统农村金融还面临着诸多困境和挑战。与此同时，金融科技方兴未艾，农村地区的网络基础设施、经济环境、物流系统等不断完善，数字经济为农村金融发展带来了全新的时代机遇。

（一）传统农村金融面临的困境和挑战

传统金融服务匮乏制约着我国农业经济发展。一是金融覆盖率不足，中国社会科学院《“三农”互联网金融蓝皮书》测算，若信贷资金在全部资金投入中的占比为65%，则2014年信贷需求约为8.45万亿元，相比实际贷款余额5.4万亿元，缺口达3.05万亿元。二是金融产品相对单一，农村金融产品主要以传统的存、贷、汇为主，缺少保险、证券以及其他创新性金融产品。农村金融服务匮乏的现象背后反映的正是传统金融机构开展“三农”金融面临的挑战。

一是农民征信数据、抵押物、质押物缺失现象普遍存在。由于农村地区相当一部分农民从未与银行等金融机构打过交道，多数农民在央行征信系统中处于数据缺失状态，这就导致金融机构为这些农民提供金融服务“无据可依”。此外，农民拥有的资产如土地、房屋限于三权分置下的法律障碍，难以符合传统信贷抵押、质押条件。传统金融机构“就人”“就物”的运营逻辑在农村地区很难行得通。

二是农村地区金融基础设施建设相对薄弱。农村地区地广人稀，基础设施覆盖率不足。2017年农村地区每万人拥有的银行网点数量为1.30个，低于全国水平的1.63个；全国平均每万人对应的ATM（自动取款机）数量为6.95台，农村地区仅为3.89台。

三是农业相较于其他产业利润率偏低，且信贷需求具有“小额、分散、高频”的特征。一方面，虽然我国土地改革稳步推进，但传统家庭承包制度下的农业经营模式使农村的人员、土地利用效率低下，先进农技农法难以渗透，严重制约了我国农村经济的发展。中国粮食种植面积为美国的1.6倍，但粮食年产量仅比美国多25%，亩产低于美国30%。另一方面，小农经济下农民对信贷的需求具有“小额、分散、高频”的特点，导致开展农村金融业务很难赢利，从而进一步弱化了传统金融机构开展农村金融业务的能力和动力。

（二）数字时代催生农村金融发展新思路

进入21世纪，新一轮科技革命和产业变革正在引领人类社会进入数字化时代。以互联网、大数据、人工智能、区块链、云计算等为代表的数字科技同国民经济的各个领域深度融合，同时也催生了农村金融的全新发展思路。

数字产生信用，解决传统农村金融抵质押物缺失问题。近年来互联网、手机移动终端在农村地区不断普及，电商、社交等移动应用的迅速发展为开展农村金融业务积累了大量原始数据。依托这些原始数据，可以从不同纬度分析、描绘用户画像，客户的生活习惯、交易记录、违约记录等信息都可以作为评价用户的依据，这为原本举步维艰的农村征信提供了新的可能。

数字科技打破时空限制，革新金融服务基础设施，降本增效。借助移动终端和应用，并结合人脸识别等远程技术，金融机构将贷款申请、资料上传、授信审批等很多服务流程向线上转移，减少了对实体网点的依赖程度，革新了金融服务的媒介和基础设施。这一方面打破了传统金融服务时间和空间的限制，将触角延展到更多偏远、贫困的农村地区，打开长尾市场，助推普惠金融；另一方面也优化了服务流程，提升了客户体验，节约了业务成本。

数字科技丰富农村金融产品种类，打破城乡之间的数字化鸿沟。供应链金融、消费金融、互联网众筹、智能理财等创新型金融产品依托数字科技不断涌现。以往这些业务由于流程复杂、门槛高、占用人力资本多等很难在农村地区广泛推广。借助互联网渠道和数字技术，这些产品也相继在农村地区落地，城乡之间的数字化鸿沟逐渐被打破。

（三）京东数字科技的农村金融战略布局与业务概况

京东数字科技于2015年提出农村金融战略，围绕“全产业链”“全产品链”两条路径发展农村金融业务，至今已经先后落地数字农贷、农产品众筹、农村理财等多种数字化金融产品。

1. 京东数字科技的农村金融战略布局

2015 年 3 月，京东集团提出农村电商“ 3 F 战略”，即工业品进村战略（Factory to Country）、生鲜电商战略（Farm to Table）、农村金融战略（Finance to Country）。2015 年 9 月，京东数字科技顺承京东集团的“3F 战略”发布了农村金融战略，充分发挥京东数字科技在大数据风控与渠道方面的优势，围绕“农产品进城、电商下乡”两条路子，坚定地走全产业链、全产品链的农村金融战略路线，击破农村金融服务的痛点，加速建设和优化农村经济生态。

从产业链角度，从农民的生产、收购、加工、销售等环节，解决农户在种植生产中遇到的问题。在生产资料采购端，京东不仅利用自身渠道为农民配送实惠的正品原料，还给农民提供赊销、信贷等服务；在农产品生产环节，京东为农民提供信贷、技术培训等多元化服务；在产品销售端，京东利用渠道优势打开农产品销路，通过信贷、众筹等方式周转资金，帮助农民和企业发展。

从产品链角度，针对农村特点和农民需求，将逐渐成熟的理财、消费金融、保险、众筹等多条业务，通过创新应用到广大农村地区。除解决涉农企业、种养殖户的融资外，还通过支付、白条让农民更好地享受消费。此外，还向农民提供符合需求的农民理财、农业保险和农产品众筹等金融服务。未来，还将根据农村经济发展和市场需求，探索将多元化的、定制化的金融服务带到农村。

2. 京东数字科技的农村金融业务概况

开展农村金融业务以来，京东数字科技先后上线农村理财、农产品众筹、开店宝 & 消费宝、数字农贷等创新性产品和服务，围绕产业链打造农村金融产品闭环，为农户提供综合服务。

数字农贷从标准化程度最高的畜牧养殖业切入，联合 ERP 软件公司为养殖户打造集物流管理、资金流管理和信息流管理于一体的现代化养殖管理体系，真正实现数据驱动型的风控解决方案，完成全流程风险管理。

京东金融小站是京东数字科技在农村地区设立的、提供一站式服务的重要线下渠道。借助金融小站，实现了理财、保险、白条、金条、众筹、支付等产品和服务在农村渠道的下沉。

截至目前，京东数字科技已经在全国 1 700 个县、30 万个行政村开展了各类农村金融业务。

二、京东普惠金融的行业实践及经验

数字农贷、农产品众筹、金融小站是京东数字科技在农村地区发展数字化普惠金融的典型模式和范例。

（一）数字农贷

1. 行业实践

京东数字科技的数字农贷模式，以农业生产过程的数据化模型和农民的历史生产数据为基础，对未来生产结果做出预测，再以预测的统计学结果产生信用，进而对生产过程进行全程、高频、多方位的监管，以资金管理和风险管理辅助农业生产管理。截至 2018 年底，数字农贷项目已在山东、河北、河南等地与近 200 家合作社合作，累计放款达几十亿元。

2. 数字农贷模式的典型案例

山东省新泰市宏成畜禽养殖专业合作社（以下简称宏成）成立于 2009 年，连接养殖户 600 余户，肉鸡鸭存栏量达 280 万只。2017 年在环保高压下，合作社部分养殖户因环保不达标被淘汰，导致肉鸭出栏量下降，为保证企业可持续发展，合作社于 2017 年 3 月流转土地 2 200 亩计划建立规范化养殖场，因此抽出了部分流动资金用于自养场的建设，加上养殖户苗款、饲料款和兽药款全部由合作社垫支，导致合作社流动资金不足。京东数字科技依托数字农贷模式对宏成授信养殖贷 2 000 万元，授信期限 14 个月，单笔贷款期限不超过 60 天，不仅缓解了企业的融资需求，更是在环保高压下带动了当地畜禽养殖行业的转型升级。

数字农贷模式首先基于宏成的历史养殖数据和财务信息进行全面尽调，在此基础上利用数字化模型对宏成的主体信用进行评估。同时，京东数字科技的养殖云管理系统与宏成采用的全智能笼养技术系统对接，养殖户不仅可以提交贷款需求实现实时放款，并自动生成结算单、报表和统计图表，而且这些数据还能实时传送到京东数字科技手中，从而实现对风险的精准把控。

（二）数字农贷模式的实施过程

数字农贷模式从贷前、贷中和贷后各环节运用数字化技术进行风险管理和生产管理。

在贷前阶段，通过深入学习农业养殖技术，采集农户历史生产数据，建立量化模型并对产出结果进行预测，以未来生产结果数据对农户进行授信。

在贷中阶段，数字农贷利用自动化管理系统，基于养殖数据进行高频、分散、循环的放贷。数字农贷的贷款并不会一次性发放，而是为获得授信的主体（农民专业合作社）匹配定制化的云管理系统，进而对生产过程进行全程跟踪，并根据实际生产需求，定时、定量地匹配资金。以养鸡行业为例，肉鸡的养殖周期大约为 42 天，需要 12 元的饲料款，数字农贷按照养鸡户在各养殖环节的实际需求，分批将资金支付给上游饲料供应商，饲料供应商收到资金后为农民提供饲料。这种放贷方式使养鸡户在一只鸡的养殖周期中，仅需为饲料款付 6 分钱的利息，避免了对闲置资金付息，比传统贷款成本低了近一半，农民也省去了自己购买饲料的麻烦，可以专心进行养殖管理。

在贷后阶段，数字农贷应用智能监控系统将风险管理和生产管理有机结合。该系统能够实现对棚舍湿度、温度、饲料投放、养殖种群等指标的实时监控，从而对养殖的异常情况进行识别预警。可以说，数字农贷并不局限于对农户授信贷款，而是以此为起点，继续帮助农户做养殖管理，对生产过程进行全程数字化监测，为养殖户提供免费的养殖管理系统、监控系统、物流管理系统等，帮助其建立一套集物流管理、信息流管理和资金流管理于一体的现代化农业养殖管理体系。

三、传统农村普惠金融发展已遭遇“天花板”

数字农贷模式的成功恰恰映射出当前农村普惠金融发展已遭遇“天花板”。从农村金融的发展现状来看，其虽在发展规模和速度上取得了一定成绩，但在覆盖率、服务能力等方面仍有明显短板。首先，农村金融服务覆盖率显著提升，但与全国平均水平有一定差距。以银行网点数量为例，截至 2017 年末，农村地区银行网点数量为 12.61 万个，占全国总数 22.67 万个的约 55%。但值得注意的是，如前所述，2017 年农村地区每万人拥有的银行网点数量为 1.30 个，仍低于全国水平的 1.63 个；全国平均每万人对应的 ATM 数量为 6.95 台，农村地区仅为 3.89 台。其次，虽然农村地区金融机构数增加，但其金融服务能力与城市金融机构有一定差距。据统计，2015—2017 年每季度仅有约 12% 的新增人民币贷款来自农村金融机构，而新增人民币贷款中的涉农贷款占比约为 20% 以上，说明有相当一部分的涉农贷款无法直接在农村金融机构办理，农村金融机构的服务能力还有待提高。

从农村金融的发展困境来看，信任机制和成本约束是制约农村金融“普惠化”的最大障碍。一方面，贷款前农民缺少抵押物和征信信息，传统金融机构不信任农民；贷款后农民将生产性贷款用于生活消费，还贷无望，这些都说明传统农村金融的信任机制严重缺失。另一方面，金融机构的运营成本居高不下，农村金融业务小而分散，收益往往不能覆盖信贷的人工成本，这就大大增加了传统金融机构的负担。更严重的是，政府部门历年来在农村金融领域巨大的政策支持和资金投入，并未有效缓解其金融服务相对落后的局面。

因此，无论是从发展规模还是存在的问题看，传统农村普惠金融发展已经遭遇明显的“天花板”，而且陷入政府和市场双失灵的“囚徒困境”。

四、数字技术为农村普惠金融发展另辟蹊径

（一）数字农贷模式的主要经验

首先，数字农贷模式解决了农村金融的可获得性难题。如前所述，农户既无资产担保又是信用白户，金融机构想贷而不敢贷款给农户，以致农户越来越远离传统金融服务体系。而“数字农贷”模式通过对农业生产养殖过程的深入研究，建立数字化的量化模型，基于数字化的量化模型和农户历史养殖数据对农户授信，农户信用的产生就是基于数字化手段对农业生产过程量化分析的结果。

其次，数字农贷模式解决了农村金融的信任难题。传统农村金融的风险控制一直是难以逾越的鸿沟。数字农贷模式一方面利用量化模型测算每一笔贷款的风险，在农业生产过程中做到对风险的实时监控，大大提高了贷款人在诸如虚构背调信息等方面的成本，使骗贷变得“不经济”；另一方面将信贷资金精准投放到农业生产的各个环节，并不与农户直接发生资金交易，这就彻底解决了农村信贷中生产性贷款挪作消费的“死穴”，极大地降低了农村金融的信贷风险。

再次，数字农贷解决了农村金融运营成本的难题。一方面，数字农贷降低了农户的资金使用成本，分时分批放贷使农户只需为每一环节的贷款付息，而无须承担所有贷款在全周期中的使用成本；另一方面，数字农贷极大地降低了单户的信审成本。农村信贷小额分散的特点，决定了

传统机构开展农村金融业务取得的利差收入很难覆盖信审成本，数字农贷在前期投入固定成本搭建数字化的量化模型，从而使后期单个农户信审的边际可变成本几乎降为零。因此，数字化技术在农村金融的应用均降低了金融服务提供方和获得方的成本。

最后，数字农贷解决了农业产业管理水平低下的难题。数字农贷模式将农业生产管理与资金管理、风险管理有机结合起来，比如数字农贷在帮助养鸡农户管理信贷资金的同时，也帮助农民管理棚舍温度、养殖环境、饲料投放量、出栏时间等，提高了养殖的水平和效率。

（二）数字农贷模式的可复制性

数字农贷模式的可复制性和可移植性相对较强，不仅局限于肉鸡等养殖行业，也可拓展复制到种植、农产品加工等行业；不仅可应用于国内农业结构优化调整，也可推广至海外国家的农业发展。当然，数字农贷模式应用领域也存在一定的共性，比如行业竞争相对充分等。

综合来看，农村金融服务覆盖率不高、信贷困难以及非正式金融缺乏保护等问题，使普惠金融在农村的道路越走越艰难，其根源在于传统农村金融始终未能突破“对人不对事”（即依靠抵押物和征信信息）的信贷逻辑，而数字农贷模式“对事不对人”（即依靠农业生产经营的数据和概率）的信贷逻辑，不仅降低了农村信贷的成本，更促进了农业生产关系和生产力的改造提升。更重要的是，在呼唤规模化、集约化农业生产的今天，数字金融极有可能是促进小农户与现代农业有机衔接的重要路径。

五、数字农村普惠金融的发展任重道远

当然，数字技术应用于农业金融的进程并不是一蹴而就的，需要农户、金融机构、数字服务企业、行业主管部门等各方共同努力，共建数字农

业金融的良好生态。具体来讲，包括以下几个方面。

一是积极开展数字农贷项目的试点工作。首先，申请 1～2 个国家级贫困县进行专门试点，将数字农贷项目在该地区的农业生产进行全方位试验，总结推广试点经验。其次，鼓励科技企业和金融机构开展数字农贷项目的合作试点，充分利用传统金融机构在农村的网点优势，将科技企业的数字化能力向金融机构输出，通过开放合作的生态支持数字农贷模式做大做强。

二是加强农村数字基础设施建设。完备的数字基础设施不仅是数字农业金融规模化应用的必要条件，更是数字农业建设的基础支撑。建议农业、财政部门加大对农业农村数字基础设施建设的政策和资金支持。一方面，要加强农业农村数字基础设施的硬件建设，提升“硬标准”；另一方面，要加强农业农村数据资源整合和开放共享，保障数据安全，使数字农业具备坚强的软实力。

三是加快开发期权品种，丰富农业风险管理工具。目前，在数字农贷项目运行中发现，由于缺乏相应的风险对冲工具，未能形成风险管理的闭环，这就损害了数字农贷模式下产业链的发展水平。因此，建议证券期货主管部门加快推出农产品期权品种，丰富我国农业风险管理工具，为数字技术在全农业领域的应用奠定坚实基础。

（一）农产品众筹

1. 行业实践

京东众筹平台是全国最大的产品众筹平台，农产品众筹依托京东众筹的平台和流量优势，以众筹的模式打通农产品上行通路，让农户不再为销路犯愁，带动当地特色农业及工业发展，构造闭环的农村众筹服务生态。

2018 年 5 月，京东众筹与腾讯企鹅号联手启动了“特产中国”公益助农项目，有机生态茶叶、锦溪水蜜桃、水蜜大金杏、七彩土豆等众多优质扶贫农产品项目陆续上线京东众筹。这些项目在京东众筹平台得到了运营、渠道等方面的支持，并且受到消费者的广泛认可，均已收获众筹成功的成绩，不仅拓宽了自身销售渠道，也实现了品牌价值的提升。7 月，京东众筹受邀参与央视《每日农经》“产业扶贫在行动——贫困地区农产品产销对接大型公益活动”，节目中推介的永顺莓茶、西藏亚东县帕里牦牛肉等特色农产品，上线后均取得了不俗的众筹成绩，引起社会各界的广泛关注。

2. 主要经验

首先，农产品众筹为农村地区的特色农产品进城打开了新的销售通路，助力农村贫困人口脱贫致富。从农田直达餐桌，一方面，提前为农产品生产者和消费者搭建了订单关系渠道，实现“先销后产”，减少生产风险；另一方面，减少了销售中间环节，更有利于保障消费者获得保质保量的农产品。

其次，农产品众筹有利于提升农产品品牌价值，带动地域发展。依托京东众筹平台，农户可以采用图片、文字及视频的形式，与城市消费者进行更直接的互动，更好更全面地展现产品，甚至打造引人入胜的农业品牌。

最后，农产品众筹通过形成产业销售闭环，减少了整个生产—销售流程的不确定性，部分解决了农村信贷、保险等金融服务的风险问题。

（二）金融小站

1. 行业实践

我国农村相对于城镇而言触网率偏低、人口结构失衡，网络、电商等场景能够触及的客户在农民中往往属于“头部”，或为在种养、养殖领域已经实现规模化生产的“大户”，或为“80”“90”一代对互联网等新鲜事物接受程度较高的年轻人群。仅仅依靠线上渠道依然很难触及最需要帮助的乡村人群，建立线下渠道，实现线上线下联动发展是实现数字化普惠金融的必经之路。

京东金融小站是京东数字科技在农村地区设立的、提供一站式服务的重要线下渠道。截至 2018 年 12 月，京东金融小站已建成 1 万多家，覆盖 29 个省，1 300 多个区县，服务乡村用户超 2 000 万。

2. 主要经验

网络基础设施及智能终端的不断普及为农村地区发展提供了新的渠道和思路。但现实情况是，相当一部分农户还缺少接受线上服务的习惯和知识，需要通过线下不断加强用户教育、培养用户习惯。京东金融小站不仅为周边居民提供优质的日常消费品，同时还可以提供劳务信息、金融产品咨询等便民服务；此外，通过京东金融小站，可以将当地的土特产在京东众筹等线上平台上线，为城市居民提供更多的产品选择，打开土特产的销路，进而带动当地区域的经济发展活力。

六、数字农村普惠金融的未来之路

诚然，京东数字科技在运用数字化科技手段发展农村金融、普惠金融方面取得了一定成效，但由于农村地区的复杂性，也遇到了一些问题，如农村居民金融意识依然相对淡薄，农村地区网络、移动设备等基础设施覆盖率依然不足等。未来，京东数字科技将继续发挥自身的数据和科技优势，探索数字化普惠金融服务农村地区的经验和路径，将更多先进科技手段引进农村地区，全面服务农户的生产和生活需求，加强同当地政府、银行、保险等金融机构的合作，共同构建数字化农村金融的综合服务体。

（一）智能农业——构造闭环业态

数字普惠金融的关键在于数字和科技，加大数字化基础设施、数字化设备、数字化生产方式在农村地区的普及应用，是推动农村地区发展数字普惠金融的关键。未来，京东数字科技会把智能物流、智能监控等智能技术引入农村地区。比如将智能物流引入数字农贷业务中，基于掌握的客户信息、养殖批次信息、养殖数学模型等数字信息，自动生成饲料订单，通过物流管理系统，转换成物流配送单，借助京东物流，把饲料定时定量地配送到每个养殖棚，最终实现智能化的农业生产方式。

（二）开放合作——打造综合服务体

发展数字普惠金融不能单打独斗，仅仅依靠单方的力量是远远不够的，必须各方深度合作。一是科技公司要同传统金融机构深化合作。金融机构的优势在于牌照和健全的服务网络体系，科技公司则具有强大的技术实力和数字资源，能够在风险控制和降本增效方面服务于金融机构。二是科技公司要同政府部门深度合作。很多数字化基础设施的搭建并非某家企业凭借一己之力可以完成的，需要政府发挥其公共服务职能。未来，京东数字科技将开放合作，联合政府、农民专业合作社、农户、银行、保险等各类主体打造农村综合服务体，为农户和涉农企业提供农资、农机、农技、农金、农商等多位一体的全方位服务。

第四篇

B 端赋能：数字科技服务新蓝海

第八章

金融与供应链的耦合并非偶然

- 供应链金融在给金融机构带来新增信贷业务和降低风险的同时，也有效缓解了中小企业的融资难题。
- 深入研究如何利用大数据、云计算、人工智能等技术提高供应链金融的效率和服务中小企业的能力，具有重大的理论价值和现实意义。

供应链金融兼具产业和金融的双重属性，尤其是在数字科技的加持下，产业和金融的深度融合是供应链金融发展的必然趋势，数字科技对供应链不同主体的相互关系和发展生态都将产生重要的影响。

供应链金融作为产融结合的新蓝海，使越来越多的核心企业希望"身体力行"，将产融结合的主动权继续牢牢掌握在自己手中。越来越多的参与者加入，更加引发了供应链金融应该选择何种发展模式的思考。可以肯定的是，数字科技的介入并不会改变供应链金融原有的运行逻辑，而是在行业效率提升和生态模式优化方面彰显出自己独特的实力。

本章从供应链金融的发展现状和面临的历史性机遇出发，重点分析了数字科技对供应链金融风控手段和运营效率的完善优化之处，在此基础上，阐述了京东数字科技对供应链金融的理解和把握，希望将京东数字科技的供应链金融模式进一步丰富和延伸。

一、我国供应链金融发展迎来新的历史机遇

供应链金融作为一种以预付款、应收账款及存货等为基础的贸易融资服务方式，不仅拓宽了中小企业的融资渠道，而且提高了产业链的竞争力。可以说，供应链金融的健康发展有利于我国经济结构转型和供给侧结构性改革的深入推进。

（一）我国供应链金融的主要发展模式

互联网向传统供应链金融的渗透，使部分新兴主体在一定程度上"取代"传统金融机构，开始承担为上下游企业提供融资服务的角色。如今，

金融科技切入供应链金融，更加改变了传统金融机构在供应链金融服务中“一家独大”的格局，开启了以电商平台、软件公司、网贷平台、商业银行、传统龙头企业等多主体主导的局面。具体来看，主要有以下几种模式。

一是电商平台主导模式。电商平台通过自己的交易平台可以获取买卖双方在其交易平台上的交易信息，并且根据客户的需求为上下游供应商提供融资服务。二是软件公司主导模式。软件提供商凭借丰富的客户资源和通过企业资源计划便捷地获取企业财务、采购、销售、库存、订单等数据的优势，渗入供应链金融业务领域。三是 P2P 网贷平台主导模式。P2P 网贷平台主导的供应链金融模式是指平台寻找供应链上的核心企业，通过这些企业寻找资金需求方，并撮合线上投资人与其达成交易，履行中介平台的职能。四是银行主导模式。银行以买卖交易中买方购买货物后从卖方收到的货物提单和有效发票为依据，为买方办理承兑汇票，并向卖方支付货款，买方在指定日期内偿还货款和融资款。五是传统龙头企业主导模式。龙头企业依靠深厚的行业背景、上下游关系为供应链上的企业提供融资服务。

（二）我国供应链金融发展面临的机遇

1. 供应链金融的发展需求非常强劲

近年来，受益于应收账款、商业票据以及融资租赁市场的不断发展，我国供应链金融呈现快速发展的态势。 在企业交易中，企业以签发商业汇票的形式来保证交易正常进行。商业汇票的签发缓解了买方的资金压力，同时卖方拥有商业汇票，既拥有对于签发方的汇票金额索取权，也可向商业银行做质押，获得流动性。商业汇票质押以获取融资也是供应链金融的重要形式，我国商业汇票发展与我国供应链金融的发展也是紧密相关的。目前我国商业汇票签发量总体呈上升趋势，2015 年已经突破 22 万亿元。

除了应收账款以及商业汇票外，融资租赁与供应链金融同样密切相关。这些年我国融资租赁业得到了飞速的发展，租赁行业业务总量不断增加。2016 年融资租赁业务总量已经超过了 5 万亿元。融资租赁的快速发展对于需要大规模专业设备的企业来说十分有利，对于供应链金融的发展同样意义重大。

在应收账款、商业汇票以及融资租赁快速发展的带动下，我国供应链金融展现出了迅速发展的态势。前瞻产业研究院的数据显示，到 2020 年，我国供应链金融的市场规模可达 14.98 万亿元左右。

2. 科技创新加速供应链金融转型升级

传统供应链金融依赖于核心企业的模式已不能满足多元化发展的需求，同时也存在着信息不对称、不透明、欺诈等众多风险。而云计算、区块链、大数据、人工智能、物联网等信息技术的发展推动了传统供应链金融向数字化转型，能够最大限度地掌握信息流、资金流、物流的全方位信息，进而运用上述信息技术将中小企业的交易信息转化为信用信息，有效缓解信息不对称的问题，更加精准地把控供应链金融各环节的风险，从而提升融资效率、降低融资成本。金融科技的介入加速了供应链金融转型升级的速度。

3. 供应链金融发展的政策红利持续释放

近年来，与供应链金融相关的支持政策陆续出台，为供应链金融发展营造了良好的政策环境。2016 年 2 月，人民银行等八部委印发《关于金融支持工业稳增长调结构增效益的若干意见》，提出要大力发展应收账款融资。2017 年 5 月，《小微企业应收账款融资专项行动工作方案（2017—2019 年）》发布，该方案指出应收账款是小微企业重要的流动资产，发展应收账款融资，对有效盘活企业存量资产、提高小微企业融资效率具有重要意义。2017 年 10 月，国务院办公厅发布《关于积极推进供应链创新与应用的指导意见》，鼓励商业银行、供应链核心企业等建立供应链金融服务平台，为供应链上下游中的小微企业提供高效便捷的融资渠道。该文件更是明确了供应链金融发展的精确目标：到 2020 年，基本形成覆盖我国重点产业的智慧供应链体系，培育 100 家左右的全球供应链领先企业，中国成为全球供应链创新与应用的重要中心。在各类政策的鼓励之下，越来越多的市场主体参与到供应链金融市场的竞争之中。

（三）供应链金融发展面临的主要问题

供应链金融在高速发展的同时，也不可避免地滋生出了一些风险，诸如产业管理水平低下、风控能力欠缺、授信对象的局限和欺诈事件高发等，对供应链金融的生态健康产生了许多不良影响。

1. 供应链管理水平成为供应链金融发展水平的瓶颈

供应链金融的基础是产业供应链，产业供应链的管理水平决定了供应链金融发展的水平和稳定性。目前，我国各领域的产业链管理大多相对低端、低效，管理水平不足以支撑强大的供应链金融需求。整个供应链的商流、物流和资金流，不能完全做到有效匹配且全程高效透明，因此，金融机构对其风险控制会有很大的担忧和疑惑，进而制约了供应链金融业务的发展。相反，如果整体运作良好且产业链稳定，并有稳定高频的业务资金往来，其链条企业的运营能力和抗风险能力势必会加强，其供应链融资也就会很顺畅。

2. 风控问题关乎供应链金融发展的命脉

供应链金融的风险是产业链风险和金融风险的双重叠加，具有很强的传染性。从产业链风险的角度来看，如果供应链上某个企业的经营状况出现问题，就可能会对供应链上的其他企业产生一定的影响，单个企业的风险会向供应链上下游的其他企业传导，最终影响供应链金融的效果。从金融风险的角度来看，一方面，供应链上的企业面临的金融风险是不断变化和高度复杂的；另一方面，这种金融风险是可以相互传递的。

因此，供应链金融风险的复杂和多样给风控带来了巨大挑战，这也直接关系到供应链金融生存的命脉。

3. 授信对象的范围相对较小

目前由于我国征信体系尚不完善，供应链上的中小企业缺乏完备的征信信息，银行无法直接对其授信。实践中，银行往往只能对与中小企业有业务往来的核心企业进行授信。因此，无论是核心企业对上游供货商的付款义务，还是对下游经销商的担保责任，都是基于对核心企业的信用派生出的授信。问题在于，这除了需要核心企业的极力配合外，银行在供应链上延伸的授信范围也是有限的，往往只限于与核心企业发生直接业务往来的企业，而与核心企业具有间接业务关系的供应链上的中小企业，其融资需求是得不到满足的。

4. 欺诈风险影响供应链金融发展

除企业经营风险外，供应链金融业务的风险有很大一部分来源于企业的欺诈行为，包括套汇套利、开具虚假仓单或者重复质押、自保自融等。这些欺诈行为不仅扩大了供应链金融的风险，而且对于相关产业的发展都是毁灭性的打击。比如2012年上海钢贸事件和2014年青岛港事件，便是企业通过重复质押资产、骗取银行贷款的恶性欺诈事件，在行业内和社会上都造成了极其恶劣的影响。

二、金融科技为供应链金融发展赋能

尽管我国供应链金融发展取得了长足的进步，未来的发展潜力和空间也值得期待，但供应链金融越是高速发展，固有的融资成本高、效率低下、信息不对称等瓶颈亦越发暴露。以人工智能、大数据、区块链、物联网、云技术等为代表的新技术，在为供应链金融提供数据基础、降低融资成本、提升服务效率、完善风控体系、促进新业态和新模式创新等方面，发挥了不可替代的作用。金融科技已成为打破供应链金融发展瓶颈、促进商业模式变革的重要驱动力。

（一）金融科技能够实现供应链管理的数据化和智能化，为供应链金融发展提供创新的原动力

目前大量信息技术应用在供应链金融之中，信息化正向供应链的上下游扩散。通过云平台的搭建，核心企业便可以通过电商渠道与上下游企业完成一系列交易活动，在整合优化线上线下资源的同时，也优化了企业内外部的管控体系。这可以推进供应链管理的智能化和数据化，在很大程度上提高企业的运行效率。通过实现供应链数据化与智能化，使供应链金融的数据基础进一步夯实。一方面，线上的数据采集为供应链金融的发展打下了良好的基础；另一方面，数据驱动的供应链金融决策也在逐渐建立并完善，为供应链金融创新模式奠定了良好的基础。

（二）金融科技降低了供应链金融的交易成本

金融科技可以实现传统供应链金融的线上化，能够快速降低边际成本，具体表现在两个方面。一是"线上化"提升了金融服务的效率和标准化程度。在传统供应链金融业务中，往往存在纸质单据繁多、审批流程冗长、企业须多次往返银行网点等问题，交易成本高、效率低。而金融科技实现了供应链金融业务的线上化，能够将单据审核、账款受理、债权转让、授信审批、放款等业务流程完全"线上化"，极大地提升了供应链金融的服务效率，降低了各参与方的交易成本。二是"线上化"有效缓解了供应链金融业务流程中的信息不对称问题。在供应链金融业务中，供应商和买方之间、融资方和金融机构之间的支付和结算受限于各参与方的履约意愿，尤其是涉及多级供应商结算时，易出现挪用、恶意违约或操作风险。而金融科技的加持使融资过程中的各种合同实现数字

化并且自动执行，解决了信息不对称的问题，从而有效管控了违约风险，大大提升了履约效率。

（三）金融科技拓宽了供应链金融的服务范围

与传统供应链金融“商业银行 + 核心企业”的模式相比，金融科技的引入使供应链金融的市场范围得到扩充。一方面，金融科技使供应链金融的核心和主体企业的边界进一步淡化，未来数据将是供应链金融开展的关键要素，数据方也不再是原来的核心企业，而是会延伸到物流公司、电商平台和 ERP 厂商等。换言之，供应链金融不再是核心企业一家独大的局面。另一方面，随着移动互联网、云计算、人工智能技术的发展，供应链金融服务的范围和半径得到拓展。通过软件、平台、基础设施等云服务，跨区域的企业也能享受到高效、便捷的供应链金融服务，供应链金融服务的地域范围变得更广。

（四）金融科技助力了供应链金融风控模式的创新

在传统供应链金融服务中，金融机构通常需要核心企业为上下游企业增信，数据风控仅仅是辅助的功能，并不能有效控制风险。同时，如果供应链金融只依赖核心企业对其上下游中小企业进行信用捆绑，将大大提高因核心企业信用风险而产生的系统性风险，并没有从根本上超越传统信贷的瓶颈。而金融科技的应用能够有效避免基于单一主体的风控模式，实现对资金流、物流、信息流的封闭管理。例如在供应链金融的融资环节，如果核心企业不给经销商提供信贷支持，供应链融资将面临很大的困难。核心企业不给经销商提供信贷支持的理由是，它既没有债权也没有物权，甚至没有完备的征信信息。而大数据技术能够依据对经销商多维度的经营数据的采集，对其经营状况进行全方位、多角度的立体刻画。此外，基于电商平台数据、在线支付数据、第三方征信、外部黑名单等建立的风控模型，更能精准地把控经销商的信用风险。

（五）金融科技催生了供应链金融新业态的萌芽

金融科技催生了供应链金融新业务模式、应用、流程的出现，从而对金融市场、金融机构、金融服务的提供方式产生了长足的影响。比如在平台创新方面，企业内部开发的供应链管理平台——云筑网，第三方供应链金融服务平台——群星金融等，将互联网技术与供应链金融结合起来，搭建在线投融资和结算平台，实现对大小客户需求的全方位覆盖，既覆盖到供应链上下游各个企业，又盘活了核心企业的资金链，很大程度上缓解了中小微企业融资难的问题。此外，供应链金融业务创新也在加速发力。如中企云链联合多家央企，创造性地提出“云信”概念，将优质企业的信用转化成可流通、可分解、可融资的创新型金融服务体系。中国建设银行创新“E 信通”产品，利用互联网技术在银行业首次实现优质核心企业授信的可分解性与流通性。平安银行利用物联网技术实现了质押品的溯源与追踪，增强了供应链的可视化程度，很大程度上解决了商品质押监管的难题。可以想象，未来随着更多新技术的应用，供应链金融的新业态、新模式将会层出不穷。

三、金融科技助力供应链金融创新升级

如前所述，目前供应链金融存在于电商平台、软件公司、网贷平台、商业银行、传统龙头企业等不同主体主导的多种模式，但这些模式大多存在着供应链自身风险难以把控、产品相对单一、尚未建立中小企业的信用评级体系等问题。近年来，科技创新对破解上述难题起到了一定的促进作用，然而探索一种利用金融科技优化供应链管理水平、提高供应链融资能力的新模式，是整个行业亟待解决的难题。

全供应链金融方案不失为金融科技在供应链金融模式创新方面的有

益探索，它依靠大数据等金融科技能力和供应链综合管理能力，实时关注全供应链各节点流转中的资金缺口，综合把控生产进度监控、物流方向监控、资金支付方向监控、原材料及成品处置等关键点，从而实现对全供应链的风险评估及控制。

（一）全供应链金融方案的发展概况

全供应链金融方案是依托于区域性产业集群，基于大京东生态圈，整合供应链链条上各个合作伙伴的优势，输出包含众筹、经销、分销、物流、仓储的供应链管理和金融支持。全供应链金融方案的核心是综合供应链管理和金融科技能力，将不同节点的风险均匀缓释或对冲，在最大限度控制风险的前提下注入资金润滑整条供应链，实现全供应链高效、良性的运转。品牌商或制造企业在全供应链金融产品支持下，可快速减轻在不同阶段分别寻求融资的压力，一站解决全供应链需求，从而使企业更专注于突破供应链优化管理、产品设计、市场营销等方面，帮助企业快速提升市场竞争力。

（二）京东数字科技供应链金融的核心竞争力

传统金融产品更多以金融风控逻辑为首要出发点，对商业逻辑大多处于次要甚至忽略的位置。其结果便是传统贸易金融或交易银行的产品风险着眼点更多的是对于点对点交易风险的把控，造成金融产品的割裂，并且大量分布在供应链链条上的风险被忽视。同时由于传统金融产品很难脱离法人主体的授信逻辑，对于融资主体的信用要求较高，造成大量新兴科技企业、中小微企业融资困难。且传统互联网金融缺少长链条供应链管理能力的积累，把更多精力放在横向拓展数据宽度来实现批量客户准入，对纵向供应链的复杂情况难以应对。

京东数字科技从2013年成立至今，陆续开展了保理、小贷、动产融资、对公理财、融资租赁等业务。其中保理、动产融资、小贷业务，在各自产品维度下分别形成了对债权、物权、信用这三个供应链要素的评估及控制能力。在这三个能力构建相对成熟的情况下，对供应链的拆解分析能力已经具备，再加上京东数字科技与京东商城的密切关系，京东商城在供应链管理上的深厚积累，为京东数字科技拆解并嵌入全供应链提供了强有力的保证。整体来看，全供应链金融方案的突出优势有以下几点。

1. 大数据模型

作为科技公司，以京东商城的 B 端供应链场景为依托，京东数字科技拥有互联网行为数据、零售商消费数据、物流数据、供应商数据及独有的风控体系的信用数据。基于精深的数据积累，京东数字科技可获取基于采购订单的实际销货风险，可获知实际物料加工品的流动性风险，可整合物流、仓储等环节降低货物流转风险，可整合全链数据输出各节点标准对价并有效控制该节点下的物权或债权。

2. 货物处置能力

全供应链金融方案与 ODM（原始设计商）/OEM（原始设备制造商）合作，做到对物料进行浮动抵押，并基于此提供金融服务，以确保资金用途的真实性。同时，全供应链金融方案对物料进行监管，对供应链管理及生产制造进行把控,确保物料生产为成品。在物料和货物的处置方面，全供应链金融方案与多渠道合作，提供多样化的物料和货物的处置方案，将潜在损失和风险降至最低，以形成风险闭环。

3. 物流仓储整合能力

与供应链管理公司和物流公司合作，提供通关报关、订仓订车、理货验货等一系列服务，同时打通数据，以物联网的方式进行实时追踪和监控，以可视化的形式呈现对物流和仓储各个环节的把控。同时，在对在途货物严格监控的基础上，以动产质押的形式，提供动产融资服务，通过大数据让流转中的商品成为标准金融质押品。

4. 风险把控能力

在采购订单阶段即支付融资对价，从源头开始填补资金缺口。同时，京东数字科技与物料管理方展开深入合作，针对该笔预采购单上货品所需的组装物料，物料管理方从中选择高价值、高流动性的原产品向供应链金融做浮动抵押，帮助供应链金融把控货品生产阶段的风险敞口。即便发生意外，供应链金融拥有第一优先权变现浮动抵押资产对冲风险。物料组装成成品后，即可由京东物流送往京东自建或合作的仓库等待销售发货。此时，供货卖方可选择引入动产融资产品再次获得一部分对价资金，结算与物料管理及物料组装产生的费用，并为产品推广及销售做准备。在这一阶段，京东供应链金融以其强大的产品把控力，比照物权与债权的切换空间，融合保理及动产融资两款金融产品，完美解决这一供应链承上启下环节的资金缺口及风险把控。

成品经供货方确认后，京东平台即可按期完成销售，结算销售款即可最终结清供货方与供应链金融产生的融资款。至此，京东数字科技完成全供应链布局风险抓手，将从采购订单到应收结算积累风险均匀缓释至全供应链环节。

四、供应链金融的新趋势

供应链金融兼具产业和金融的双重属性，是实践金融服务实体经济的最好场景之一。在金融科技加持的背景下，一方面，要审慎对待金融科技在供应链金融发展中的作用；另一方面，需要准确把握供应链金融的发展趋势和前景。

（一）发展趋势

1. 数字化

未来，数字化是供应链金融发展的必经之路，提供供应链金融服务企业的数字化能力将是其核心竞争力。这种能力主要体现在两个方面。一方面，数字化能够帮助企业优化生产、经营和管理的流程，降低管理成本、提升管理效率；另一方面，运用大数据、云计算等技术能够将供应链的物流、信息流和资金流信息，转化为对企业进行授信的信用信息，进而更加准确地控制供应链金融的风险，提高融资效率，保障资金安全。因此，数字化能力可以概括为产业链的管理能力和服务产业链融资的能力。

2. 普惠化

传统供应链金融因多依赖于核心企业为其上下游企业提供融资服务，也呈现出“强者愈强”的倾向，即供应链金融扶持中小企业壮大的普惠性受到牵制。然而，随着移动互联、云计算、大数据、人工智能等技术的持续引入，供应链金融能够突破以往的授信逻辑，服务范围和边界进一步延伸，扩大到全供应链条，进而帮助整个产业降成本、提效率，从而实现真正意义上的“普惠金融”，保障中小企业的权益。

3. 标准化

供应链金融的标准化主要包括获客、信息交换、风险控制和风险监测等环节的标准化。一是利用大数据分析客户融资需求，核算客户授信额度，并通过互联网实现融资额度的主动推送和批量营销，将获客业务标准化。二是依靠互联网技术实现电子化的远程信息交互，实现贸易背景信息的在线验证。三是利用数学模型测算替代人工的主观判断，既能提高审批效率，又能避免主观审核标准不一而产生相应的风险。四是利用数学模型实时监控贷款用途、企业经营状况、质押品状态等，通过标准化数据采集替代现场检查，提升检查效果。

（二）发展建议

1. 加强对供应链金融发展的政策和法律支持

随着供应链金融发展规模的不断扩大，尤其是金融科技的加持，许多法律和政策滞后的问题暴露出来。比如，目前应收账款融资的主要法律依据是《合同法》和《物权法》，权利人因提供一定的货物、服务或设施而获得的要求义务人付款的权利，包括现有的或未来的金钱债权及其产生的收益，但不包括因票据或其他有价证券而产生的付款请求权。未明确规定将登记作为应收账款出售的权利人获得优先受偿权的必要条件。在应收账款转让的贸易背景下，银票、商票等票据作为一种结算方式在金融机构间流转，不利于商业保理公司资金回款闭环的控制。再如，区块链技术在供应链金融运用中的智能合约的法律问题等，都需要有关部门加强政策和法律的前瞻性研究，完善供应链金融发展的政策环境。

2. 加强对金融科技的投入，推动建立供应链金融行业的技术标准

云计算、物联网、大数据、人工智能、区块链等技术应用不断深入，但由于缺乏统一的行业技术标准，企业间的技术对接成本、交易成本大大增加，进而影响了这些技术的大规模落地应用。因此，建议未来组建供应链金融科技创新联盟，推动行业内技术标准和规范的统一，为供应链金融的良性发展打下坚实的技术基础。

3. 加强征信体系的建设和完善

供应链金融的发展离不开对供应链上中小企业的信用评价，这是影响对中小企业进行融资帮扶的重要因素。然而，中小微企业的民间借贷行为一直缺乏统一的登记管理制度，其在央行征信系统的征信记录非

常少，获取中小微企业有价值的征信信息十分困难，以至中小微企业融资难、融资贵的问题难以解决。由于中小微企业的信用状况更多体现在企业主个人的信用状态中，因此，建议打通央行征信系统的企业征信数据库和个人征信数据库，形成中小微企业和企业主联合征信管理体系。

第九章

未来已来：智能化财富管理生态圈

- 市场环境巨变促使我国财富管理机构加速转型。
- 科技实力是新时代财富管理机构制胜的重要砝码。
- 顺应趋势，融合发展，双方要找准切入点，共建智能化财富管理生态圈。财富管理机构在找准客群定位后，要整合入口，逐步实现产品布局的全面线上化；并在协作中不断积累、优化，使财富管理生态圈更加智能与高效。

一、财富管理在经济与政策变革中迎来转型机遇

（一）中国居民财富管理意识觉醒

过去10年中国居民财富增速远高于全球。2017年我国城镇居民人均可支配收入为3.6万元，10年复合增速为10.2%。波士顿咨询公司预计，2016年我国居民私人财富增速达13%，远高于全球的5.3%。然而，财富管理市场的发展却滞后于财富积累速度。面对长期以来形成的储蓄存款偏好、房地产投资回报率高、银行理财等资产管理产品存在刚性兑付等市场环境，我国居民的家庭投资具有高度局限性和单一性，居民真正的财富管理需求未得到充分发掘与满足，财富管理市场的空间也尚未被充分开发。如今，宏观经济与政策环境的变革正逐步唤醒居民财富管理的意识，中国居民开始主动拥抱大类资产配置，并逐渐树立风险收益匹配的正确理财观念。

（二）金融市场化改革以来，居民储蓄加速分流

由于养老与教育的负担较重，[1] 我国居民一直保持着高储蓄率的传统。20多年来，我国居民储蓄率（居民储蓄余额或居民可支配收入）一直在

1　我国养老制度体系中缺乏以企业年金为代表的第二支柱，造成居民养老资金来源严重依赖于社保基金和个人储蓄，而社保的养老金替代率逐渐降低，个人储蓄对于养老资金格外重要。根据新浪《2017中国家庭教育消费白皮书》的数据，我国家庭年教育支出在家庭年收入中占比超过20%，在家庭年支出中占比达50%以上。

30%～50% 波动；同期，美国居民储蓄率却仅为个位数水平（2013 年达到新千年以来的高点，但也仅为 7.6%）。

2010 年以来，多层次金融体系建设持续推进，金融脱媒不断深化，互联网金融迅速兴起。在上述三大变革的共推之下，我国居民高储蓄率掉头向下。一方面，随着多层次金融市场逐步完善，商业银行作为主要金融中介的重要地位相对降低，促使居民财富不再单纯停留在大型商业银行存款与保本理财之中；另一方面，以在线化货币基金为代表的新型金融产品使居民财富管理的渠道日益多元，特别是“1 元起投”的低投资门槛和“T+0 赎回”的便捷客户体验，大幅提升了我国居民多元化理财的认知和意识。

（三）房地产进入新周期，居民资产配置结构将改变

中国房地产行业自 1998 年以来的增量上行周期已达顶峰，在地产调控政策持续收紧、房地产投资收益率趋于下降的新环境下，大类资产配置的概念逐步进入财富管理客群的视野。长期以来，中国人对于房地产的投资热情一直较高，在房地产上的配置比例长期处于 50%～60%。住房市场化改革之后，国内城市的房价普遍经历了数轮高速上涨。目前，全国一、二线城市，部分三、四线城市都在执行“四限”调控政策（限购、限售、限贷、限价），以遏制房地产投资需求，平抑房价的过快增长。2017 年，习近平总书记指出“坚持‘房子是用来住的，不是用来炒的’的定位”，房地产黄金时代基本结束。从大类资产配置的角度看，居民财富配置必将不再局限于房地产，而将更加多元化，逐步流向其他各类资产，如权益类、固收类、商品类或货币类等。

（四）资管新规打破刚兑，居民开始考虑风险收益匹配问题

2018 年 4 月，《关于规范金融机构资产管理业务的指导意见》（以下

简称资管新规）正式落地，从坚持严控风险的底线思维出发，资管新规对资管产品和业务提出了净值化管理、打破刚兑、去通道、去杠杆等原则性要求。截至 2017 年末，银行理财产品存续余额为 29.54 万亿元，占我国资管行业规模超过 1/4，其中机构专属和金融同业占比 33%，个人类理财产品存续余额 19.79 万亿元，占比 67%，为主要资金来源。未来银行理财产品的收益率因底层资产变化，其波动可能有所加大，[1] 再加上打破刚兑的现实性，个人投资者必须重视风险收益匹配的投资规律。

二、金融机构加强财富管理布局

财富管理需求是人民对美好生活需要的重要组成部分，资产管理机构作为重要的财富管理产品供给方，也在悄然转换思维，持续加强布局。

（一）财富管理的正确思维：从资金端客户需求出发

2009 年实施“四万亿计划”以来，尤其是 2012 年证券基金业创新大会之后，我国资产管理行业迎来了飞跃式发展。资产管理机构从企业投融资需求出发，设计各种类型的金融产品，并与银行、信托、券商甚至互联网金融等机构的募集资金、理财资金、自有资金或者同业资金进行对接，逐步形成了金融机构以资产开拓为出发点，以金融产品销售为辅助的惯性发展模式。

然而，财富管理的核心是以客户需求为中心，为其创造价值。所以，财富管理的本源思维模式应是从资金端的需求出发，以满足客户的保值、增值、继承等多元化财富管理目标为目的，综合运用自身在项目资源获取、投资研究及资源配置方面的能力，推荐和优化客户的资产配置或产品组

1　随着通道类非标资产业务的大幅度收缩，银行理财产品投资渠道更多转移至标准化金融产品，理财产品的收益要有更好的表现，就需要银行提升自身的投资能力与资产配置能力。

合，进而为客户提供一揽子的金融服务解决方案。

（二）资管能力建设是满足资金端客户需求的重要手段

金融业务的本质是通过设计金融产品与进行投资组合对接资产和资金。资产端的视角与出发点即为资产管理，资金端的视角与出发点即为财富管理。资产管理与财富管理是共存共生的关系，体现为“一枚硬币”的两面。

狭义层面，资产管理能力建设是满足客户资金需求的重要手段之一。因此，开展财富管理业务必须构建包含资产管理能力在内的综合金融服务能力。目前，越来越多的金融机构凭借积累多年的金融产品创设、资产配置等资产管理能力，悄然掀开了财富管理的创新思维模式，逐步向以客户需求为中心的“硬币”另一面转型。

（三）资管新规改变金融机构财富管理的供给模式

经国务院同意，资管新规在经过近一年讨论之后，于 2018 年 4 月正式颁布执行，“统一监管、持牌经营、杜绝套利，鼓励主动管理转型发展”成为资产管理行业的监管基调。

利率市场化改革以来，银行息差收入不断收窄，“大零售”战略转型势在必行。银行的“大零售”战略也包括以客户需求为中心的财富管理战略。除了驻守千万元级、亿元级的私人银行理财服务外，多数银行将财富管理的资金门槛下沉至单笔几万元的长尾客户群。在资管新规的监管思路指引下，银行理财资金对接的底层资产由非标准化产品逐渐转向标准化产品，产品设计进而由预期收益型逐步转变为净值型。一方面，银行不断提升自身的资产管理能力；另一方面，银行也在加强客户需求的洞察，通过丰富的产品管理体系为客户提供一揽子金融解决方案。同时，银行还借助金融科技的力量优化客户体验，率先迈出了数字化转型的步伐。截至目前，四大商业银行与金融科技公司已经在前端支付、零售、综合经营管理等方面展开了较全面的合作。

非银金融机构目前也多数设立了财富管理部门，并将财富管理上升为战略发展目标。财富管理从过去的被动型、重规模、重线下，转变为主动型、重收益、建线上。信托公司凭借独特的法律架构，以中高净值客户为切入点，以非标固收投资和家族信托为特色，为高净值客户提供综合金融服务。券商资管、基金子公司等非银机构也利用既有的项目资源与研究优势，向主动管理加速转型。但由于在资管行业快速扩张时期，非银资管机构的业务模式目前仍更多注重资产端的开发与服务，资金端客户的综合金融服务能力相比银行仍有所欠缺。

三、金融科技助推财富管理开源增效

（一）财富管理是人工智能的最佳应用领域之一

金融与信息科技相互促进、相互依赖，金融科技的底层技术——人工智能的应用于 2006 年起开始迅猛发展。人工智能的关键技术中包含大数据、云计算、机器学习、人机交互、知识图谱与生物识别等信息科技。

在互联网时代，数字经济让数据的规模呈指数级增长。数据存储单位已经发展到 EB、ZB 级别。2011 年全球数据总量为 1.8ZB，2015 年这一数字达到 8.6ZB。国际数据公司预测，2020 年全球数据总量将超过 40ZB。财富管理因为拥有规范的数据来源与不断积累的海量交易数据资源，已成为人工智能落地应用的最理想领域之一。

深度学习是机器学习研究中的新兴领域，它的实质是多隐层的神经网络算法。相比传统机器学习的浅层学习算法，深度学习基于海量训练数据自发进行特征提取，使复杂任务的分类和预测准确率大幅提升。深度学习技术的进步让人工智能在财富管理的核心业务环节上有了重要贡献，如客户服务、投资顾问、投资研究等。

（二）金融科技助推财富管理机构开源

传统科技服务公司（我们常听到的称呼是 IT 厂商和云计算厂商）与金融机构的商业关系是一种买卖关系，其合作是基于产品、服务或解决方案的交付，传统科技服务公司带给金融机构更多的是系统优化等方面的提升。金融科技公司不同于传统的科技服务公司，它们与金融机构是一种利益共同体关系，通过与金融机构进行价值分享，共同创造增量业务。

金融科技公司常常拥有大数据资源，借助持续创新的科技手段，可为传统财富管理机构创造增量业务，甚至开拓新市场。譬如，京东数字科技就将多年在电商零售以及金融场景下积累的海量用户，如以“85 后”和“90 后”为代表的年轻人、“创新驱动”的中小微企业、“三农”客户等开放给金融机构。这些客户群正是多数金融机构出于风险考量排除在外的，未来，这类客户可能成为财富管理机构业绩增长的重要来源。

（三）金融科技助推财富管理机构提效

金融科技公司可以将自己基于用户洞察形成的运营能力输出，助力财富管理机构更好地挖掘用户价值、设计研发产品、提高营销效率、降低沟通成本。譬如，京东金融现在每天新增数据量 800TB，海量的用户标签让京东数字科技更好地对用户进行洞察，准确描述用户的偏好，再加上人工智能技术，就能为客户量身定制精准的营销运营方案和用户运营方案。实际数据证明，精准营销能让点击率提升 25% 以上，精准投放使获客成本降低 20% 以上。当然，这一切都是以保护用户隐私为前提的。

四、金融科技无缝对接财富管理产业链上的各环节

我国财富管理机构在科技领域创新求变，近两年或与科技公司展开深度合作，或自投自建科研团队强化自主研发。就各金融子行业来看，

四大国有银行与 BATJ（百度、阿里巴巴、腾讯、京东）强强联手，合作面从过去的支付、零售等业务层面深入公司综合经营管理所需要的数据资源、科学技术等基础设施层面。大中型券商也纷纷加快金融科技在经纪业务服务方面的应用探索，智能投顾产品发布成为行业风潮。保险科技于 2015 年正式起步，各大险企积极布局，将科技应用于丰富保险场景、变革保险基础设施和优化创新保险运营模式等方面。信托作为服务高净值人群的财富管理机构，也在近两年主动借助金融科技推动财富管理业务转型，从客户需求出发提供更加精准的差异化、定制化服务和产品。

事实上，金融科技公司不仅可以服务财富管理机构，而且能够深入服务其产业链上的每一环节。对商业银行、非银金融机构（保险、券商、信托、期货等）以及第三方财富管理平台等各类财富管理机构而言，财富管理业务的基础产业链运营流程大致都由前台的销售、中台的投研和后台的管理这三大环节组成。

（一）前台销售场景：入口

销售环节直面客户，提升客户对金融产品和服务的满意度与忠诚度是这一环节的核心追求。因此，只有从客户需求出发去做研发设计，才能让财富管理机构贴近客户，与其一起成长，共享价值提升。此处的销售概念至少包括三个要点：了解客户，即清晰了解客户身份背景信息；销售签单，按客户来源的渠道不同大致可分为销售和渠道管理两类；售后服务，包括客户答疑解惑及产品信息定期披露等。售后服务关系到客户体验，也是再次了解客户需求、反复营销与提供续期服务的关键契机。

1. 客户导流

《中国互联网络发展状况统计报告》显示，2017 年 12 月，我国购买互联网理财产品的网民规模达到 1.29 亿，同比增长 30.2%。由于互联网金融的迅速崛起，多数财富管理机构都直接建立了本公司的互联网销售端；同时，也会与互联网平台合作，如委托微信、支付宝、京东金融等进行产品销售。从公募基金的销售渠道占比可以看到：从2013年互联网进入蓬勃发展的时代开始，以互联网销售为主的直销渠道占比一路上升，而银行渠道的基金代理销售占比持续降低。京东行家是京东金融于2017年4月推出的互联网首家金融机构自运营平台。金融机构通过京东行家的免费服务，能够快速实现“移动官网”的建立和自运营。金融机构从签约、审核到入驻上线2小时内即可完成。

京东行家提供多样化的后台管理模块。金融机构可以通过产品推介、专题活动、理财动态、投教答疑等基础运营工具，以图文、语音、视频三种呈现形式为用户提供全方位、立体化的理财服务。

京东行家分享京东金融亿级优质用户资源，同时提供优质的资源位，实现不同产品的有效分发。入驻的金融机构不仅可以在自己的“移动官网”进行多样化的产品推荐，还可以通过京东行家一级、二级和三级页面上的资源位，进一步实现自家平台的优质内容展示、明星基金单品推介，增强产品的曝光度。

京东行家自上线至今实现了入驻金融机构数量与入驻金融机构业绩的双增长。京东金融的数据披露，从2017年4月1日京东行家上线到2018年7月20日，入驻京东行家的金融机构已达76家，包括13家银行、10家证券公司、36家基金管理机构、12家保险公司、3家信托以及2家期货公司。其中，保有用户数量增长前五名分别是华夏基金、安信基金、交银施罗德基金、汇添富基金和前海开源基金。这五家金融机构的保有用户和资管保有量增幅均实现了成倍增长。

2. 智能客服

客户服务是连接企业与客户的重要桥梁。客服能力的高低将直接影响企业的品牌声誉、客户信任度及市场占有率。长期以来，人工客服存在着人员技能参差不齐、流动性大、薪资成本高、沟通协调效率低等问题。21世纪以来，随着中文自然语言识别与交互技术的高速发展，智能客服逐渐走进财富管理领域。

当前，财富管理智能客服的主要应用方式有三种：在线智能客服、热线端智能客服和实体客服机器人。智能客服工作已可以实现 7×24 小时不间断服务；通过深度学习自动回答重复性较高的问题；接入办公系统，加快多部门工作协同；实时统计客户信息，完善客户关系管理和精准营销，提升客户体验。

2012 年，交通银行首开智能对答的先河。其服务于客户的智慧型服务机器人——交通银行的"娇娇"——自 2015 年上岗以来，表现可圈可点，被用户赞为"合格的大堂经理"。"娇娇"通过语言识别、触摸交互、肢体语言等方式，开展迎宾、业务引导、业务查询等多种服务。该智能机器人的运用，对加强银行与客户的互动、增强客户体验、促进金融知识宣传、增加产品营销多元化等具有重要的推动作用。智能投顾是根据投资者的可投资资产规模、风险偏好、收益目标预期、历史投资经验等指标，综合运用大数据、人工智能算法等技术形成动态的资产配置方案，为客户提供及时而个性化的投资建议。依据美国金融业监管局（FINRA）2016 年 3 月发布的《数字投资咨询报告》（*Digital Investment Advice Report*），理想的智能投顾包括七个流程，分别是客户分析、大类资产配置、投资组合选择、交易执行、组合再平衡、税负管理和组合分析。

智能投顾技术的运用提高了财富管理机构的综合金融服务能力。第一，相比传统投顾只针对高净值人群，采用"一对一"的人工咨询服务模式，智能投顾技术大幅降低了投资者的进入门槛和咨询费率（传统投资顾问的管理费率通常在 1%～2%），使投顾业务能广泛覆盖到长尾市场，将财富管理业务普惠化。第二，由于智能投顾的出现，人工投顾可以摆脱自身理论水平与劳动能力的局限，借助大数据与人工智能技术构建智能投资组合模型，实现市场实时监控以达到及时操作响应的目标。第三，通过智能投顾的服务链条，同时满足了客户资产配置、投资交易、风险管理、账户管理、税务管理等金融服务需求。第四，智能投顾通过透明的算法和标准化、可追溯的决策机制，很大程度上规避了传统投顾行业的利益冲突问题，成为真正以投资者利益为主的买方投顾。摩羯智投是招商银行于2016年12月推出的一款智能投顾产品。截至2018年2月末，摩羯智投的申购规模已超过100亿元。该产品的问世大幅降低了招商银行投顾服务的客户资金门槛：私人银行服务门槛为1 000万元，摩羯智投的服务门槛仅为2万元。摩羯智投不向用户收取咨询管理费，仅收取投资组合相应的基金申购赎回费。招商银行官网披露，2017年摩羯组合整体平均收益率达8.97%，平均波动率仅为3.42%。

摩羯智投为用户提供以国内公募基金配置为主、全球资产配置为辅的智能资产配置服务。摩羯智投拥有短（0～1年）/中（1～3年）/长（3年及以上）三个期限的投资选择，1～10个风险承受级别，还能给出对应的参考年化收益率和年化波动率。摩羯智投会实时跟进全球市场数据变化，并根据最新监测结果为用户定制最优的投资组合比。若用户的投资组合比偏离了最优组合比，摩羯智投会给用户提供最新的投资调整方案，以及“一键优化”服务。一键优化策略为组合贡献平均收益率达3.47%，且能够有效降低组合波动率和最大回撤率。

摩羯智投目前的主要问题在于不能针对用户实现真正的“千人千面”。通过三个投资期限选择和10个风险承受级别的指标设置，摩羯智投实际上仅提供30种投资组合方案，而并未结合用户在银行的交易记录、消费记录等数据形成完整的用户画像，目前还不能提供更个性化的精确投资组合建议。

（二）中台投研场景：核心

投研环节是财富管理机构核心能力建设的又一重磅环节。它基于销售获取的信息数据，为客户研究设计出合适的金融产品与服务。其中，研究通常分为大类资产配置研究、组合投资方案研究和个券研究等；按投资模式可以划分为主动投资与指数类被动投资等。

1. 智能研究

智能研究是运用大数据、机器学习、自然语言处理、知识图谱等技术，将数据、信息、决策逻辑进行智能整合，实现数据之间的智能化关联，最后可以自动生成人类语言式的研究报告来辅助证券分析师进行投资决策。

目前，智能研究工具已经具有如下明显优势。第一，提升研究效率。智能研究工具能够快速完成海量数据的挖掘，并对事件进行预测分析，提供交互体验感更强的图形化分析报告。第二，打破“数据孤岛”。智能研究工具能够对新闻、社交评论、交易记录等零散的市场信息进行结构化处理，从而提取一切与投资决策相关的数据，以便更准确地进行投资分析和预测。第三，自我学习优化。智能研究工具能够运用机器学习技术在进行分析工作时不断学习，优化自身的分析能力，并能够通过知识图谱技术重构其知识结构，发掘事件之间更深层次的关系，实现信息向决策的转化。

以沃伦研究（Warren）为例：

沃伦研究是华尔街著名的人工智能公司肯硕（Kensho）于2014年推出的一款智能研究工具。它能够将英文提出的金融问题通过自然语言处理技术转换为机器程序语言，运用云计算、大数据技术对海量的结构化和非结构化数据进行挖掘和分析，并生成可供用户直观阅读的报告。据福布斯介绍，“在能够找全数据的假设下，分析师团队需要几天时间才能回答的问题，沃伦研究可以扫描全球9万项事件，寻找一切与投资决策相关的数据，立即找到超过6 500万个问题组合的答案”。肯硕公司当前在为美国众多著名金融机构提供智能研究服务。

在性能上，沃伦研究具有三大优势。一是高效的数据分析能力。沃伦研究搭建于专业金融分析平台纳斯达克OMX的FinQloud之上，拥有海量的存储数据和快速的数据挖掘能力，获取的信息可达传统分析师的数倍，分析速度可达百倍以上。二是良好的人机交互性能。用户仅需以英语提问，沃伦研究便能提供图示化的研究报告供用户阅读。三是强大的深度学习能力。沃伦研究能够在回答问题的过程中积累经验，在分析数据的过程中不断学习，从而优化其分析结果。

沃伦研究的发展瓶颈在于难以预测黑天鹅事件带来的影响。沃伦的深度学习能力仅能基于历史数据进行事件的相关性分析，而不能自我创造新的因果关系。因此沃伦研究目前主要是供分析师提升研究效率的辅助工具，在短时间内无法完全取代人工分析。

2. 智能投资

传统量化投资是通过建立各种数学模型，在财务、交易数据中试图分析出市场的规律并加以利用。这种方式主要有两个弊端：一是数据不够丰富；二是受限于特征的选取与组合，模型的好坏取决于分析师对于数据的敏感程度。

智能投资是指产品设计人员基于机器学习算法优化交易策略和投资交易系统，利用计算机程序语言使交易指令下达自动化、智能化，极大地减少投资经理情绪波动的影响，以求获得持续稳定的投资回报。

当前，人工智能技术在量化投资中的应用已非常广泛。比如，通过网络爬虫等方式获取文本、图片等内容，并基于自然语言处理、图像识别等技术，从文本、图片中提取另类信息，转化为结构化数据，再从中挖掘有益于投资决策的线索或逻辑。再如，通过机器学习算法，智能投资系统能够从海量的数据学习中发掘事件之间的关联和规律，并随着旧关系的衰减以及新关系的出现自动进化交易策略，构建更好的预测模型。当前主要的智能投资策略包括选股策略、择时策略、交易信号优化和交易策略优化等。阿拉丁平台（Aladdin Platform）是全球资产管理规模最大的金融投资公司贝莱德（BlackRock）于2000年开发的投资管理系统。过去5年，虽然贝莱德的营收增速出现过较大波动，但阿拉丁平台的收入却实现了稳定增长。根据贝莱德的财报数据，2017 年阿拉丁平台实现营业收入 6.77 亿美元，相较于 2013 年的 4.33 亿美元，增幅约为 56.4%。

阿拉丁平台拥有强大的数据资源基础。阿拉丁的数据管理中心位于美国华盛顿州，设有 6 000 多台计算机（2013 年）。这些计算机不断记录和存储各种重大事件，比如货币政策调整、金融危机、自然灾害、政治事件等，再通过蒙特卡罗模拟，[1] 计算它们对其管理的资产有多少潜在影响。

阿拉丁平台的主要优势体现在两方面。一是定制化情景分析和压力测试。阿拉丁平台将构建好的模型部署到自己的客户端，客户可以根据特定需要或者投资组合的特性来调整模型，然后利用模型对当前市场情况或历史情景进行定制场景分析。它还可以部署不同类型的压力情景测试让机构客户满足金融监管的要求，如偿二代、巴塞尔Ⅲ和美联储的 CCAR（综合资本分析和审查）压力测试等。二是完整的投资服务流程。一方面，阿拉丁平台提供多资产类别的模型和分析，如固定收益、股票、外汇、衍生品、商品、房地产、私募股权和对冲基金等。另一方面，在分析交易流程上，阿拉丁建立了包括实时交易工具、投资组合构建工具、订单管理系统、风险报告系统、情景分析工具等各种数据处理和操作工具。

（三）后台管理场景：保障

财富管理价值链的管理环节主要指产品体系、账户系统、风险匹配、底层运维等基础服务层。财富管理的运维管理环节开始于产品销售，它是财富管理业务安全运营的重要保障。中国外贸信托与京东数字科技于 2018 年 7 月联合开展的《财富管理与金融科技的融合创新》报告结果显

1　蒙特卡罗模拟是以概率和统计理论方法为基础的一种计算方法。它将所求解的问题与一定的概率模型相联系，用电子计算机实现统计模拟或抽样，以获得问题的近似解。为象征性地表明这一方法的概率统计特征，借用赌城蒙特卡罗命名。

示，55.38% 的财富客户希望金融账户管理能够智能化。财富管理机构后台管理能力的高低将直接影响其运营效率、成本支出与客户体验。

1. 智能化产品管理

产品体系是财富管理最直接的表现载体。智能财富管理的产品管理系统将表现出三个特点：产品线全面丰富，产品研发体系完善，产品管理日益智能。产品线方面，全球资管产品可以分为货币类、固定收益类、权益类和另类投资等几大类。目前国内资管产品线已基本覆盖上述几大类，但产品的丰富度仍不足，金融服务能力也在发展之中，如股债类型的指数化产品、期权期货衍生品以及在海外资产投资上也存在限制。

产品管理智能化方面，随着我国的中高净值人群职业特性和时代的快速发展，客户对产品管理体现出高度依赖移动电子设备、时间碎片化、社交需求较强等特点。智能化的财富产品管理系统可以通过科技赋能帮助客户提供线上的从产品线信息获取到产品买入再到产品管理分析的全流程，极大地提高了效率和用户体验。

以“五行生财”财富管理应用系统为例：

“五行生财”是中国外贸信托于 2018 年开发的客户移动端财富管理应用系统，定位于“您身边的移动财富管理专家”，打造全流程自助式在线投资及服务平台，为客户提供全天候智能化的财富管理服务。

围绕智能化产品管理，“五行生财”财富管理应用系统（以下简称“五行生财”）能够基于客户需求全流程地提供四大功能。一是一站式产品线上营销。从产品上下架、行情配置、信息披露等中后台产品管理流程，到产品宣传、热销栏目、产品专区、财富专区等形式的前台客户端产品营销，“五行生财”紧密契合中国外贸信托“五行配置方略”搭建全产品线的管理体系，为客户提供视角多元、信息丰富的一站式产品管理体系，更好地满足客户的财富管理需求。二是产品全视图服务。通过对财富管理机构的产品体系及客户财富管理交易的数据管理分析，“五行生财”能够智能化地提供包括交易明细、资产收益等在内的产品全视图信息，为客户提供更轻松、更便捷、更智能的财富管理服务。三是支持投资人远程开户。通过采用 CFCA（中国金融认证中心）实名认证及数字证书技术，在生物识别技术的基础上，为客户颁发数字证书认证用户身份。“五行生财”能够在移动端环境下保证交易真实性，防范业务风险的同时保证客户信息的准确、私密和安全。四是覆盖投资全流程的核心产品交易功能。“五行生财”在产品展示、产品预约、视频双录、电子签约等客户投资过程的核心环节中，应用了包括基于 SaaS 交付模式的电子合同签约等在内的多项技术功能，在交易方面实现产品的线上信息集成和共享功能。

2. 智能化运维管理

财富管理智能化运维系统是指，能够一站式管理员工、产品、客户、佣金、培训、活动等财富管理各种相关核心要素的底层基础系统。常规的运维管理系统只保障财富管理业务流程的连贯性、合规性与安全性等。我国财富管理运维架构的更新换代，大致具有三个阶段性发展特征：一是传统财富管理业务需要通过计算机网络技术实现更大的并发，对底层运维系统提出第一次信息化要求；二是移动互联之后要求更强的交互性与更大的并发量，运维系统开始逐步走向云架构；三是数据驱动逐步增强，财富管理机构必须围绕数据设计客户体验、风险控制、产品体系、营销安排，传统运维系统的 IT 核心与基于云计算、大数据为核心的新兴运维系统并驾齐驱。未来，财富管理运维管理的最大趋势就是金融云的日益普及使用。[1]

1　银监会发布的《银行业信息科技“十三五”发展规划监管指导意见（征求意见稿）》提出，到“十三五”末期，银行业面向互联网场景的重要信息系统全部迁移至云计算架构平台，其他系统迁移比例不低于 60%。

以 Oracle 金融服务数字化创新平台（Oracle Financial Services Digital Innovation Platform）为例：

Oracle 金融服务数字化创新平台是开放的云端 API 解决方案，它是基于企业级的 IaaS（基础设施即服务）和 PaaS 平台。为金融科技和 API 服务提供了高价值、可预测的集成解决方案，能够有效支撑金融机构加速数字化创新成果的应用。

Oracle 金融服务数字化创新平台主要在三个方面助力金融机构运营管理。一是优化现有应用和基础设施。Oracle 创新平台通过本地部署、混合云、公有云和本地云相结合，对基础设施平台进行重新搭建，简化运维结构，从而降低基础设施运维成本，增加创新技术应用投入。二是加快创新和价值实现速度。Oracle 创新平台通过利用经过验证、开放敏捷、预先集成的互操作技术，实现业务在统一的云环境下完成从试验到生产的转化。通过广泛的企业级工具和其他公开资源或工具的整合促进运维与开发的合并。通过提供 Oracle 优选的金融科技服务，使金融机构能够从市场金融科技解决方案中快速择优迭代。三是降低系统转换过程中的风险。Oracle 的企业级创新平台在技术堆栈的每一层都集成了安全功能，通过结合统一使用于所有应用的强大数据管理能力，Oracle 创新平台能够有效降低系统转换过程中的监管与行业风险。

五、知己知彼，追本溯源，把控核心能力建设

（一）财富管理机构：客户、产品、风控、系统

《财富管理与金融科技的融合创新》报告结果显示：客户最看重财富管理机构以下三方面的特质：产品风险控制能力、产品预期收益水平、具有便捷好用的客户交互系统。因此，财富管理机构应着力从客户、产品、风控、系统四个层面长期打造自己的核心竞争力。

1. 提升客户洞察力，改善客户关系管理

基于客户的全方位洞察——KYC 是财富管理业务的开始。打造客户关系管理的核心能力，需要财富机构借助金融科技的力量在客户画像、客户分层、客户生命周期管理等方面发力。财富管理机构需要建立更严谨的数据采集与更新机制，掌握全面完整的客户数据信息，具备改善客户关系管理的能力。

《财富管理与金融科技的融合创新》报告结果显示，个人账户的历史交易信息不全面、不同机构的产品信息对比分析不便、个人资产状况反馈及时性差等都是个人客户在购买财富管理产品时的最大痛点，亟待金融机构借用科技的力量改善解决。

2. 加强投资研究，提升产品创设能力

完善的产品解决方案和综合定价能力是财富管理机构提升市场竞争力的重要保障，而这些能力的形成是以扎实的投资研究实力为基础的。财富管理机构加强自身投资研究与产品创设能力可从以下方面着手：产品组合多元化，金融解决方案设计整体化，客户合作顾问化。

在与金融科技公司进行产品创新协作时，双方需要强化数据共享，优化业务流程，逐步提供直击客户痛点的、更加智能化的财富产品与服务。对于金融服务需求相对简单的中低端客户，应以标准化产品为主，提供简单、易于理解的产品或产品组合，同时做到定价合理、透明度高。而对于金融服务需求相对复杂的高端客户及机构客户，则需要更加全面、专业的一站式综合服务。

3. 以风险管理为根基，强化数据运营管理

揭示风险、管控风险是财富客户最为关心的核心议题之一。风险管理也是贯穿客户关系管理和产品创设全过程的。有特定风险特征的产品匹配有特定收益需求的客户，风险管理的核心就是把握风险与收益的有

效平衡。为此，财富管理机构应在以下方面强化风控能力：构建高效专业的风控体系，制定符合业务发展方向的风险战略，实现风险管控逐步向数据智能风控转化。

打造稳健而智能的风险管控体系与灵活多变的组织架构，必须通过科技“武装”战略、组织和文化。如果将运营管理系统放在云端，则可能实现管理系统的定制化、弹性化和高效化。卓越的数据管理和应用能力、高效的IT平台是未来财富管理机构发展的基础保障。前文提到的客户洞察、产品创新、风险管控等均离不开运营管理系统的有力支持。

4. 以风险管理为根基，强化数据运营管理

客户对财富管理机构产品和服务的高频、全方位需求，倒逼财富管理机构加大IT系统建设的投入与推进力度。财富管理机构加强科技系统建设需从两方面发力：其一，引入敏捷开发和持续交付等新兴的科技运营模式，提升创新能力，支撑服务模式快速转变；其二，通过金融云架构，将系统由传统的内部部署转变为可运行大型网络计算的云系统，突破传统硬件承载能力的极限。

海外金融业巨头纷纷全力打造自身的金融科技能力。一方面，加强自主研发资金投入。2013—2017年，摩根大通的研发投入资金由54.3亿美元增加至77.1亿美元，对应的研发投入占营业支出比由7.71%增长至13.20%；高盛集团的研发投入资金由7.76亿美元增加至8.97亿美元，研发投入占营业支出比由3.45%增长至4.28%。另一方面，在资本市场上对优秀的金融科技公司展开战略投资与收购，快速聚集成熟的技术与专业人才。

（二）金融科技公司：数据资源与科技创新

1. 回归科技本源，坚持科技服务定位

2016年以来，在金融系统防风险去杠杆的监管大基调下，我国金融

科技公司的市场定位逐渐回归科技本源，由“金融机构颠覆者”转变为“金融机构科技服务者”。在回归科技服务定位的指引下，提升对金融机构的数据和技术输出能力，搭建更多金融与生活之间的服务场景，连接客户与金融机构，引导财富管理机构更好地服务客户，已成为金融科技公司当前的核心社会价值。

金融科技公司首先要洞察不同财富成长阶段[1]的财富管理需求。不同财富阶段的客户需求，对应不同类型的财富管理机构与不同程度的服务内容。了解了不同目标客户群体，金融科技公司在对财富机构进行服务时就能够更有针对性，更好地理解不同类型财富机构的业务需求。其次，金融科技公司要充分了解财富机构的业务语言，将其转变为科技语言，以便更快更好地将自身的数据资源与科技能力落地实践。

2. 加快数据积累，扩充生产资料来源

金融科技公司的本质是数据公司。数据资源在当今社会对金融科技公司而言就是生产资料。中国信息通信研究院发布的《中国大数据发展调查报告（2018 年）》中的 1 572 家企业样本数据显示，数据资源总量在 50TB ~ 500TB 的企业占比达 68.3%，数据资源总量超过 500TB 的企业占比达 20.2%。京东数字科技一天的新增离线数据量就可达 1PB 以上。

海量性、多样性、时效性、价值性的大数据特征进一步要求信息科技公司不断提升自身的大数据处理能力。以非结构化数据[2]处理技术体系为例，它涵盖文本、图片、声音、视频四大数据来源，涉及数据获取、数据存储、数据分析、数据可视化等处理流程。信通院 2018 年的调查统计显示，在 1 572 家企业样本中，非结构化数据占比超过一半的企业达 87.6%。

---

1 这里的财富成长阶段仅以普通客户的财富成长周期规律为参考，并不是根据客户资金门槛来设定的。

2 在庞杂的数据资源中，数据类型可以大致划分为三种：以财务信息数据为代表的结构化数据、以网页数据为代表的半结构化数据，以及以文本、音频、图片、视频为代表的非结构化数据。

3. 加快科技创新，提升生产能力

拥有持续创新的科技能力标志着信息科技公司生产力的革新与突破，是数字经济时代除了数据资源核心优势外，信息科技公司又一核心优势的体现。

海外科技巨头高度重视科技创新，研发投入保持长期高增长态势。2013—2017 年，亚马逊的研发投入资金由 65.7 亿美元上升至 226.2 亿美元，年均复合增速达 27.99%；谷歌的研发投入资金由 71.4 亿美元上升至 166.3 亿美元，年均复合增速达 18.42%。除了自主研发的加强，科技巨头也通过外延式并购的手段积极布局大数据与人工智能等前沿科技。

六、顺应趋势，融合创新，找准切入点发展生态圈

（一）“财富管理 + 金融科技”两类机构的融合创新是大势所趋

1. 财富管理机构与金融科技公司是利益共同体

不同于传统的科技服务公司，金融科技公司与金融机构是一种利益共同体关系，能够为金融机构带去增量业务和增量收入，在和金融机构共同创造增量业务的过程中，实现与金融机构的价值分享。一方面，金融科技公司常常拥有大数据资源，借助持续创新的科技手段可为传统财富管理机构创造增量业务，甚至开拓新市场。另一方面，金融科技公司将自己基于用户洞察形成的用户运营能力输出，可以助力财富管理机构更好地挖掘用户价值、设计研发产品，提高营销效率和降低沟通成本。当然，金融科技的落地和实践也需要财富管理机构积累的客群、合作网络、专业金融产品设计能力和风险管理能力的支持。

2. 金融科技的力量已经延展至财富管理的诸多环节

随着底层技术的不断完善，金融科技的力量已经延展、渗透至财富

管理运营流程的很多环节当中。以往，财富管理机构在不同程度上存在着获客渠道局限、客服成本高昂、主动投资管理能力不足、投研工具缺乏、产品同质化和风控模型低效等问题。未来，金融科技公司通过对财富管理机构数据与科技能力的输出，有望化解以上问题。财富管理机构的经营效率有望大幅提升，最终能够更好地服务于财富管理客户的需求。

3. 准确定位，协同共建智能化财富管理生态圈

智能化的财富管理生态圈是一种以科技为手段，高效连接"客户、产品与数据"，能够加强客户体验和客户洞察，提升产品识别和引入能力，夯实自动化运营能力的财富管理创新模式。在智能化财富管理产业链上的每一环节，都有许多参与方聚合。目前，只有部分全能大型金融机构有能力形成财富管理与金融科技的全产业链布局，但更多的传统金融机构与金融科技公司将凭借自身的资源禀赋，在数字化财富管理产业链上找到适合自身的场景与定位，强化核心能力建设的同时融合发展。

具体而言，双方可从如下角度切入，推动智能化财富管理生态圈建设。

财富管理机构根据资源禀赋，找准财富客群定位；整合入口，产品服务布局加速线上化，线下服务重在价值型产品与定制化服务供给；通过出色的投研能力建设，为财富客户持续创造价值，赢得声誉与信任；强化项目资产筛选能力，借助金融科技创新，联合多方共建财富管理生态圈。

金融科技公司：回归科技本源，坚持科技服务定位；洞察客户不同财富成长阶段的财富管理需求，提供更多金融生活服务场景；充分了解财富管理的业务语言，将其转变为科技语言，更快地将自身的数据资源与科技能力输出，并在协作中不断积累、优化。

（二）警惕金融科技在财富管理行业发展中可能遇到的风险

金融与科技融为一体，使财富管理机构的客户服务能力更加全面和

高效，但在此过程中也可能出现新的风险，如道德风险、操作风险和监管风险等。

1. 道德风险概率将增加

在财富管理产业链上，随着生态圈建设的推进，各环节参与的主体繁多，利益诉求更加复杂，道德风险出现的概率将增加。具体表现在：其一，虚拟环境下的信息不对称、交易不透明、身份不确定、长尾客户增多等因素易引发客户道德风险；其二，金融科技尚未经历长周期的检验，缺乏历史数据，可能造成风险低估和错误定价；其三，信息和数据的可储存性、可转移性易引发机构和从业人员的道德风险；其四，科技介入使客户信息和交易数据存储于更多系统甚至云端，数据安全导致个人信息和交易数据存在一定的风险隐患。

2. 操作风险概率将提升

金融科技对信息系统的依赖性、可篡改性、易受攻击性引发了市场对于其技术操作风险的担忧。《财富管理与金融科技的融合创新》报告结果也反馈了客户对于操作风险的担忧，超过半数受访者认为线上操作存在风险是影响其客户体验的主要因素。操作风险大致涵盖几个方面。其一，科技发展使财富管理机构可为客户提供全天候金融服务，但也增加了受外部冲击的概率，对实时监测和突发事件管理能力形成挑战。其二，基于大数据的财富管理业务将更加自动化，甚至智能化，一旦因技术不当应用、人为或其他因素触发程序或系统错误，将可能对正常业务运营造成严重打击。其三，在财富管理机构与金融科技公司合作中，业务的协同、交叉、综合等特性易引发多重操作风险。

3. 监管风险需警惕

金融科技的快速发展已引起国内监管层的重视，同时金融科技创新发展仍需要更多的探索发展空间。目前，已有部分国家或地区根据金融科技特点调整监管方式，如建立监管沙盒、创新指导窗口和创新加速器等。我国于 2017 年 5 月成立中国人民银行金融科技委员会，旨在加强金融科技工作的研究规划和统筹协调。其监管思路可总结为：对金融科技的应用、场景的监管是正规和严格的；对金融科技的技术发展是鼓励和支持的；新的技术不仅是监管的对象，更是监管的手段。财富管理机构利用金融科技开展融合创新的同时，需要密切关注监管动态，减少政策风险带来的业务冲击。

第十章

风控：无法感知风险是最好的安全

- 数字技术与金融行业融合发展，催生数字金融新业态。与此同时，金融欺诈风险不断扩大，反欺诈形势严峻。传统反欺诈手段维度单一、效率低下、范围受限，难以应对新型的欺诈手段。
- 数字金融欺诈呈现出专业化、产业化、隐蔽化、场景化四大特征。
- 数字金融反欺诈技术主要包括数据采集、数据分析、决策引擎三大类型，结合运用能够解决传统反欺诈技术面临的诸多问题。
- 在网购运费险、网络借贷、供应链金融、网络营销、消费金融、农业保险六大领域，数字金融反欺诈技术已经得到广泛应用并取得良好效果，具备向其他领域进一步移植、复制的可能。
- 反欺诈之战不是某一种技术或方法的单打独斗，而是一场集数据、技术和机制于一体的综合防御战。其中，数据是反欺诈体系建设的核心和前提，技术是打赢反欺诈之战的重要支撑，机制是优化反欺诈效果、提升反欺诈能力的重要保障。

一、金融欺诈风险不断升级

数字技术应用于金融，极大地解决了金融领域中信息不对称的问题，但新型的欺诈形式和手段也不断衍生。无论是根植于数字技术的金融业务还是传统金融的数字化，欺诈事件都层出不穷。这一方面不利于数字金融行业的良性发展，另一方面也为传统金融的数字创新业务带来诸多消极影响。

（一）数字技术与金融结合催生新业态

在“互联网 +”的大趋势下，数字技术与金融不断交融。国内金融科技创业公司、创新业务模式与解决方案不断涌现，涵盖第三方支付、网络保险、网络借贷、供应链金融、消费金融、传统银行创新业务等领域。一方面，新兴的数字金融机构不断渗透到传统金融业务中；另一方面，传统机构也多方介入数字金融。

（二）数字金融欺诈风险不断升级

在数字技术的支撑下，金融市场的体量和发展潜力被逐步放大。与此同时，其暴露的风险隐患也与日俱增，欺诈现象层出不穷。从数字金融平台欺诈的角度来看，违约欺诈平台占比已超 60%。以网贷平台为例，截至 2017 年末，累计问题平台数量为 4 039 家，占网贷平台总数的 67.7%。[1] 从个人欺诈的角度来看，由网络“黑产”主导的数字金融欺诈发展肆虐，已经渗透到数字金融营销、注册、借贷、支付等环节。据统计，2017 年“黑产”从业人员超 150 万，年产值达千亿元级别，应用数据分析手段开展金融业务的数字金融平台是“黑产”攻击的主要对象之一。[2]

从市场的客观反映来看，数字金融的风控环节普遍面临较大压力。国家互联网金融安全技术专家委员会数据显示，截至 2018 年 4 月，其互联网金融风险分析技术平台发现了 21 624 个存在异常的互联网金融网站和 1 362 个互联网金融网站漏洞。

从消费者的主观认知来看，欺诈高发降低了中国消费者对数字化金融服务的信任程度。信息服务公司益博睿与 IDC 联合发布的亚太地区《2017 年欺诈管理洞见》，基于数字化接受水平、行业偏好、欺诈率以及对企业欺诈管理能力这四个变量制定了“数字化信任度指数”。调查发现，在满分 10 分的前提下，中国对数字化金融服务的信任得分仅为 3.87 分，低于亚太地区平均水平。

二、金融反欺诈手段不断演进

根植于数字技术的金融业务快速发展，加之传统金融行业不断向线上转移，由此引发的金融欺诈形式不断更新、纷繁复杂，相应的欺诈手段呈现出专业化、产业化、隐蔽化、场景化的特征，传统反欺诈手段在新形势下面临诸多挑战。通过数字金融反欺诈技术不断的自我革新，能够解决传统反欺诈技术面临的维度单一、效率低下、范围受限等难题。

数字金融欺诈逐渐表现出专业化、产业化、隐蔽化、场景化的特征。

---

1 数据来自比达咨询数据中心，《2017 年度中国 P2P 市场研究报告》。

2 数据来自电商安全生态联盟，《电子商务生态安全白皮书》。

（一）欺诈专业化

数字金融欺诈手段由之前较为简单的盗号、盗刷演变为现在的借助大数据等前沿技术，从撒网式向精准化转变，并叠加传销、兼职赚钱、网购退款、金融理财、虚拟货币等更为复杂多样的手法。多样的诈骗手段加之数字金融、区块链等新词的注入，使数字金融诈骗更具迷惑性、不易被识别，受害人防不胜防。

（二）欺诈产业化

同传统的诈骗相比，数字金融诈骗往往是有组织、成规模的。他们分工明确，合作紧密，协同作案，形成一条完整的犯罪产业链。这条产业链主要包括开发制作、批发零售、诈骗实施、洗钱销赃四大环节，进而又细分为软件开发、硬件制作、网络黑客、钓鱼零售、域名贩子、个信批发、银行卡贩子、电话卡贩子、身份证贩子、电话诈骗、短信群发、在线推广、现金取现、电商平台购物、黄赌毒网站 15 个具体分工。

（三）欺诈隐蔽化

互联网等技术的虚拟特性导致欺诈更为隐蔽，主要体现在三个方面：一是异地作案，金融欺诈逐渐呈现出移动化趋势，数字金融诈骗不受空间限制，甚至同一诈骗团伙的犯罪分子都来自全国各地；二是小额多发，由于数字金融具有普惠性，服务客户下沉，单笔诈骗造成的损失多数都在万元以下；三是取证困难，数字金融诈骗多存在盗号盗刷、冒用身份问题，仅仅依靠传统手段很难取证。

（四）欺诈场景化

多数数字金融业务依托特定的场景开展，相应的金融欺诈也呈现出场景化特征。以网购场景为例，数字金融机构依托网购这一场景可以开展消费金融、供应链金融、退运险等多种金融业务，如果买卖双方勾结，虚构交易行为，则可能出现同一场景下的多种欺诈行为。商户卖家客户获得虚增交易量，获取供应链金融更高额度的授信，买家可能通过虚假购买行为，利用消费金融套现。此外，双方还能通过退货骗取运费险赔付。

三、传统反欺诈技术面临的挑战

（一）维度单一，央行征信系统覆盖率不足

传统反欺诈手段维度单一，很难对用户形成多维度的用户画像，进而通过用户画像对客户的行为偏好、偿债能力、支付能力和欺诈倾向做出分析。以央行征信为例，由于数据来源单一，我国尚有数亿信用白户（没有信用卡和其他借贷记录），降低欺诈风险需要构建多维度的征信体系。

（二）效率低下，难以服务日益下沉的客户群体

传统反欺诈技术需要大量人工操作，应用成本高，效率低下。金融科技业务客群下沉，交易频繁，实时性强，数据量大，欺诈呈现出小额、高频的特点，传统反欺诈手段很难服务逐渐下沉的客群。

（三）范围受限，难以应对日益场景化的诈骗行为

随着数字技术的深入发展，金融欺诈和其他场景的结合日益紧密，呈现出“跨界”的特点。如网络购物、网络游戏等非金融场景中也蕴含金融欺诈风险，这些风险利用传统反欺诈技术很难识别。

四、数字金融反欺诈的主要技术手段

在欺诈团伙产业化、规模化，且广泛使用大数据、人工智能等前沿技术的今天，反欺诈技术能力直接影响着数字金融反欺诈的实际效果。从技术的运用层级和着力点来看，数字金融反欺诈技术可分为数据采集、数据分析、决策引擎等类型。

（一）数据采集

数据采集技术主要是应用于从客户端或网络获取客户相关数据的技术方法。值得强调的是，数据采集技术的使用，应当严格遵循法律法规和监管要求，在获取用户授权的情况下对用户数据进行采集。数据采集技术包括设备指纹、网络爬虫、生物识别、地理位置识别、活体检测等。

（二）数据分析

数据分析技术是指运用数据分析工具从数据中发现知识的分析方法。其中，机器学习技术是一种通过模型预测来反欺诈的数据分析技术。机器学习技术依赖数据，通过对数据的整理分析训练出合适的模型，再利用模型进行预测，达到反欺诈的效果。它包括有监督机器学习模式、无监督机器学习模式和半监督机器学习模式。

（三）决策引擎

反欺诈决策引擎是数字反欺诈体系的大脑和核心。一个功能强大的决策引擎，可以将信誉库、专家规则和反欺诈模型等反欺诈方法进行有效整合，并为反欺诈人员提供一个操作高效、功能丰富的人机交互界面，大幅降低反欺诈运营成本和响应速度。对于决策引擎好坏的判断，应当从引擎处理能力、响应速度、UI（用户界面）等多个维度进行综合判断。

五、数字反欺诈在不同金融场景中的应用

以下在对数字金融欺诈不同领域表现形式进行概括的基础上，选择了六个典型的欺诈场景，针对各个场景中的典型欺诈手法，重点介绍反欺诈技术及其应用的真实案例，并分析了技术应用的可移植性。

（一）场景一：网购运费险

中国保险行业协会数据显示，截至 2017 年上半年，互联网保险保费收入较 2012 年实现了 20 多倍的增长。特别是运费险、账户险等轻型险种呈现快速发展的趋势，并使许多碎片化、个性化、场景化的保险需求得到满足。以运费险为例，某电商平台推出运费险后退货纠纷率由 2.15% 下降到 2.12%，客服介入概率降低了 50%。同时，由于互联网保险险种的多样化，以及线上平台投保的便利性，滋生出了很多新型骗保的欺诈行为。同样以运费险为例，某公司上市运费险之初的赔付率竟高达 90%，骗保的比重可想而知。因此，如何利用反欺诈技术构建科学有效的风险识别监控体系，已成为互联网保险行业亟须解决的问题。

无论是传统保险还是互联网保险，保险欺诈的主要类型有先出险再

投保、隐瞒危险、虚构保险标的、重复投保，这些欺诈行为的根本目的是骗取保险金，只是在欺诈手段上略有差异。以运费险为例，其欺诈包括五个步骤（见图 10.1）：首先在网络购物平台注册店铺；然后购买快递单号；其次进行虚假发货，同时购买运费险；再次，购买快递单号进行虚假退货；最后，在虚构收到退货的事实后骗取运费险。

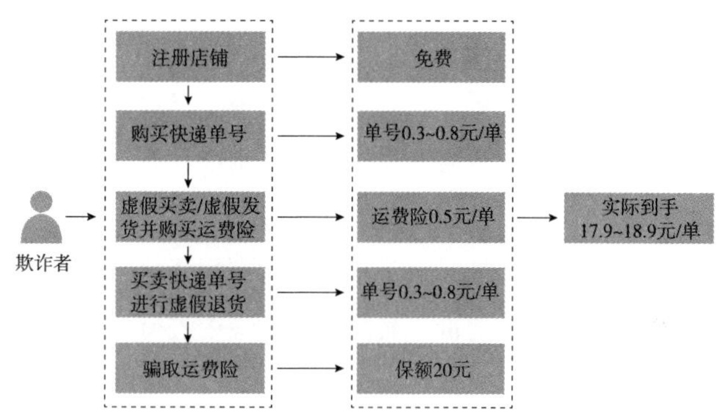

图 10.1　网购运费险：欺诈过程

资料来源：京东数字科技研究院。

1. 运费险欺诈案例：利用虚假交易骗取运费险

2017 年 9 月，某保险公司营业部向警方报案称，有人利用在某网上商城的店铺进行虚假交易，骗取保险公司退赔的运费险。保险公司发现，2016 年 7 月这三家店铺的交易量突然暴增，2 000 多个买家集中下单，生成 7.5 万多笔订单，且这些订单最终都是退货并退赔运费。退赔运费每单 20 元，4 个月的时间，保险公司为这三家店铺退赔了 200 多万元。

反欺诈手段：运费险反欺诈主要运用了大数据分析技术和机器学习技术，反欺诈的重点集中在事前定价和事后出险两个阶段（过程见图 10.2）。

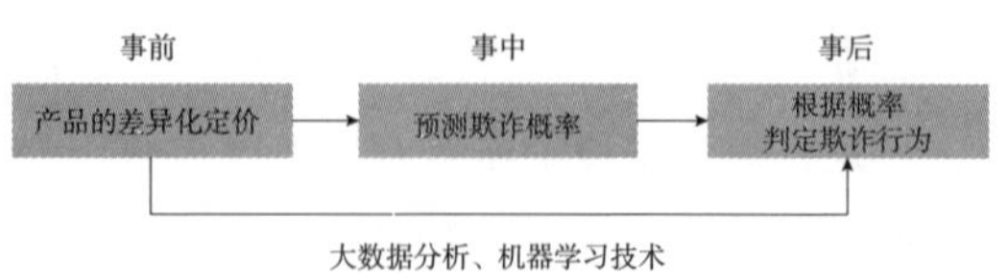

图 10.2　网购运费险：反欺诈过程

资料来源：京东数字科技研究院。

利用大数据和机器学习技术实现运费险产品的差别定价。从客户、商家及产品的多个维度分析，建立机器学习模型，通过模型预测出险的概率，结合产品定价方法对运费险保费实现精准计算，进而实现针对不同投保人的差异化定价。运费险差异化定价主要有三个特点。首先，进行风险定价的数据更加精细。保费和保额将利用买家、卖家在电商平台上的每一笔交易进行精准定价。其次，运费险中进行风险定价的数据更加全面。运费险定价中不仅依照投保人在其公司的内部数据，还可利用电商平台、快递公司提供的用户所有数据，甚至可获得同业公司的相关数据。这些数据极大丰富了风险刻画的维度，使定价更加全面准确。最后，运费险中进行风险定价的数据是实时的。利用信息技术实时跟踪个体买家或卖家的情况，风险数据可以实时更新，定价也随着风险因子的改变而改变。

利用大数据和机器学习技术识别理赔欺诈。运用大数据及机器学习算法，预测案件在不同环节发生欺诈的概率，根据预测结果将案件划分为不同等级，制定差异化处理方案。

2. 反欺诈效果和可移植性

利用大数据、机器学习等人工智能技术，极大地提高了互联网保险的数据获取途径、获取量以及对数据的掌握程度，给保险定价和理赔提供了详细信息。2017 年，某电商平台利用反欺诈技术避免的运费险损失高达 2 000 万元。此外，这些技术也能移植到账户险、车险、医疗险等领域的欺诈行为识别中。

从大数据分析的应用趋势来看，其不仅在数字金融，在医疗、教育、交通、体育、政府管理等行业也能得到广泛应用。大数据分析技术应用的部分共性问题需要引起注意。一是规范数据标准，提高数据可用程度。大数据分析涉及的数据庞杂、混乱，数据的整合难度较大，在数据整合中容易出现结果偏差；二是大数据分析需要海量的数据基础，需要行业内甚至跨行业的数据共享；三是加强敏感信息保护，防范信息泄露风险。

机器学习技术通过计算机手段实现模拟或学习人类的行为，是人工智能的核心技术，可广泛应用于保险、反洗钱等金融领域，以及物流、医疗等非金融领域。以在反洗钱中的应用为例，反洗钱监控不仅要监测账户的交易行为，还要在相对较长的时间段对每个交易行为进行模式分析，应用人工智能技术能不断学习不法分子的洗钱套路，并且能有效识别、精准打击。

（二）场景二：网络借贷

我国网络借贷行业出现早、发展快。2007 年，我国第一家网络借贷平台拍拍贷成立。经过数年的发展，我国 P2P 网贷规模已经成为世界第一。网贷之家的数据显示，2017 年全年网贷成交量接近 2.8 万亿元，相比 2016 年增长 0.8 万亿元，接近 2015 年成交量的 3 倍。

网络借贷行业快速发展的同时，欺诈行为也层出不穷。据爱钱进网的统计，每 100 个拒贷案件中大约有 16 起涉及不同程度的蓄意造假或欺骗。由于线上造假成本低廉、诈骗技术不断更新、代办公司迅速崛起、社会个人征信体系不完善等，网贷行业也成为诈骗者竞相追逐的“蛋糕”。

网络借贷的欺诈行为主要有中介代办、团伙作案、机器行为、账户盗用、身份冒用和串联交易等。其中，身份冒用是比较常见的欺诈行为，它是指贷款人对提供的个人身份、财产证明等材料进行造假，甚至采用欺骗等违法手段获取他人信息，进而冒充他人身份骗贷。

1. 网络借贷欺诈案例：网络借贷中的身份冒用欺诈

2017 年 3 月，某中介通过 QQ 群招揽学生做兼职，中介给予每个学生一张手机卡，并要求学生拿此卡去银行办理工资卡。中介以登记为由，利用银行卡和手机号获取了学生的身份证、学籍、学历等信息，而后用绑卡方式向网贷平台申请了多笔信贷业务。

反欺诈手段：针对身份冒用的欺诈行为，主要采取了人脸识别、用户画像等技术。

具体步骤如下。一方面，利用人脸识别技术识别是不是借款人本人发起的申请，具体操作上，利用视频画面截取申请人脸部特征，与身份证照片进行比对验证。但由于该网贷平台没有视频验证的流程，所以需要配合精准画像等技术进一步验证。另一方面，通过文本语义分析、用户行为分析、终端分析等方法，刻画客户个人的特征，并用于网络贷款交易事前、事中、事后全过程的欺诈识别。例如，通过大数据分析投资者的行为轨迹，发现正常投资者会在申请的每个节点都停留几秒，而数据分析发现欺诈者不到 10 秒就走完了所有流程，正常用户完成整个贷款申请流程至少需要 5 分钟，且该用户的申请时间是凌晨 2 点。根据对用户申请速度、申请时间的分析，就可以判定这个人应该是欺诈者，于是平台立即拒绝了其贷款申请。过程见图 10.3。

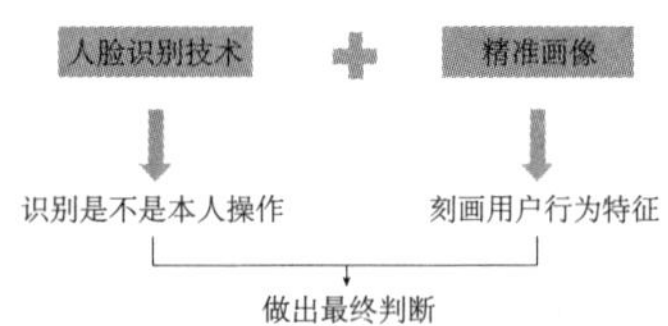

图 10.3　网络借贷：反欺诈过程

资料来源：京东数字科技研究院。

2. 反欺诈效果和可移植性

人脸识别和用户画像技术在身份冒用的欺诈行为识别中发挥了重要作用，通过图像采集、人脸检测、精确定位、数据标准化、人脸特征比对等步骤识别是不是本人操作，利用用户画像能够锁定客户的个性化特征，综合判定欺诈的可能性。这两类技术不仅在网络借贷虚假申请识别中的应用效果显著，同时也可向其他金融及非金融领域移植、复制。

人脸识别技术除在金融反欺诈中得到应用外，还可在公安刑侦、社会保障、边境检查等公共服务领域得到广泛应用。当然，该技术也存在一定的风险。一是脸部数据的可复制性，个人的脸部特征数据可在公开环境下直接获取并复制。二是脸部数据的不稳定性。脸部化妆、过敏、受伤、整容都会导致脸部特征发生变化，从而影响人脸识别准确率甚至无法识别。三是后台数据的安全性至关重要，一旦人脸识别、虹膜识别的后台数据被黑客攻破，对行业和社会都是毁灭性的打击。因此，人脸识别技术并不是风控中具有绝对杀伤力的武器，而应该结合反欺诈的其他技术手段配套使用，这是人脸识别技术运用的重要前提。

用户画像技术的本质是给用户行为贴标签，该技术的主要作用是通过挖掘数据，利用关联规则和聚类算法来计算和分析用户偏好行为以及行为之间的内在联系。因此，该技术不仅能够识别用户潜在的欺诈行为，更重要的是能准确了解用户习惯和需求，在基于用户需求角度下的各类商业场景和公共服务场景都有应用的可能。值得注意的是，用户画像技术是多学科的结合，需要知识图谱、自然语言处理、机器学习和数据挖掘等方面的交叉融合。

（三）场景三：网络营销

营销欺诈即俗称的“羊毛党”，指有选择地参与各互联网渠道的优惠促销活动，以相对较低的成本甚至零成本换取物质实惠的人群。界定羊毛党的关键特征是，多频率、有组织地在单次营销活动中多次获取优惠金额的行为，其实质是薅羊毛的行为侵占了其他用户本应享受的优惠活动，所以是打击的对象。目前，羊毛党已形成15余种工种、160余万名从业人员，产业规模不低于1 000亿元人民币的产业链，分工明确、合作流程成熟，并且逐渐向隐蔽、专业、精准方向发展。以某上市公司力推直播软件的营销活动为例，为获取客户量，只要注册软件就能获得奖励金并立即提现。2016年底，该公司投入近16亿元后净亏损约10亿元，最终被ST（被进行退市风险警示的股票），而其中大部分奖励被羊毛党撸走，这说明羊毛党的行为已经严重影响了企业的正常经营。

羊毛党的主要类型：第一类是个人纯手工进行薅羊毛的行为，这类行为往往因涉案金额和规模小，不易受到商家的重视；第二类是利用商家网站或App，使用外挂程序将薅羊毛过程完全自动化；第三类是通过破解后台接口建立虚假客户端薅羊毛；第四类是团伙羊毛党，通常是组织者利用QQ群、微信群指挥团伙成员薅羊毛，且这类薅羊毛行为呈现为与平台、商家瓜分利益的趋势。

羊毛党的欺诈步骤（见图10.4）：首先，利用虚假号码进行批量注册，有些还会配合模拟器或IP地址修改工具来进行；其次，利用上述账号进行集中的批量扫货下单；最后，将买到的明显低于市场价格的商品，以比较合理的价格倒手卖出，赚取差价。

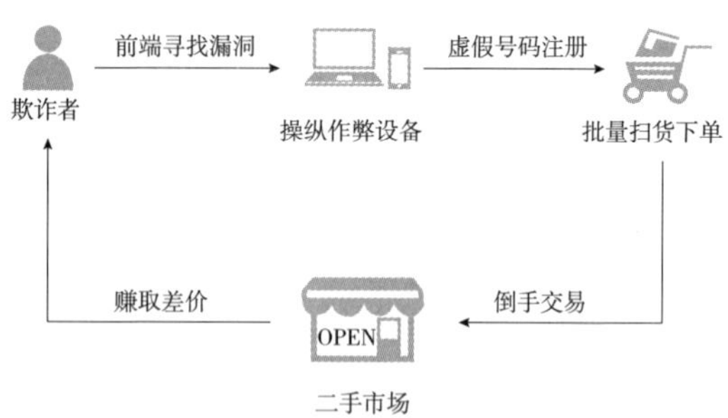

图10.4　网络营销优惠：欺诈过程

资料来源：京东数字科技研究院。

1. 羊毛党欺诈案例：营销优惠欺诈

某网上商城每周六推出满 80 减 20 活动，活动开始后一个月，发现大量订单支付失败，其中金额恰为 80 元的订单占比较高，且这些订单绑定的支付卡余额均为 60 元。该商城风控部门利用其风控体系及时识别了疑似薅羊毛的订单，并在支付时进行事中拦截。

反欺诈手段：在识别羊毛党的过程中，主要使用了设备指纹识别技术和神经网络模型等机器学习技术。

具体步骤见图 10.5，利用黑名单技术筛选疑似“羊毛党”的用户，若命中黑名单则直接拦截。在此基础上，综合运用设备指纹技术和机器学习技术识别羊毛党的欺诈行为。一是利用设备指纹技术识别出部分羊毛党在一台终端设备上登录上千个 PIN 码（个人识别密码）进行操作，同时发现大量金额恰好为 80 元的订单，据此判断存在欺诈的可能。二是利用机器学习技术对用户的购物行为、交易习惯、交易次数等数据进行综合分析后，判断该用户是否为羊毛党。

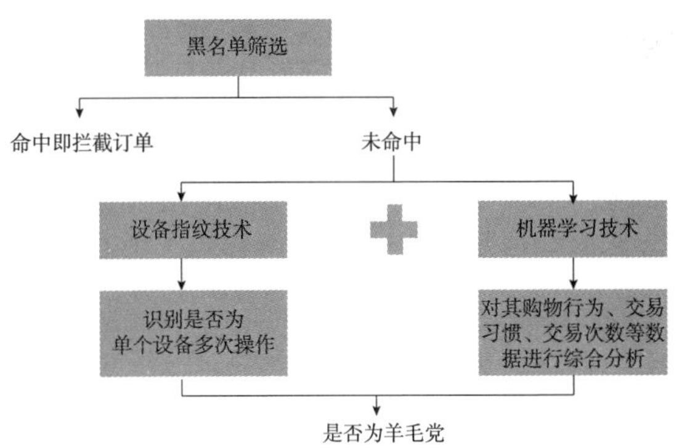

图 10.5 网络营销优惠：反欺诈过程

资料来源：京东数字科技研究院。

2. 反欺诈效果和可移植性

该案例最终拦截近 10% 的支付订单，为商家挽回 100 余万元的损失。据估算，采用反欺诈技术每年能为全行业节约 10% ~ 50% 的营销优惠成本。设备指纹识别技术配合机器学习模型，能够有效地阻击利用设备进行营销欺诈的羊毛党。

设备指纹识别技术根据不同的识别方法，大体上可分为主动式、被动式和混合式，这三种方式在隐私保护、响应速度和准确率方面存在一定差异。设备指纹识别技术在数字金融领域的应用集中体现在两个方面。一是对用户行为的追踪和分析，利用采集的信息形成设备指纹，给用户提供更好的安全保障，比如检测到用户的风险登录、更换设备登录要求用户进行二次验证等。二是利用设备指纹技术记录用户在互联网上的活动并进行信用评分，这将对互联网征信体系健全起到极大的促进作用。

（四）场景四：供应链金融

供应链金融是指金融机构将核心企业和上下游企业联系在一起提供灵活运用的金融产品和服务的一种融资模式。它在为中小企业拓宽融资渠道、为银行等金融机构开发新财路等方面效果显著。2014 年以来，受益于应收账款、商业票据及融资租赁市场的不断发展，供应链金融在我国发展较为迅速。一方面，供应链金融正不断创新求变，探索新模式、新市场、新领域，在解决中小企业融资难方面发挥了重要作用，推动了商业生态的发展；另一方面，参与主体众多、欺诈风险难以识别和控制，制约了行业长期健康发展。

供应链金融企业欺诈行为的本质是，利用经营数据造假来骗取供应链信贷支持，因此，供应链金融欺诈归根结底就是企业经营行为的欺诈，具体表现为采购收回扣、销售截留货款、财务挪用公款、营销套取渠道费用、招投标索贿、售后虚报维修费用、生产虚构加班费、行政虚报管理费、虚假交易等。这些欺诈行为一旦被认定为真实的经营数据，并以此作为授信依据，将会对供应链金融发展产生巨大的风险隐患。欺诈过程见图 10.6。

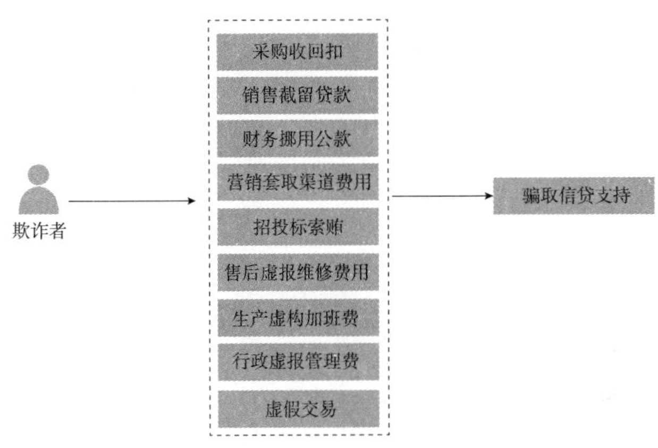

图 10.6 供应链金融：欺诈过程

资料来源：京东数字科技研究院。

1. 供应链金融中企业欺诈的案例：企业经营数据异常的欺诈

某上市公司 A 企业接受尽职调查时，提供给会计师事务所和券商的财务报表，除了银行贷款是真实的，隐瞒了应收账款、销售利润、民间借款、对外担保等信息存在造假的事实。而此时，B 企业作为 A 企业的关联公司，向某线上平台提出了贷款申请（但B 企业并没有告知平台它是 A 企业关联公司的关键信息）。

反欺诈手段：在识别上述企业的经营欺诈行为时，主要利用了机器学习、关系图谱和设备指纹识别等技术。

具体步骤见图 10.7。第一步，运用机器学习等技术对 A 企业的公开信息进行自动化审计后发现，其企业经营数据不真实。第二步，在发现 A 企业存在经营欺诈行为后，该线上平台自有的企业图谱及舆情系统利用公开的上市公司报告信息，能够描绘出包括注册地址、股东结构、经营范围、组织形态等信息在内的数千家企业关系图谱，关联出B企业是A企业的关联公司。第三步，由于B企业对线上平台提出了信贷申请，因此需要利用机器学习技术对B企业的经营数据等信息进行全方位审核。与此同时，利用设备指纹技术和机器学习技术发现B企业存在刷单欺诈行为（具体技术细节见场景三）。第四步，综合B企业与A企业的关联关系事实和B企业刷单炒信的行为，该线上平台拒绝了B企业的信贷申请。

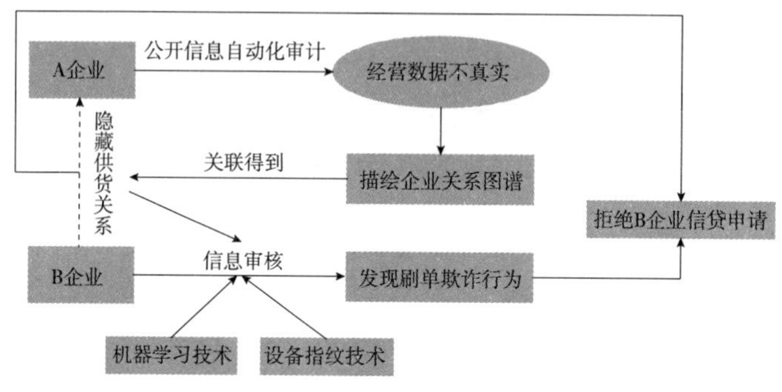

图10.7　供应链金融：反欺诈过程

资料来源：京东数字科技研究院。

2. 反欺诈效果和可移植性

企业隐瞒经营信息并骗取信贷支持的行为，是供应链金融中比较常见的欺诈现象。综合运用设备指纹识别技术、企业关系图谱和机器学习技术，解决了需要大量人力物力进行信用主体身份核实和资料验证的问题，特别是关系图谱技术能够将企业经营行为表现在图上，从而呈现出不同企业的关联性和聚集性，增强识别企业欺诈行为的能力，能够极大地提高此类欺诈行为的精准打击率。

各技术的可移植性参考其他场景。

（五）场景五：消费金融

消费金融行业发展不断规范，前景依然广阔。艾瑞咨询数据显示，2017 年，中国消费金融市场交易规模近 2 万亿元，相较 2016 年增长 128%。从资产端看，消费金融市场分为消费分期和现金贷两类。其中消费分期覆盖网购、租房、汽车、旅游、装修、教育、医美等行业和场景。

随着行业不断发展，专门从事消费金融欺诈的黑色产业也愈加猖獗。不法分子盯上了各类分期购物平台和现金贷平台，想方设法让其成为实施诈骗转账汇款的“工具”。监测数据显示，超过 40% 的逾期订单发生在疑似诈骗的用户群中，一旦黑客通过违法冒用客户信息申请到贷款，这笔订单注定违约。

消费金融的诈骗套现行为可能发生在账户注册、激活、登录、交易、信息修改等环节。一是犯罪分子可能盗用空白身份信息，自己注册消费金融平台账号进而完成一系列的套现操作；二是用户本身注册过消费金融平台账号，不法分子通过拖库撞库等手段盗取账号，冒名登录套现诈骗；三是受害人在不知情的情况下，陷入犯罪分子编织的骗局，客观帮助犯罪分子完成整个诈骗过程。最常见的冒用身份诈骗一般分两步进行：首先骗取身份信息或账号信息，不法分子利用网络、短信等发送假网站、假链接骗取账号密码、验证码，或冒充中介、客服直接骗取客户信息；然后冒用身份在消费金融平台进行借贷或购物套现。

1. 消费金融欺诈案例：冒充中介，以兼职为名骗贷套现

某电商平台后台系统检测到某范围内的几个移动终端在短时间内通过多个账号登录平台，分期购买手机等数码产品，且购买习惯也与以往不同。发现这一情况后，平台及时拦截其交易并报案。

警方经侦查发现，黄某、王某等三人组成的犯罪团伙在附近的几所高校，谎称中介“借取”学生账号信息进行“刷单”并支付商品价值

10%的费用，同时向学生承诺不需要学生承担还款义务和风险。实际上这三人冒用这些身份信息在分期网站上购买手机等数码产品，准备销售套现后跑路。由于网站报案及时，警方及时为大学生挽回损失并将犯罪分子绳之以法。过程见图10.8。

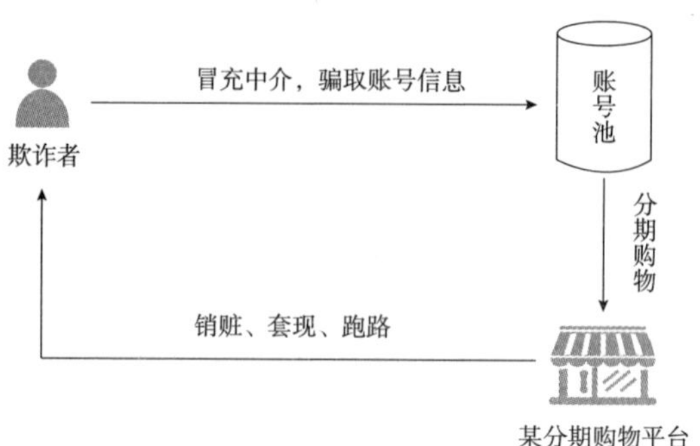

图10.8　消费金融：套现欺诈过程

资料来源：京东数字科技研究院。

反欺诈手段：设备指纹、生物探针、行为序列技术在事前、事中、事后全流程反欺诈。

在反消费信贷套现欺诈过程中，主要应用了设备指纹、生物探针、行为序列等多项先进智能技术。设备指纹技术通过用户指纹为每个用户账户建立唯一的ID，一旦发现冒用身份登录行为，可及时拦截；生物探针技术通过采集用户在使用设备的按压力度、设备仰角、手指触面等使用习惯，为其建立专属的行为模型，发现异常操作及时阻止；行为序列技术可以将用户的购买行为同历史购买习惯进行比对，预警可能发生的欺诈行为。在上述的案例中，诈骗分子通过移动终端在短时间内登录多个账号申请消费分期产品，且专门挑选价值较高、易变现的数码产品进行购买，这一异常行为触发了电商平台的反欺诈预警。过程见图10.9。

上述反欺诈手段，不仅可应用在事后，还可对账号的异常登录和交易行为进行实时、多维度、动态校验，在事前、事中防范与识别欺诈风险。

事前评估。依托大数据技术建立完善的风控模型和应用策略体系，能够剔除高风险用户，为安全交易建立第一道防线，防患于未然。

事中监控。风险订单监控系统可以对异常账户和套现风险进行实时监控和全面预警。通过各类数据接口、技术手段和安全体系对异常交易进行拦截。

事后处理。将识别出的套现欺诈信息关联扩散后加入黑名单体系，进行策略和模型优化升级，从而更精准地识别和拦截欺诈交易，提高欺诈分子的作案成本。

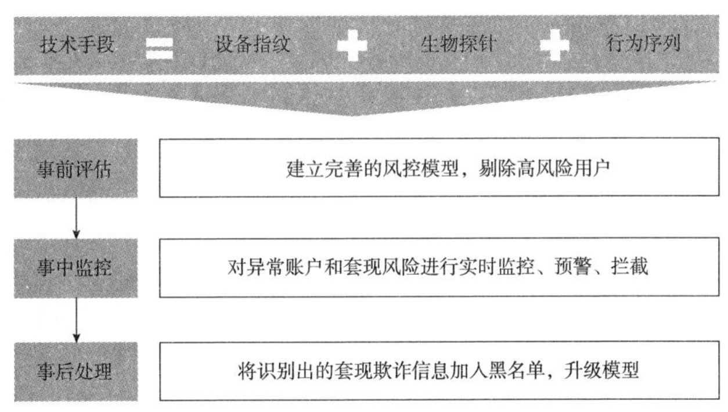

图 10.9　消费金融：反套现欺诈过程

资料来源：京东数字科技研究院。

2. 反欺诈效果和可移植性

设备指纹、生物探针、行为序列等反欺诈技术手段可广泛应用于借贷类互金业务及各类账户安全反欺诈中，有效监测异常的注册、交易、登录行为，降低欺诈风险，同时该类技术手段还可向信用审核领域复制移植。

综合运用各技术手段可实现全线上、零人工的授信和放款，相比于传统手段，信贷审核效率提高 10 倍以上，客单成本降低 70% 以上。传统的线下信贷审核需要依赖人工实地调查，获取客户授权打印征信报告，调取银行资金流水，担保人担保等烦琐流程。利用技术手段分析客户的账户基本信息、资金流信息、交易信息、物流信息等，可从更多维度形成客户的精准画像，进而为不同客户匹配不同的授信额度。值得注意的是，实现线上信审必须依托线上交易场景并沉淀足够的历史数据信息。

各技术的可移植性参考其他场景。

（六）场景六：生猪保险

农业保险在乡村振兴中发挥着重要作用，但我国农业保险目前还主要依靠国家财政转移支付，商业保险占比较低。2004 年原保监会正式启动政策性农业保险试点，至 2017 年我国农业保险已经覆盖全国所有省份，实现保费收入 479.06 亿元，支付赔款 334.49 亿元，参保农户 2.13 亿户次，受益农户 5 388.3 万户次。但由于保费收费低、经营成本高、操作难度大、出险率高等，我国商业农险发展举步维艰，发生在农业保险领域的理赔欺诈，让本就发展受阻的农业保险处境更加艰难。

生猪保险是农业保险的重要险种之一，由于理赔欺诈及出险成本过高等，一直处于亏损状态。生猪保险的理赔欺诈主要有两种类型。一是投保欺诈，比如一个农户养了 100 头猪，但只给其中的 50 头猪投保，100 头猪中任何一头猪出现死亡都会向保险公司索赔，由于保险公司很难识别出险的猪是否投保，所以赔付率倍增；二是重复骗保，即猪死亡后，养殖户串通保险公司勘察员对死猪反复拍照，谎报死猪数量重复骗保。过程见图 10.10。

1. 生猪保险欺诈案例：保险公司勘察员串通养殖户骗保

某保险公司勘察员小吴在半年时间内，多次串通养猪户投保人虚报保单并自导自演假死猪现场，骗得保险理赔款 15 万元。后案件告破，经警方问讯，原来，小吴半年前为某养殖户办理理赔勘察时，养殖户为了多获得保费，悄悄塞给小吴一包香烟并请他“通融”一下。后来两人合谋对死猪从不同角度拍照骗取保费。小吴发现这一“商机”之后，又多次“指导”其他养殖户骗保，并从中收取好处费。

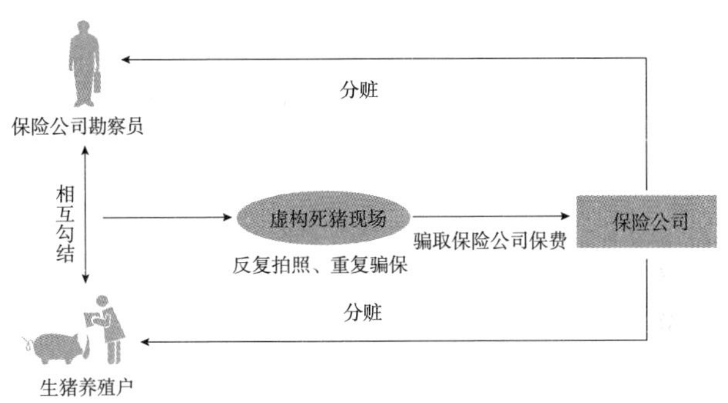

图 10.10　生猪保险：欺诈过程

资料来源：京东数字科技研究院。

反欺诈手段：猪脸识别、区块链技术，解决“活体唯一识别问题”。

上述生猪保险理赔欺诈的主要问题在于，运用传统手段，很难解决“活体唯一识别问题”，将“猪脸识别”和区块链技术结合运用，可有效解决这一难题。一是“猪脸识别”采用迁移学习算法，可从不同角度进行猪脸信息采集，自动识猪，可以为每一头猪建立“唯一可识别编码”；二是由于从“小猪”到“大猪”的全养殖周期中，猪的外貌特征会发生较大变化，可选择若干节点，在猪的外貌特征没有发生质变的时刻不断更新图像数据，确保“唯一可识别编码”的连续性；三是运用区块链技术建立反欺诈信息共享平台，将投保信息以及历史索偿信息上链存储，有新的赔付事件发生时，只需将照片信息上传就能自动识别保险欺诈和重复报案行为。反欺诈过程见图 10.11。

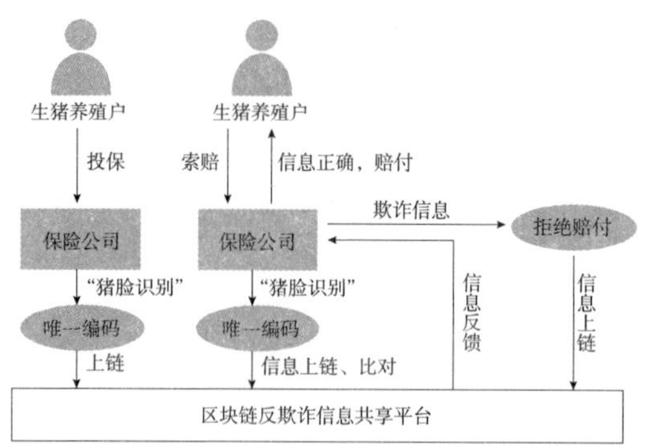

图 10.11　生猪保险：反欺诈过程

资料来源：京东数字科技研究院。

2. 反欺诈效果和可移植性

运用“猪脸识别”和区块链技术可有效防止理赔欺诈，增加保险公司的盈利能力，从而促进农业保险持续、健康发展。

以“猪脸识别”为代表的图片识别技术还可向以下两个领域复制、移植。

一是应用在死猪无害化处理理赔产业链上，降低理赔成本。根据国务院要求，在 2020 年前要完成死猪无害化处理体系建设。原来养猪户发现死猪后，需上报保险公司，保险公司派勘察员现场勘察，确认并等无害化处理厂将死猪回收处理后，保险公司才能进行理赔，整个流程耗时费力。应用“猪脸识别”技术，可以将整个流程线上化，养殖户只需将死猪照片上传给保险公司和无害化处理厂，无害化处理厂将猪回收，处理前在传送带上再对死猪进行拍照匹配，便可实现自动化理赔，每头猪的理赔成本由原来的 6 元钱降低为 6 毛钱，节省 90% 的理赔成本。

二是优化“单体”养殖管理流程，降本增效。在农业养殖过程中，需要对一些价值较高的单体单独建档管理，以对“种猪”的管理为例，猪场需要对每头种猪建立数据档案并每天更新数据信息，传统流程包括棚舍信息采集、纸笔记录、电子表格录入、系统录入等环节，耗费大量的人力、物力。应用“猪脸识别”技术可在养殖技术人员巡查猪舍时，直接对猪进行拍照识别，并将相应的信息录入智能手机应用中，后台自动对每头猪的档案信息进行跟踪记录。值得注意的是，在实际落地应用过程中，由于环境遮挡、光线、移动等问题，会影响识别精准度，针对这一问题，可将“猪脸识别”和二维码识别技术结合运用，用产品方案弥补技术落地中遇到的实际问题，为行业提供更便利、可行的解决方案。

区块链技术的分布式存储、去中心化、不可篡改等特征，决定了其除了应用在金融反欺诈领域之外，还能改善众多金融及非金融场景的流程效率、降本增效。在资产证券化、资产托管、医疗、教育、政务等领域，区块链技术正在广泛应用。

六、建议和展望

反欺诈之战不是某一种技术或方法的单打独斗，而是一场集数据、技术和机制于一体的综合防御战。其中，数据是反欺诈体系建设的核心和前提，技术是打赢反欺诈之战的重要支撑，机制是优化反欺诈效果、提升反欺诈能力的重要保障，这三者的关系是相辅相成、相互促进的。未来数字金融反欺诈之路应该从数据、技术和机制三个方面均衡发力。

（一）数据是基础

数据获得是反欺诈体系建立的根本前提，获取征信主体在时间、空间等多维度的数据记录，是对其进行有效信用评估不可或缺的条件。综合来看，强化对数据使用的安全保护、加强信息披露，是反欺诈体系发展完善的当务之急。

1. 数据安全是第一道防火墙

数据是反欺诈的根本前提，无序且不受监管的数据使用却是欺诈产业得以“壮大”的重要基础。因此，个人数据在使用过程中的保护问题对于反欺诈体系的建立具有至关重要的作用。一方面，需要从国家立法层面厘清公民个人数据的使用权限和范围，从源头上掐断欺诈产业的数据来源。另一方面，企业要加强数据保护的技术研发，使所有数据能够按需利用而不至外泄。特别是在和第三方的开放合作中，也应该通过相关机制来保障数据的安全使用，构建数据使用的安全屏障。

2. 加强信息披露

充分的信息披露将极大提高违约成本，使数字金融行业的诚信体系更容易建立。一方面，要允许、鼓励众多主体共享信息，从而有丰富、透明和标准化的交易信息供市场评估筛选和有效决策。另一方面，需要有充分、强制的信息披露。这不仅需要资金融入方或者产品提供方主动披露信息，交易过程也会倒逼信息透明、强制交易双方互动筛选出更多的信息。

（二）技术是支撑

欺诈和反欺诈是对立的两面，中性的技术决定了其既可以被不法分子利用行诈骗之事，也可以服务于匡扶正义的反欺诈事业。为了更好地利用技术手段打击诈骗行为，一方面，我们要不断地优化反欺诈模型和系统构建，综合运用多种技术手段对欺诈行为进行精准打击；另一方面，要将先进的技术在行业内共享，对优秀企业的技术输出进行鼓励。

1. 不断优化反欺诈模型和系统构建

反欺诈模型和系统架构是构建反欺诈方案的核心要素。首先，反欺诈模型是核心竞争力，特别是基于机器学习技术构建的反欺诈模型是重要的发展趋势，它能够分析各类用户的行为特征，并计算出金融业务不同环节中的风险概率，从而有效地识别风险。其次，系统架构直接影响欺诈行为的识别效果，这对系统的处理速度和稳定性提出了更高的要求。

2. 升维和跨界

随着欺诈手段逐渐升级，反欺诈技术也需要升维发展。一方面，多种技术手段组合运用，构筑多维度的反欺诈模型，比如将数据采集、数据分析、机器学习等技术结合应用多维度整合、分析数据信息，有效治理欺诈行为；另一方面，要从跨行业的视角出发，对欺诈行为进行打击。行业之间跨界融合发展是大势所趋，只有从跨行业角度出发，多维度地甄别、审查，才能实现对欺诈行为的精准打击。

3. 实现技术输出

如前所述，优化模型、系统构建需要大量的人力和物力，拥有较大规模和较强实力的企业才能面面兼顾。目前部分中小企业限于技术水平和资金实力，反欺诈能力薄弱，但是技术成熟、反欺诈能力较强的企业可以对中小企业赋能，补平短板，共谋和平的网络安全环境。实力较强的大企业要实现技术输出，才能增强整个行业的反欺诈能力建设。

（三）机制是保障

欺诈泛滥，一方面是由于不法分子利欲熏心，另一方面也是现行机制漏洞给不法分子提供了可乘之机。要从根本上弱化欺诈的动力源，需要不断优化机制。首先，要提高金融科技企业的门槛，做到扶优限劣。其次，需要多方共同合作，构建由监管部门、行业协会、金融机构、科技企业共同参与的反欺诈联盟。

1. 提高金融科技企业的门槛

数字金融的欺诈乱象在很大程度上源于行业内提供服务的企业良莠不齐。一些规模小、实力弱的企业打着金融科技旗号的假金融、野金融公司的庞氏骗局、吸金等非法行为，给整个行业笼罩了一层阴影。因此，提高金融科技企业的门槛成为优化行业生态的关键之举。这需要监管部门建立一套详细的指标体系对金融科技企业进行评价认定，同时在政策上对真正的金融科技企业进行引导和扶持，让优秀的企业有快速成长和脱颖而出的环境，做到扶优限劣，促进行业高质量发展。

2. 需要多方合作产生合力

数字金融欺诈多样化、产业化、隐蔽化、场景化等特点，决定了反欺诈方式必须从孤军奋战走向联合打击。这种联合打击集中表现在两个方面。一方面，构建由监管部门、行业协会、金融机构、科技企业共同参与的反欺诈联盟，建立数据、技术、人才等方面的合作交流机制，强化同业间风险联防与合作，提高违约成本。另一方面，目前数字金融行业的消费者保护存在很大程度的缺失，维权途径和渠道不畅。因此，要加强行业层面对消费者的权益保护，联合建立客户权益保护中心，建立行业风险缓释与互助机制。

第五篇

G 端监管：数字科技改变金融监管范式

第十一章

监管科技公式：

Regtech = Suptech + Comptech

- 金融业务呈现的去中心化、去中介化等特点，使监管任务日益繁重，而目前监管技术发展滞后、监管能力薄弱，导致监管缺失、监管失效等问题。
- 金融机构为了适应强监管要求，需要为合规付出更多成本，面临更大的监管处罚压力。
- 随着大数据、云计算、人工智能等关键技术的突破，科技行业拉开了与金融行业深层次融合的序幕，在扩大金融服务边界、提高金融交易效率、降低金融交易成本、减少金融交易信息不对称的同时，也为改进监管手段、降低合规成本带来了新机遇。

一、监管科技公式的提出

从字面上看，“监管科技”是行政监管和科技的结合，也在各个行政监管领域普遍运用，如海关监管、食品药品监管、土地监管等。但近两年来，在没有具体语境的情况下，监管科技主要指金融领域的监管科技。这一方面是由于金融领域向来是强监管的领域，与科技的需求也结合得最为紧密；另一方面则与近年来热门的金融科技（Fintech）的英文文义衍生有关。

在国际上，英国政府科学办公室（The Government Office for Science）对监管科技的定义是，“可以应用于监管或被监管使用的科技”。[1] 英国金融行为监管局（FCA）认为监管科技是“金融科技子集”，是“采纳新科技实现监管目标较目前更有效和高效的达成”。[2] 国际金融协会（Institute of International Finance）认为，监管科技是“能够高效且有效解决监管和合规性要求的新技术”。[3] 这些定义比较中性，没有涉及“监管科技”的价值取向。

国内开始讨论“监管科技”始于2017年。中国人民银行孙国峰认为，Regtech初期是指金融机构利用新技术来更有效地解决监管合规问题，旨在减少不断上升的合规费用（如因法定报告、反洗钱和欺诈措施、用户风险等法律需求产生的费用）。后来孙国峰对这个定义有所修正，认为监

---

1 英国政府科学办公室：*FinTech futures:the UK as a World Leader in Financial Technologies*，第六章，2015年3月18日发布。

2 英国金融行为监管局：*FS16/4:Feedback Statement on Call for Input:Supporting the Development and Adopters of RegTech*，第一章，2016年7月20日发布。

3 国际金融研究所：*Regtech in Financial Services:Technology Solutions for Compliance and Reporting*，2016年3月22日发布。

管科技包含“合规”和“监管”两个方面：一方面，金融机构将监管科技作为降低合规成本、适应监管的重要手段和工具。从这个维度来分析，监管科技可以理解为“合规科技”；另一方面，监管科技能够帮助金融监管机构丰富监管手段、提升监管效率、降低监管压力，是维护金融体系安全稳定、防范系统性金融风险以及保护金融消费者权益的重要途径。从这个维度来分析，监管科技又可以理解为“监管科技”。

此外，中国人民大学法学院杨东教授将监管科技定义为“科技驱动型监管”的手段，而“科技驱动型监管”指在去中介、去中心化的金融交易现状下，在审慎监管、行为监管等传统金融监管维度之外增之以科技维度，形成双维监管体系。蔺鹏、孟娜娜、马丽斌从本质上认识监管科技，认为监管科技是以数据为核心和驱动的金融监管解决方案，体现数据逻辑的内涵。此外，蔚赵春、徐剑刚认为监管科技本质上是一种数据中介，应用技术手段服务于监管，主要是通过大数据应用发挥监管作用，包括监管数据的收集、存储、分析处理以及共享，重点在于了解数据 KYD、数据主权和算法监管。

我们认为，“监管科技”是在金融与科技更加紧密结合的背景下，以数据为核心驱动，以云计算、人工智能、区块链等新技术为依托，以更高效的合规和更有效的监管为价值导向的解决方案。在具体表现形态上，监管科技有两大分支——运用于监管端的监管科技（Suptech）和运用于金融机构合规端的监管科技（Comptech）。换句话说，Regtech = Suptech + Comptech。

二、运用于监管端的监管科技

从监管端来看，面对金融科技背景下更加复杂多变的金融市场环境，监管部门有运用监管科技的充足动力。一方面，由于 2008 年金融危机后，金融监管被提升到前所未有的高度，监管机构渴望获取更加全面、更加精准的数据；另一方面，监管部门面对金融机构报送的海量数据，需要借助科技提高处理效率和监管效能。此外，金融科技带来的新的风险场景和风险特征，也需要监管机构积极应对。随着金融业务对现代科技的应用不断加速，监管机构也需要"以科技对科技"，密切跟踪研究分布式账户等金融科技发展对金融业务模式、风险特征和监管的影响。[1] 目前这些技术已应用于各国的监管科技实践。

具体而言，监管科技在监管端的运用可以分为数据收集和数据分析两大方面（见图 11.1）。数据收集过程可以形成报告（自动化报告、实时检测报告），进行数据管理（数据确认、数据整合、数据可视化、云计算、大数据）；数据分析的具体运用则包括四个方面：虚拟助手、市场监管、不端行为检测分析和审慎监管。

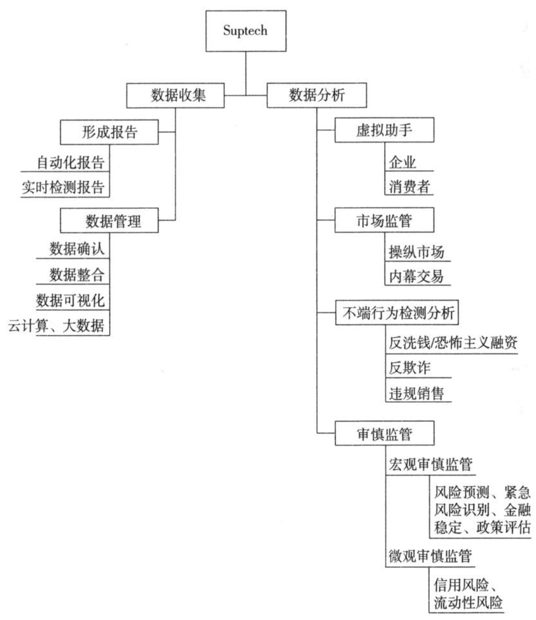

图 11.1　监管科技在监管端的运用分类

资料来源：FSI，*Innovative Technology in Financial Supervision (Suptech)—the Experience of Early Users*，2018 年 7 月。对原图有所调整。

1　李文红，蒋则沈．金融科技（FinTech）发展与监管：一个监管者的视角［J］．金融监管研究，2017（3）。

三、运用于合规端的监管科技

2008 年次贷危机以来，金融监管不断升级，各类监管处罚不断加码，全球金融机构的合规成本节节攀高。美国经济发展资源中心（Good Jobs First）在 2016 年发布报告称，自 2010 年以来，24 家来自不同国家的银行向联邦政府支付的罚款与和解的金额累计超过 1 600 亿美元。其中，仅美国银行和摩根大通就分别支付了 560 亿美元和 280 亿美元。[1] 2018 年 4 月 20 日，美国富国银行因违反《消费者金融保护法》和《联邦贸易委员会法》的规定，延长抵押贷款利息锁定期的收费，强制消费者购买不必要的汽车保险，被美国消费者金融保护局（CFPB）和货币监理署（OCC）处以 10 亿美元罚款。[2]

在我国也是如此。2017 年，中国人民银行做出的行政处罚共计 903 张（并未全部披露），对金融机构的罚没金额共计 7 980 万元。截至 2017 年 12 月底，银监会系统在官网上公布的、属于本年度开具的罚单共计 2 725 张，罚款金额总计 27.53 亿元。除去对被监管机构作为资本市场参与主体行为的处罚，2017 年证监系统全年开具的仅针对被监管机构或个人合规性的罚单就达到 249 张（含 19 张合并处罚机构和个人的罚单），罚没金额共计 5.73 亿元。保监会 2017 年一共处罚机构 720 家次，处罚人员 1 046 人次，罚款共计 1.5 亿元。截至 2018 年 12 月 28 日，银保监会官网年内已公布近 3 650 张罚单，平均每天开出 10 张罚单，罚没金额累计超 20 亿元（可能有极少部分罚单统计偏差）。数量之多达到近几年历史之最，约每天开具 10 张罚单。其中，银保监会机关罚单 20 张（包括银监会与保监会合并后的 14 张银行罚单），罚没金额 3.5 亿元；各地银监局罚单 985 张，罚没金额约 10.2 亿元；银监分局 2 638 张，罚没金额约 6.3 亿元。[3]

1　宋湘燕，谢林利 . 美国监管科技在金融业的应用［J］. 中国金融，2017（12）。

2　新浪财经 . 富国银行因贷款滥用遭 10 亿美元罚款 第一季获利增 6%. http://finance.sina.com.cn/stock/usstock/c/2018-04-15/doc-ifzcyxmv0763296.shtml，最后访问时间：2018 年 9 月 7 日。

3　数据来源：中国基金报统计。

中兴事件的爆发，更是给中国企业敲响了合规警钟。作为企业服务的重要组成部分，合规服务受到前所未有的重视。在此背景下，合规科技横空出世，并有望开拓一片新的蓝海。2018 年 7 月，Infoholic Research（市场研究和商业咨询公司）发布报告《2023 年全球监管科技市场：驱动力、约束、机会、趋势和预测》[*Global Regulatory Technology*（*RegTech*）*Market:Drivers, Restraints, Opportunities, Trends, and Forecast up to* 2023]，对未来 5 年北美、欧洲、亚太、中东非洲和拉丁美洲的监管科技市场进行了分析和预测，认为全球监管市场利润将在 2023 年达到 72 亿美元，预计在 2018—2023 年的复合年均增长率为 25.4%。[1]

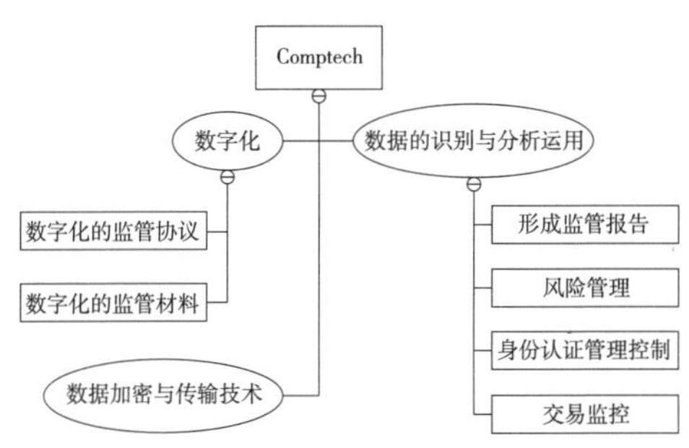

图 11.2　监管科技在合规端的运用分类

资料来源：京东数字科技研究院。

Comptech 的基本路径是，金融机构端与监管端以数字化的方式互相连通；机构端可以从监管端获取数字化的监管要求并准确转化为内部约束，确保机构和业务实时合规；机构端能够实时向监管端传输数据，动态地形成各种合规报告，减少人工干预，提高准确度，降低合规成本。要实现上述意图，合规科技的主要着力点包括数字化、数据的识别与分析运用，以及数据加密与传输技术。

1　京东数字科技研究院编译：《2023 年全球监管科技市场预测报告》，发布于京东数字科技研究院官方微信公众号。

第十二章
为监管装上科技的“牙齿”

- Suptech解决了数据推送方式，搭建起了一个报告平台，成了连通被监管单位IT系统与监管机构之间的桥梁。
- 区块链技术将继续成为监管科技的重要组成部分。
- 随着监管端运用的不断深化，监管科技的制度化进程也在推进。

面对金融科技时代复杂多变的金融问题，金融监管的力量略显单薄，而科技能够成为监管锋利的“牙齿”，助力监管“咬准”金融风险。

一、运用于数据收集的监管科技

（一）形成报告

1. 自动化报告

在自动化报告中（Automated reporting），Suptech 解决的一个关键问题是数据推送方式。奥地利中央银行搭建了一个报告平台，成了连通被监管单位 IT 系统与监管机构之间的桥梁。该系统允许银行部门在不增加数据提供者的管理负担的情况下向奥地利中央银行传送关键信息。这个平台搭建在一个中间公司上，即奥地利报告服务有限公司（AuRep），其成立于 2014 年，由 7 家最大的奥地利银行集团共同拥有。银行传送数据到奥地利报告服务有限公司的基础数据立方中，形成一个简单、完整的数据报告，其数据描述无冗余且具有一致性。在标准化的转换规则下，基础数据立方中的数据被连续转换，这样很快就能推送到奥地利中央银行。奥地利中央银行报告数据模型中的详细报告都是通过奥地利报告服务有限公司运行的。目前，几乎所有统计和财务稳定性报告以及一些监管报告都是根据这一数据模型运行的。这种方法不仅可以提供经济规模，还可以实现金融业的风险分担。

自动化报告的另一项重要方法是“数据进栈”。卢旺达国家银行是最早运用“数据进栈”方法的监管机构之一，通过“电子数据仓库”

（EDW）[1] 直接从被监管金融机构的 IT 系统中抓取数据，其范围涵盖商业银行、保险公司、小微金融企业、养老基金、外汇机构、电信运营商等。“数据进栈”每 24 小时自动完成一次，或者在某些情况下每 15 分钟自动完成一次，还有一些数据是每月完成一次。结合卢旺达国家银行的内部数据系统，报告能够流线型地生成，为监管者和决策者提供重要信息。

2. 实时监控

监管科技的运用能够实现实时监控。澳大利亚证券投资委员会（ASIC）的市场分析和情报（MAI）系统，能够实时监控澳大利亚一级和二级市场。MAI 系统从所有股权和股权衍生的产品和交易中提取实时数据，提供实时警报，识别在执行时调查或检测到的市场中的异常。支持 MAI 系统的技术是面向 KDB/Q（数据库）列的内存数据库。MAI 系统的运作包括两个步骤。首先，识别在执行过程中调查或发现的市场中的异常，发出与日常操作、工作流程保持一致的实时警告。警告能够使工作流程暂停进入调查分析阶段以找出更深层次的原因，再根据调查结果确定优先级并在适当时候启动深度调查。其次，通过大数据进行历史分析可以提供完整的市场报告，评估大型和复杂的风险。对交易后的环境进行分析，为澳大利亚证券投资委员会提供了澳大利亚金融市场不断变化的图景，并持续丰富数据以提供更多建议。澳大利亚证券投资委员会可以基于该数据集访问被关注的机构或交易的信息，并进行分析和报告。在不久的将来，澳大利亚证券投资委员会将在整个数据集中启用机器学习算法，以识别异常交易行为。

---

1 “电子数据仓库”是卢旺达国家银行与 Sunoida Solutions（商业智能和分析公司）共同建立的，EDW 提取的信息还可以用于金融包容性测量。

（二）数据管理

1. 数据验证

数据验证主要包括：检查数据接收、数据完整性、正确性、合理性以及一致性。新加坡金融管理局运用科技进行数据验证，包括数据清理和数据质量检查。这能够提升效率、节省时间，使监管机构将更多的精力集中于调查。数据质量的重要性强调再多也不过分，一个好的数据模型也会被劣质数据毁掉，因此优质数据比海量数据更重要。机器学习（ML）可以自动标记异常数据，为统计者或数据源指出潜在错误，提高数据质量。奥地利中央银行也基于机器学习和非监督学习建立了数据验证模型。

2. 数据整合

Suptech 能够通过汇集微观零散数据形成宏观庞大数据，最终形成报告。Suptech 应用程序能够组合多个数据源以支持分析工作，通常包括结构化数据和非结构化数据。例如，意大利银行将可疑交易举报（结构化数据）与新闻评论（非结构化数据）整合起来进行反洗钱调查。卢旺达国家银行将监管数据与内部系统数据整合起来，为监管者和决策者提供更有意义的信息。

3. 数据可视化

数据并不直接等同于信息，因此运用数据可视化工具将大量的、密集的、复杂的数据以容易理解的方式呈现给监管者意义重大。IBM i2（情报分析系统）和相关的 iBase 信息方案分别是澳大利亚证券投资委员会使用的数据和网络可视化分析应用程序，用于表示结构化数据源的时间、关联和因果关系；荷兰银行致力于将数据传输转化为逻辑指引，正如内部开发交通信号灯和仪表板；新加坡金融管理局使用交互式仪表板和网络图来呈现成像化数据。支持交易后分析环境的技术包括 KDB/Q.R.Python 和 MS-Excel（数据处理软件），这能够扩展到一个大数据平台［使用

Elasticsearch（搜索服务器）/SPARK（计算引擎）/Kibana（大数据基础服务平台）]，其中包含一组互补技术，实现时间序列数据的可视化（报告、仪表板、网络图等），可为机器学习、警报生成提供固有支持并广泛搜索大数据集。

4. 云计算

云计算能够实现更大、更灵活的存储、移动容量和计算能力。英国金融行为监管局拥有用于收集、存储和处理市场数据的云解决方案。在每天的高峰时段，自动扩展云设施可以灵活地处理上亿条的市场数据。墨西哥国家银行和国家证券委员会、荷兰银行、新加坡金融管理局、美国证券交易委员会等也在使用云计算处理大量数据。例如，在墨西哥国家银行和证券委员会搭建的数字监控平台中，Fintech 实体可以产生和提供实时信息上传到云，然后通过云计算转换多维数据集。美国证券交易委员会仍在制定较为广泛的云计算战略，正在研究将 EDW 工具扩展到云，用于更好地存储、提高处理和计算速度。

二、运用于数据分析的监管科技

（一）虚拟助手

1. 监管机构使用聊天机器人自动答复消费者投诉

菲律宾中央银行在 R2A 的支持下，开发了一个聊天机器人来答复消费者投诉。该系统能够对所收到的问题进行分类，回答简单的问题，并适当地指导那些需要首先向监督机构提出的问题。菲律宾中央银行收到的与消费者投诉有关的数据也将使其能够分析潜在的需要关注的领域，因为投诉可以体现受监管实体的非法行为。消费者和投资者投诉的数据也被意大利银行、英国金融行为管理局和美国证券交易委员会用来标注受监管者需要关注的点，尽管目前仍处于试验阶段。

2. 监管机构使用聊天机器人向被监管机构提供帮助

例如，英国金融行为监管局正在进行概念验证，以便使用聊天机器人与被监管机构进行交流，从而有效地回答简单的日常问题。聊天机器人可以帮助被监督机构更好地理解特别规则手册或法律条款的要求。与消费者熟悉的一些系统（苹果智能语音系统或微软小娜）一样，聊天机器人本质上是模拟人类自然语言对话的软件，可以响应用户的查询和命令。聊天机器人会结合英国金融行为监管局设定的一些目标，如为消费者提供最实惠的选项、改善并增加对建议的记录访问、解决行业未来负债和补救措施等，会在“负债能力”“进入门槛”等标准下展开对话。

3. 通过机器解读法规以促进合规性建设

英国金融行为监管局正在探索实施机器解读法规的可能性。使用自然语言处理（NLP）将规范文本转换为机器可读格式，可以提高一致性与合规性，它可以帮助缩小监管目的和法条释义之间的差距。机器解读还可以帮助监管机构有效评估监管变化带来的影响、审视监管改革、降低监管复杂性。

（二）市场监管

通过 Suptech 分析大量数据，可以进行市场监管和检测可疑交易。金融市场每个交易日都会产生大量数据，因此证券监管机构通常在处理巨大的交易数据量方面经验丰富。澳大利亚证券投资委员会、英国金融行为监管局和美国证券交易委员会都采用创新技术将大量数据集转换为市场监管和可疑交易检测的可用模式。例如，美国证券交易委员会使用分析技术，利用大数据的力量来推动其监控计划，并促进市场风险评估计划的创新。

内幕交易和操纵市场等可疑交易行为都可以通过 Suptech 检测到。为发现内幕交易，英国金融行为监管局每天接收超过 2 000 万股市场交易的详细信息。监督学习工具 ML 分析这些数据并发出市场操纵信号。英国金融行为监管局市场监督团队可以监控交易者的正常行为，并监测、标记任何可能形成内部交易的偏差。澳大利亚证券投资委员会的市场分析和情报系统通过历史浏览可以提供量化的指标来表示内幕交易活动的规模，这是通过损益分析或市场操纵影响等危害市场的评估措施完成的。

（三）不端行为监测分析

1. 监测分析反洗钱 / 恐怖主义融资

智能技术可以检测到人工监测不易发现的异常交易、关系和网络。诸多监管机构如意大利银行、卢旺达国家银行、菲律宾中央银行、新加坡金融管理局、墨西哥国家银行和证券委员会等都正在或计划运用创新技术来监控反洗钱 / 恐怖主义融资行为。新加坡金融管理局用自然语言处理和机器学习来分析可疑交易报告，以便发现潜在的洗钱网。意大利银行的金融情报机构在反洗钱监控中运用大数据技术，其数据中包括 5 年内超过 15 000 欧元的所有交易的结构化数据和新闻评论等非结构化数据。除了显著缩短所需的分析时间外，意大利银行技术的另一个优势是进行实时分析的范围广泛。 在一个实验项目中，意大利银行还测试了通过机器学习和深度学习技术对传入的可疑交易报告进行分类。墨西哥国家银行和证券委员会开发了一个 NLP 模型，用来监测疑似反洗钱 / 恐怖主义融资的网络“交谈”。英国金融行为监管局正在试验图像学习，以根据订单和执行数据识别市场参与者潜在的或正在进行的网络共谋行为。

2. 反欺诈 / 潜在欺诈识别

机器学习算法能够帮助识别潜在的欺诈行为。美国证券交易委员会就运用了一种序列方式来监测违法行为。首先，它采用非监督学习来检测数据中的模式和异常。例如通过该技术识别美国证券交易委员会文件，生成“类似”文档组，以识别市场参与者之间的共同和异常行为。其次，它引入人工指引和判断，以帮助解释机器学习输出。例如，通过训练一种算法，可以了解基础测试数据中体现的模式、数据趋势或语言特征，以及所能预测的欺诈或不当行为；注册检查中发现和研究的结果也可作为一种监督指导学习的形式，可以将训练的算法或结果运用于新的美国证券交易委员会文件以预测欺诈的可能性。

3. 预测违规销售

英国金融行为监管局正在试验使用监督学习和“随机森林”技术来预测顾问违规销售金融产品的可能性。这种算法能够创建数百、数千个不同的“树”，并且将这些预测结合给出一个整体、综合的预测，使整体预测对特定变量的敏感性降低。为了阻止违规销售金融产品，英国金融行为监管局尤其关注这些行为最常出现的情形。例如，监督机构可以使用可视分析识别可能具有误导性的广告。

（四）微观审慎监管

1.ML 运用于信用风险评估

意大利银行开始探索如何将 ML 算法运用于贷款违约预测，通过混合不同的数据来源（如中央信用登记册、非金融企业的资产负债数据表以及其他公司级数据）来实现此目的。通过这样的混合将数据交到 ML 工具，该工具生成贷款违约的预测。

2. 运用神经网络分析流动性风险

荷兰银行正在研究一种自动编码器，以检测来自实时结算系统支付数据中的异常，即流动性流量异常。自动编码器是一种神经网络，是从数据中抓取主要特征的无监督学习方法。实时支付数据的实验结果表明，自动编码器可以检测银行的流动性问题，以应对银行挤兑。

（五）宏观审慎监管

1. 识别宏观金融风险

意大利银行研究人员运用多样化的技术来预测房价和通货膨胀。首先，在常用的房地产服务在线门户网站上，研究人员通过 ML 技术监测针对同一房产的广告数量；其次，通过网络反映的对某个地区的兴趣度来预测未来房价走势。此外，意大利银行从即时推送的消息中提取的信息为预测通货膨胀提供了重要信号。荷兰银行的研究人员利用日常数据来定义 TARGET2[1] 与其他金融市场基础设施（FMI）之间的网络指标、运营指标和流动性流量，以此识别宏观金融风险。

2. 识别金融市场中新出现的风险信号

结合技术，可以运用来自 FMI 的大量数据（如支付系统）识别风险信号。为了实现这一目的，荷兰银行研究人员将 TARGET2 中处理的大量交易转换为风险指标。他们通过将传统的计量经济学方法运用于处理数据、开发算法获取相关的交易类型（如银行间无担保货币市场贷款）来实现这一目标。

3. 运用自然语言处理进行情感分析

例如，意大利银行研究即时推文中的情绪表达来短时预测小额零星存款，一般负面情绪多时零星存款增长率也较低。此外，意大利银行还根据同一条信息中两家银行的出现来衡量银行之间的相互关联性。美国证券交易委员会使用 NLP 进行情感分析，以评估注册人申请并确定调整程度。

---

1 Trans-European Automated Real-time Gross Settlement Express Transfer System，泛欧实时全额自动清算系统。

4. 维护金融稳定和进行政策评估

美联储、欧洲中央银行、英格兰银行都使用热图来突出潜在的金融稳定性问题。热图形成于对被监督机构日常数据和其他数据（如压力测试）的自动分析。数据分析为政策发展和实现做支撑，例如墨西哥国家银行和证券委员会在 R2A 的支持下，使用反洗钱合规性数据生成用于策略开发的自定义报告。

三、综合运用的监管科技

（一）美国纳斯达克证券交易所

1.Linq——基于区块链技术的数字股权

2015 年 10 月，纳斯达克推出了 Linq 平台，能够使非上市企业使用基于区块链技术的数字方式代表股权。使用 Linq 的第一批参与者包括 Chain.com（技术平台）、ChangeTip（比特币小费打赏服务平台）、PeerNova（区块链公司）、Synack（智能众包安全测试平台）、Tango（聊天应用）和 Vera（金融服务公司）。自区块链技术出现以来，其显著基础一直是信任，因为它不受任何单个用户的控制。然而，由于 Linq 是一个私人分布式分类账户（而不是比特币的开放式公共区块链），纳斯达克预计效率和透明度将成为其区块链技术的最重要优势。

Linq 是纳斯达克让非上市公司在二级市场进行股权交易的最近一次尝试，而最早的实验可追溯到 1990 年。随着越来越多的初创公司推后上市时间，非上市公司的股票交易再次令人关注。这些公司的投资者希望能够获得一些流动性，而股票流通也可以减少早期阶段管理层的压力。Linq 能够为投资者和企业家提供一个直观的用户体验。在 Linq 上，股份发行人登录后可以看到一个显示估值，包括每一轮投资之后已发行股份的价格，以及股票期权比例的管理控制台。所有股份数字，包括尚未分配的股份，都通过可视化的颜色块来代表。纳斯达克称这些数据为“股权时间轴视图”，已经发生的交易将会在时间轴上显示为“空”，并且变成灰色。用户还可以看到箭头，说明该股份是如何被转移和划分的。

纳斯达克表示，使用该技术的“概念验证”可将风险降低 99%。使用纳斯达克 Linq，发行人可以数字化代表所有权记录，无须纸质股票证书，而发行人和投资者都有能力在线处理文件，减轻行政负担。

2. 纳斯达克联合花旗推出区块链平台 ChainCore

2017 年 5 月，纳斯达克和花旗集团宣布创建一种新的全球性支付解决方案，通过分布式分类记账和传输支付指令，实现直接支付处理并自动进行对账。这一方案已完成多项支付交易，包括花旗通过 CitiConnect® forBlockchain 连接平台与纳斯达克金融组支持的 Linq 平台之间的链接自动处理跨境支付。此次合作是一个开创性的银行机构解决方案，将区块链技术与以花旗 API 技术为支撑的全球金融网络紧密结合。

3. 纳斯达克金融框架系统

纳斯达克宣布使用区块链管理代理投票系统后，推出纳斯达克金融框架系统，意在为全球超 100 家市场运营者提供区块链服务，现在关于这一运用的效果反馈还比较少。

4.SMARTS 市场监视技术

纽约州司法部长埃里克·施奈德曼（Eric Schneiderman）与 12 家加密交易所致电电子资产交易平台 Gemini（一家纽约州数字货币资产交易所），要求其提供有关限制市场操作的安全措施信息。为了预防未来此类问题的发生，Gemini 拟部署纳斯达克的 SMARTS 市场监视技术。2018 年 4 月 25 日，纳斯达克与 Gemini 宣布合作，落地其 SMARTS 市场监视技术，监督 Gemini 平台全部数字资产。该技术被认为是世界上部署最广泛的监控系统，将使 Gemini 能够监控其所有交易，包括 BTC/USD

（比特币 / 美元）、ETH/USD（以太币 / 美元）和 BTC/ETH（比特币 / 以太币）。此外，SMARTS 还将调查 Gemini 拍卖过程中的活动，用于确定在芝加哥期权交易所交易的比特币期货合约的结算价格。纳斯达克的 SMARTS 监控技术可以实现实时监控，是 T+1 跨市场监控平台的行业基准。即使市场复杂性增加和新法规出现，它也可自动检测、调查和分析潜在的滥用或无序交易，以帮助提高监控组织的整体效率并降低成本。这项技术已用于超过 45 个市场、17 个监管机构和 140 多个市场参与者，包括 65 个国家的许多买方机构。

（二）美国金融业监管局

美国金融业监管局使用的关键监管系统包括高级检测系统（ADS），证券监察、新闻分析和市场监管系统（SONAR），内部监督和交易分析视图（VISTA），增强审计跟踪（EAT），统计分析软件（SAS）和市场质量报告卡（QMRC）等。

ADS 能编制详细的交易和报价数据、内部报价和订单信息，并整合信息，用于自动监控与人工监控。ADS 用于市场监管的若干领域，包括交易惯例、交易报告、公司报价合规性、交易分析、卖空、市场诚信、最佳执行和订单处理。

SONAR，即证券监察、新闻分析、市场监管系统，用于检查潜在的内幕交易和误导交易者行为。这个系统每天大概处理 1 万条信息，评估 2.5 万个证券的价量模型，生成 10 ~ 60 条报警信息。FINRA 从 2009 年起致力于反欺诈和内幕交易工作，设有专门的欺诈检测部门和市场情报办公室（OFDMI）。OFDMI 使用 SONAR 系统监控股票和期权市场中发生的每笔交易，以便在可疑时间查找可疑交易。SONAR 还通过梳理监管文件，寻找突然被解雇的经纪人以及提醒顾客投诉。尽管 FINRA 有权禁止经纪人与其成员经纪人交易，结束他们的职业生涯，但 OFDMI 也会把收集的监测信息共享给美国证券交易委员会，州、联邦检察官以及州金融和保险监管机构。最终，这些监管机构的调查结果可能导致民事或刑事诉讼。

VISTA 收集交易、报价、股息信息、做市商注册和纳斯达克系统订单活动。市场监管人员使用 VISTA 信息来识别潜在的违规活动，以及确定破坏性或其他可疑交易活动是否值得进一步审查。

EAT 集成了 ADS 数据，并为 ADS 市场监管人员提供了根据要求获取 ADS 数据的能力，通过查看综合报价、订单和交易数据，以重建和分析市场活动。

SAS 用于根据需要进行分析和扫描。

QMRC 审查和分析成员在贸易报告、最佳执行、公司报价和卖空等方面的合规性。

（三）美国证券交易委员会

第一，可扩展商业报告语言（XBRL）。XBRL 是一种基于 XML（可扩展标记语言）的标记语言技术，可以快速、准确、可靠地处理商业数据，以便于企业进行深度分析和行业对比。与传统报表相比，XBRL 不依赖于报表格式，同一份数据可以根据需要提供给不同的需求者，避免数据的重复录入，提高数据的质量；XBRL 财务报告已经成为美国证券交易委员会的强制要求，从 2009 年起各类企业要上报 XBRL 报告。

第二，市场信息数据分析系统（MIDAS）。美国证券交易委员会用 MIDAS 来监控瞬息万变的股票市场，保障市场交易的合规和安全。从 2013 年 9 月上线以来，该系统每天可以处理 40 亿条记录，能帮助美国证券交易委员会监控市场行为，准确了解市场上发生的各种事件。除了内部使用之外，美国证券交易委员会还把很多数据公开给投资者和学者，以增加市场透明性。

第三，高级相关交易调查系统（ARTEMIS）。为了提升金融监管效率，美国证券交易委员会专门成立了打击操控市场的小组，并建立了 ARTEMIS。美国证券交易委员会通过该系统分析个人或机构交易员买卖的所有证券及购买的时间点，并分析每个人交易的规律，一旦交易员的一宗或多宗交易有疑似违规行为，美国证券交易委员会就会进一步调查其交易动机。恰好在重大事件前后买卖股票，或多次在公司重大事件公布之前交易的，即使金额不大，也会被调查。

家住宾夕法尼亚州的史蒂芬从在默克公司工作的亲戚处得知，默克公司很快就要兼并一家小公司。于是，史蒂芬在并购宣布之前购买了被收购公司 3 345 只股票，并在并购消息宣布之后迅速将股票卖出，获利 59 688 美元。美国证券交易委员会利用 ARTEMIS 系统，发现史蒂芬交易行为异常，对其进行了调查。通过对其公司、亲戚及朋友等社会关系的调查，美国证券交易委员会掌握了其亲戚在默克公司工作的证据，并对史蒂芬进行了起诉。最终法院判处史蒂芬退回全部所得及利息 3 210 美元，并罚款 59 688 美元。

第四，建立中央及各级数据库（CAT）。尽管在利用科技和数据打击金融犯罪上获得了初期的成功，但美国证券交易委员会通过数据挖掘和分析发现可疑犯罪行为的能力还是很有限，因为美国证券交易委员会的数据库里只有部分的交易记录信息。为了改变这个现状，美国证券交易委员会在 2017 年出台法案（Rule 613），建立中央数据库，统一管理交易信息，要求各级交易所和其他行业自律组织创建并运营自己的金融交易数据库，并把相关数据提交到中央数据库。依据法案，各级交易所和其他行业自律组织可以在 2017 年 11 月 5 日开始向中央数据库提交数据，所有相关组织必须在 2019 年 11 月 5 日前完成数据库等相关项目的建设，开始向中央数据库提供数据。

（四）英国金融行为监管局

英国金融行为监管局在金融科技和监管科技的探索道路上都走在前

沿，目前已经实施了许多监管科技项目。一是“数字监管报告”：通过技术帮助公司的监管报告更加符合要求，并提高监管报告质量。英国金融行为监管局与英格兰银行合作，通过为期两周的 TechSprint（以技术为主题的高规格会议）来检测技术是怎样帮助监管报告更准确、高效、统一。二是 MITOC/ISDA：用于呈现数据和流程的标准化模型，旨在将交易表达为经济特征和交易事件形成集合。三是 RegHome：银行间分享监管相关问题的知识交流平台。采用维基百科风格的方法，使共享的优势经验和知识能够被大量获取。四是 ITRAC：发现银行业重大全球性 IT 风险发生的可能性，构建能够应对新技术带来的重大挑战的体系。五是智能监管助手：又被称为“监管律师”，能与客户交流，填写授权表以获得监管批准。六是智能监管顾问：通过提供基础的自动化建议，指导申请人完成授权流程。七是 Ascent Experiment：与澳大利亚联邦银行、荷兰国际集团和品诚梅森合作，测试使用 NLP 和人工智能技术解释金融工具市场指令Ⅱ法规的可能性，并自动构建和管理合规计划。

此外，英国金融行为监管局还列出了未来计划实施的监管科技项目。一是 BARAC：调研区块链技术运用于自动化监管和合规的可能性。二是 SmartReg：TechSprint 合作伙伴伦敦大学学院和桑坦德集团正在开展一个项目，使用智能合约和分布式分类账技术，以便英国金融行为监管局检验合规性。三是 Maison 计划：英国金融行为监管局与 R3、RBS 和另一家全球银行合作，探索将分布式账本技术用于监管报告的可能性。该计划的第一阶段已取得成功，将用于为 BARAC 更广泛地提供信息。

四、监管科技的未来发展

（一）监管科技未来的发展趋势

1. 监管科技将走向金融监管的全链条运用

目前监管科技运用于事中监管阶段较多，特别是对监管数据的自动化采集和对风险态势的智能化分析运用已日益成熟。例如，奥地利中央银行在奥地利报告服务有限公司搭建基础数据立方，进行数据自动化采集与推送；澳大利亚证券投资委员会建立市场分析和情报系统来提供实时监控。在上述事中监管的基础上，各国、各组织也在不断加强监管科技在监管事前、事后阶段的运用，包括事前将监管政策与合规性要求“翻译”成数字化监管协议，并搭建监管平台提供相关服务；事后利用合规分析结果进行风险处置干预、合规情况可视化展示、风险信息共享、监管模型优化等。例如，英国金融行为监管局正在探索利用 NLP 和 AI 技术，对欧盟金融工具市场指令Ⅱ进行法规解释；美国金融业监管局也在尝试通过市场质量报告卡审查和分析成员在贸易报告、最佳执行、公司报价和卖空等方面的合规性。

2. 监管端与合规端合作将成为监管科技发展的主要路径

监管机构与银行等金融机构、金融科技公司合作研发，是一大趋势。除了自身建立金融科技部门、加强技术研发之外，金融监管机构也在寻求与银行等金融机构和金融科技公司合作的研发模式，这种模式能在一定程度上节省研发成本；同时，由于金融监管机构运用监管科技的重要目的是提升监管效率，使监督管理更具针对性，而与被监管机构合作，更容易发现其存在的问题，因此有利于更有针对性地帮助被监管机构做好合规端的监管科技建设。例如，英国金融行为监管局与苏格兰皇家银行、区块链科技公司 R3 共同合作，在 R3 搭建的区块链技术平台 Corda 上建立了抵押贷款交易监管报告的应用程序原型，该应用程序能够在登记抵押贷款时自动向监管机构生成交付凭证。这一区块链平台为监管机构提供了一种新工具，使监管者能够快速有效地对抵押贷款活动进行监督。

3. 区块链技术将继续成为监管科技的重要组成部分

区块链技术在金融监管领域（如智能合约、智能监管报告等）被作为现有监管的辅助工具和建立信任机制的工具（而不是作为底层工具），不断得到开发与运用。例如：英国金融行为监管局未来计划实施 BARAC 项目，旨在调研区块链技术运用于自动化监管和合规的可能性；国际商业机器公司则与外汇市场基础设施公司 CLS 合作，为金融服务机构专门设计了一个概念平台——Ledger Connect，目的是将区块链技术运用于多种金融领域，包括巴克莱银行和花旗银行在内的九家金融服务机构都参与了这一概念平台的验证和测试。

4. 监管科技制度化进程正在加快

随着监管端运用的不断深化，监管科技的制度化进程也在推进。比如，美国证券交易委员会已颁布《投资公司现代化规则》（*Investment Company Reporting Modernization Rules*），通过"端到端"的数据报送流程、采用现代化表格、缩短报告时间表等新要求，形成了一个更紧密的监督环境，提高了监管效率。对此，受新规影响的约 1.3 万家美国共同基金积极寻求 RegTech 解决方案应对。[1]

（二）监管科技未来发展有待解决的问题

1. 监管科技运用中的数据治理有待加强

数据是监管科技运作的基础。在监管科技中运用的数据可能来自监管机构内部，也可能来自众多的被监管机构。例如卢旺达国家银行采用"数据进栈"方式，通过"电子数据仓库"从商业银行、保险公司、小微金融企业、养老基金、外汇机构、电信运营商等被监管金融机构的 IT 系统中抓取数据。在这个过程中，哪些数据能抓取、哪些数据不能抓取，谁有权利抓取、抓取后如何使用、运用在哪些范围，是否涉及企业商业秘密、公民个人信息，采取了哪些数据防泄露措施，都需要通过一定的法律或规章制度加以规范和保障，而目前数据权属、使用问题仍是一个

1　宋湘燕，谢林利 . 美国监管科技在金融业的应用［J］. 中国金融，2017（11）：82。

难题，需要进一步加强研究与确认。

2. 监管科技在监管决策中的作用需要明确

通过监管科技收集数据、分析数据得出的相关监管报告，在监管决策中究竟是以什么性质、作用呈现，需要进一步明确。例如，卢旺达国家银行将自动监测形成的监管数据与内部系统数据结合起来，为监管者和决策者提供信息，荷兰银行、新加坡金融管理局运用可视化工具将大量的、密集的、复杂的数据以一种容易理解的方式呈现给监管者，提供的报告仅仅是作为一种辅助性的参考材料，还是作为监管者做决策时必须考虑的必要因素，抑或是对其可信度采取一种什么样的判断方式，均需要加以明确。否则，可能会造成投入与产出不成正比，甚至会引起对监管科技究竟能够发挥多大作用、是否能够真正提高监管效率的质疑。

第十三章

用科技治愈合规的“伤痕”

- 合规投入和监管处罚带来的成本负担已经成为当前金融机构不容忽视的问题。而降低合规成本、弥合“伤痕”成为金融机构的一个重要需求。
- 运用合规科技能够将所有与监管相关的资料，包括数据、文件、图像、音视频等都进行数字化处理，并以数字格式存储。
- 目前合规科技在研发和应用上还处于起步阶段，但在资本的推动下，已经显示出一片蓝海。

科技一方面能够帮助监管机构实现更有效的金融监管，另一方面也能够帮助企业做好合规工作。随着金融创新步伐的加快，金融风险日渐暴露，监管趋于严格化，监管规则更加完善和复杂，对被监管者的合规要求越来越高。科技能够协助被监管者治愈因合规负担过重而创下的“伤痕”。

一、用科技弥合“伤痕”

合规投入和监管处罚带来的成本负担已经成为当前金融机构不容忽视的问题，而降低合规成本，弥合“伤痕”成为金融机构的一个重要需求。从弥合“伤痕”的路径来看，主要有两个方面。一方面是加强理解合规要求的能力。近年来，金融监管政策调整频繁、监管法规数量剧增，金融机构在跟进和理解合规要求上捉襟见肘。波士顿咨询公司（BCG）报告显示，2011 年后的 4 年间，银行业在全球范围内追踪的监管法规数量翻了三番。2017 年以来，中国金融监管也进入了一个不断强化的周期，原“一行三会”每周五发布重磅监管政策几乎成了一个规律，各种会议、文件、通知和窗口指导更是层出不穷。而且新的监管要求往往更加严格，对于数据的准确性、完整性、真实性、及时性等要求更高。这些都对金融机构的合规理解能力提出了更高的要求。另一方面是提升避免违规行为的能力。在金融科技时代，金融业务呈现去中心化、去中介化等特点，金融服务边界不断扩大，合规敞口也不断增加，传统金融机构的合规手段往往难以有效覆盖合规风险。与此同时，随着金融监管能力不断增强，发现违规问题的概率在逐步提高。比如，在打击内幕交易方面，证监会依托大数据仓库，建立多种数据分析模型，利用软件爬虫，深度挖掘，寻找“硕鼠”的案件线索，原博时基金经理马乐案就是“大数据捕鼠第一单”。深交所也声称在利用数据挖掘、人工智能等大数据技术，提升对股市债市、股票质押、融资融券、分级基金等重点业务和领域的风险监测能力。

如何在降低成本的同时实现弥合“伤痕”，提高理解合规要求和避免违规行为的能力？在传统的合规模式下，这几乎是一个无解的命题——若要减少监管处罚，必须增加合规方面的投入；而如果缩减合规投入，不仅难以应对刚性的合规要求，而且可能加大合规处罚的风险。数字科技的发展为解决这一问题创造了另外一种可能路径。

合规科技以数据为核心驱动，以云计算、人工智能、区块链等新技术为依托，实现金融机构端与监管端以数字化的方式互相连通；机构端可以从监管端获取数字化的监管要求，并准确转化为内部约束，确保机构和业务实时合规；机构端能够实时向监管端传输数据，动态形成各种合规报告，减少人工干预，提高准确度，同时降低人工成本。通过合规科技，架起金融机构和监管机构间的桥梁，既满足了降低合规成本的需求，也实现了合规能力的提升。

在国际上，一些金融机构已采用合规科技进行合规管理。2018 年 4 月，星展银行（DBS）选择与总部位于伦敦的合规科技公司 CUBE 合作打造一个“加速器计划”。在这个计划中，CUBE 利用人工智能、机器学习和自然语言处理来为星展银行提供合规管理服务，自动和连续地获取监管数据，创造一个单一的跨境监管情报来源，再将其映射到公司的政策、程序、记录和客户通信上，以确定相关法规与特定业务领域的匹配；同时，CUBE 会在监管要求变化发生时进行提示，帮助银行尽快达到合规状态。

具体来说，监管科技的运用主要体现为数字化的监管协议、数字化的监管材料、形成监管报告、风险管理、身份认证管理控制、交易监控，以及数据加密和传输等方面。

二、合规科技“疗伤”运用[1]

（一）数字化的监管协议

合规科技的首要运用是对监管规则进行数字化的解读，并能嵌入机构和各类业务中，根据监管规则变化保持更新。随着市场愈加复杂、变化多端，监管规则也不断更新和更加周密，这使金融机构被监管的压力持续增长，合规成本激增，商业风险扩大，同时也对公司创新造成一定阻碍。通过 Comptech 对监管规则进行数字化解读并嵌入机构和各类业务中，能够使监管规则更及时、充分地被理解，有效提升合规效率、降低合规成本。

例如，瑞士的监管科技公司 Apiax，其业务主要定位于将复杂的法规转换为数字化的合规规则并以数字方式管理法规，包括为跨境金融活动、智能投顾、税务、数据保护等提供合规服务。Apiax 的运作工具主要是基于 REST（一种软件架构风格）和 GraphQL（API 标准）等成熟技术的 API，通过 API 可以实现对智能解读的监管规则的访问。美国的监管科技公司 Compliance.ai，能够实时搜索、访问、研究和跟踪金融监管信息，将监管信息以数字化的方式进行统计分析。澳大利亚监管科技公司 AtlasNLP 使用人工智能帮助企业适应监管，能够将数百万个非结构化文档数字化于其云平台上，使公司能够在几秒钟内为合规查询提供答案。它主要利用 NLP 技术来对监管规则进行研究，目标是使客户感觉是在与合规专家交谈。

（二）数字化的监管材料

运用合规科技能够将所有与监管相关的资料，包括数据、文件、图

1　以下案例具体参见京东数字科技研究院：《Comptech：监管科技在合规端的运用》报告。

像、音视频等都进行数字化处理，并以数字格式存储。例如卢森堡的监管科技公司 AssetLogic，建立了投资数据、文档在线中央存储库，它能够使所有有权查看特定数据的成员看到相同的数据，减少错误，并且所有的数据文档都是可审核并追踪的，可以确切地看到谁在何时输入了什么信息以及任何后续更改。美国监管科技公司 Verint Verba 通过安全记录、存档多种 UC 模式，包括语音、视频、文档等，以帮助企业满足合规要求。该公司提供了一个复杂的存储策略框架，允许企业制定数据保留规则。这些策略可自动进行存储管理并控制系统中记录的数据生命周期。该框架允许管理员根据各种过滤条件（如电话号码、姓名、扩展名、用户、组、日期和时间值等）制定保留规则，从而提供灵活的选项来管理系统中的数据。

（三）形成监管报告

合规科技可以通过识别和分析数据形成监管报告，具体而言是通过大数据分析、即时报告、云计算等技术实现数据自动分布并形成监管报告。例如，英国监管科技公司 NEX Regulatory Reporting 定位于为企业提供监管报告，主要包括 EMIR（欧洲市场基础设施监管）、MiFID II / MiFIR（金融工具市场指令 / 金融工具市场监管）、SFTR（证券融资交易规则）、批发能源市场诚信和透明度监管（REMIT）的相关报告。其基于 Hub（多端口转发器）技术的云端，能够实现对海量数据的连续处理，灵活形成跨部门、跨资产类别的报告，使其最终能够为银行、经纪公司、对冲基金和资产管理公司提供解决方案。除了立足于为企业提供监管报告，也有监管科技公司致力于为监管机构提供报告。例如，爱尔兰监管科技公司 Vizor 主要业务是向监管机构提供监管报告，英格兰银行就通过 Vizor 关于《偿付能力监管标准 II》的数据收集模板和 XBRL 分类标准配置，来检测银行是否满足《偿付能力监管标准 II》关于数据收集、业务数据验证和真实性检查的要求。

（四）风险管理

合规科技可以检测合规性和监管风险并预测未来的风险。近几年来，新的、复杂的监管规则在金融行业激增，造成了一系列问题，如“创新银行”能否获得银行牌照或者传统银行能否保持优势等。这也使各方成本不断增加，资源竞争更加严峻。大量的新法规也使银行的风险管理和融资管理比以往都更加复杂。例如在“严监管”下，银行需要重新定义风险表现，信贷风险和预期信贷损失（ECL）以及其他资本比率成为一线业务的有价值的决策辅助工具。此时监管合规可以发挥作用，通过风险管理决定必要的投资，将风险转化为竞争优势。

在风险管理和合规检测领域，美国的 Aravo 和英国的 Finastra 是较为成熟的监管科技公司。Aravo 的服务对象包括谷歌、Adobe（奥多比系统公司）等，其能够主动监控和管理复杂的第三方网络（包括供应商、分销商、特许经营商和合作伙伴）的风险，自动化和简化第三方管理工作流程，消除孤岛并为企业提供集中的“真相”。Finastra 的创新技术旨在加速对现存基础设施风险管控的转型，通过精密仪表板，高速度、灵活地建立孤岛系统的联系。

（五）身份认证管理控制

合规科技的另一重要运用是帮助服务对象完成尽职调查和了解客户程序，进行反洗钱、反欺诈的筛查和检测。金融机构违反身份认证管理控制程序，未尽到反洗钱、反恐融资义务将使公司声誉受到损害，或是遭到重大罚款甚至面临刑事惩罚。公司内部的反洗钱、反恐融资政策将会直接影响公司的收益和利润。而人工 KYC 认证程序将耗费大量的时间和费用，且准确性难以得到保证。运用监管科技能够有效节省认证时间，降低合规成本，提高认证效率。因此，越来越多的监管科技公司专门投入该领域的业务。

澳大利亚的监管科技公司 Encompass 即专门做自动化 KYC 的公司，旨在帮助银行业等金融机构做好 KYC 合规工作。Encompass 主要运用人工智能将 KYC 流程自动化，并通过 API 将多个 KYC 数据源集中到一个应用程序中，以为决策者提供更丰富准确的数据。英国监管科技公司 SmartSearch 创建了一个反洗钱认证平台，汇集了英国和国际市场的个人和商业搜索，并自动进行全球制裁和个人股本投资计划筛选。据其介绍，通过该平台进行个人反洗钱检查仅需不到 30 秒，进行商业检查只需不到 3 分钟。另一家英国监管科技 Onfido 在企业身份认证管理方面也拥有较丰富的经验，其认证产品包括 ID 记录检查、文件材料检查、面部识别。ID 记录检查能够将客户的详细信息与一些全球数据库和信用机构的信息进行匹配；文件材料检查能够确保客户的资料不是伪造、篡改、丢失或被盗的；面部识别能够降低冒充欺诈的风险，通过将用户身份证件照与自拍照进行比对，确保用户是本人。

（六）交易监控

合规科技还能够提供实时交易监控和审查的解决方案。例如，加拿大监管科技公司 Allagma Technologies 提供的 eTaxMan 解决方案，能够帮助税务机关通过交易监控打击销售税欺诈。eTaxMan 是一种多模块产品，可用于系统经济中的销售税合规和欺诈检测。美国监管科技公司 Feedzai 致力于通过大数据、机器学习、人工智能来监控风险并提供反欺诈解决方案，服务于银行、收购方、商人，可以保护客户的用户体验，同时通过交易监控来发现滥用行为，以阻止欺诈的发生。美国公司 IdentityMind Global（外汇公司）通过跟踪每笔交易涉及的主体，为风险管理提供及时可靠的解决方案。信用卡、自动清算、数字钱包、银行账户、电汇等支付类型，都可以通过 eDNA™[1] 进行监控，防止与在线支付交易相关的欺诈行为。英国监管科技公司 Fortytwo Data，主要基于机器学习和大数据进行交易监控，在机器学习的交易监控中主要形成两个分数，一个基于启发式规则而产生，另一个基于高级机器学习算法而产生，通过“冠军 VS. 挑战者”的分数对比，最终使分析师能够快速了解基础规则下分数所需的潜在变化。

（七）数据加密和传输

合规科技在数据加密和数据传输中的运用，主要是基于区块链和云计算等先进技术，确保数据的安全性、完整性、有效性，防止数据被篡改。例如，德国监管科技公司 Drooms 致力于改变管理和共享机密业务文档数据的方式，其产品 Drooms NXG 是一个可视化的数据室，具有方便、快捷、自动化的特征。Drooms NXG 可以设置高级权限，为用户提供不同类型的访问权限，例如“查看”“下载”“打印”权限；可以通过自动化工具分析大量的文档，自动过滤信息；可以启动审核日志监视数据室的使用情况。数据室还能为企业提供安全的服务器位置以防止黑客入侵。此外，所有管理员都能够直接访问到数据仪表板，创建重要的数据分析，通过 SSL 技术使用 256 位密码长度加密 AES（高级加密标准）。美国监管科技公司 Dome9 的产品 Dome9 Arc，构建了一个创新的 SaaS 平台，可以在公共云基础架构环境中随时为所有企业提供全面的安全性、合规性检查和治理办法。其高级 IAM（身份和访问管理）保护系统能够防止凭证受损和身份被盗用，它是在需要本地身份和访问管理保护之上提供的额外防御层，能够有效防止数据被篡改。

1　eDNA™ 技术能够提供数字身份，可以更准确地了解风险，从而更好地选择客户并减少错过优质客户的风险。它利用机器学习不仅可以构建身份，还可以对身份进行分析以获得最准确的信誉评分。

三、合规科技的前景

总体来看，合规科技发展的机遇与挑战并存。合规科技的优势在于，可以实现监管数据收集、整合和共享的实时性，有效监测金融机构违规操作和高风险交易等潜在问题，满足监管机构的监管需求；提前感知和预测金融风险态势，提升风险预警的能力，降低企业合规成本。因此，在全球聚焦防控金融风险的背景下，虽然目前合规科技在研发和应用上都还处于起步阶段，但在资本的推动下，已经显示出一片蓝海。2018 年 7 月，Infoholic Research 发布报告，对未来 5 年内北美、欧洲、亚太、中东非洲和拉丁美洲的监管科技市场进行了分析和预测，认为全球监管市场利润将在 2023 年达到 72 亿美元，预计在 2018—2023 年的复合年均增长率为 25.4%。

与此同时，发展合规科技也面临着一些挑战。一是发展合规科技可能与企业短期的经营目标相冲突，前期的人力和财力投入难以收到立竿见影的效果。二是不断变化的监管理念和政策的挑战让合规科技可能处于模糊地带，有可能让“合规科技”面临着合规问题。三是合规科技产业还不成熟，鱼龙混杂，如果没有足够的资本和耐心，初创合规科技公司可能一直停留于初始阶段。

具体来说，合规科技的发展还呈现出三大趋势。一是人工智能技术在合规科技中得到越来越广泛的运用。从目前来看，人工智能驱动的 Cubot 是合规科技的主要方式；依托监管数据库，Cubot 能够对提出的监管方面的问题瞬间提供明确的答案。二是合规科技企业开始注重数据的规范使用。数据保护法规正在变得越来越严格，欧盟《通用数据保护条例》的出台引发了全球性的数据保护浪潮，合规科技企业必须做好准备，以积极应对愈加收紧的数据保护规范。三是合规科技的运用场景不断丰富。合规科技不仅运用在金融行业，还可以扩展到所有涉及合规的行业，特别是强监管的行业，如医药卫生、食品安全、环境监测、安全生产等。

顾问团队

陈生强 京东数字科技 CEO

许 凌 京东数字科技副总裁、个人服务群组总裁

李尚荣 京东数字科技副总裁、企业服务群组总裁

谢锦生 京东数字科技副总裁、金融科技事业部总经理

程建波 京东数字科技副总裁、风险管理部 & 个人风险管理中心总经理

郑 宇 京东数字科技副总裁、首席数据科学家、京东城市计算事业部总经理

黄 挺 京东数字科技支付事业部总经理

赵大玮 京东数字科技保险科技事业部总经理

薄列峰 京东数字科技 AI 实验室首席科学家

乔 杨 京东数字科技消费金融部信用管理部负责人

雷健雄 京东数字科技生态中心运营决策部负责人